CAMARA LAYE

L'enfant noir

CAMARA LAYE

L'enfant noir

Myrna Bell Rochester

Natalie Schorr
Phillips Academy, Andover

focus an imprint of
Hackett Publishing Company, Inc.
Indianapolis/Cambridge

Camara Laye L'enfant noir
© 2005 Myrna Bell Rochester and Natalie Schorr
Text of *L'Enfant Noir* by Camara Laye, © Librarie Plon, 1953. Used by permission.

Previously published by Focus Publishing/R. Pullins Company

Focus an imprint of
Hackett Publishing Company, Inc.
P.O. Box 44937
Indianapolis, Indiana 46244-0937

www.hackettpublishing.com

Cover Design by Guy Wetherbee | Elk Amino Design, New England
Cover illustration by Amy Roemer, www.amyroemer.com

ISBN 13: 978-1-58510-153-5

20 19 18 17 16 15   4 5 6 7 8

Table des matières

Introduction

Le premier roman africain à atteindre une réputation internationale, *L'enfant noir* est reconnu comme un classique du roman africain. Ecrit en français, c'est aussi un classique de la littérature francophone. Sa réputation ne fait que croître depuis sa parution en 1953.

Camara Laye

Camara Laye s'appelle en réalité Kamara Abdoulaye — car il est de tradition en Guinée d'invertir l'ordre des noms, le patronyme « Kamara » précédant le prénom « Abdoulaye ». Sur le cahier d'appel de l'école française, son nom s'écrit: Camara, Laye. Ainsi Laye est à la fois son prénom et le nom de plume qu'il adopte quand il écrit son premier roman, *L'enfant noir*. En découvrant de nombreux épisodes de la vie de l'auteur, le lecteur de *L'enfant noir* peut d'ailleurs déceler l'importance autobiographique de cet ouvrage.

Laye passe son enfance à Kouroussa en Haute-Guinée. Comme la plupart des familles guinéennes, la sienne est musulmane. La famille concilie de façon harmonieuse les croyances africaines animistes et la foi musulmane. Selon une croyance ancestrale, les forgerons de son pays ont des pouvoirs magiques. Le père et la mère de Laye sont issus de la même caste, une tribu de forgerons. Les deux parents possèdent donc une grande puissance et sont révérés dans leur région tout en vivant de façon très simple.

Sa mère, Dâman Sadan, est née à Tindican. Selon la pratique de la polygamie, le père de Laye a pris une deuxième femme avec qui il a eu d'autres enfants. Laye est l'aîné de douze enfants.[1]

Trois cultures fusionnent dans la vie de Laye: la société traditionnelle guinéenne, la religion musulmane et l'éducation française. Laye commence ses études en allant d'abord à l'école coranique, puis à l'école française de Kouroussa. Il passe une enfance heureuse entre Kouroussa où vivent ses parents et Tindican où se trouve sa grand-mère. Enfant, il assiste au travail de son père à la forge, notamment à la fusion de l'or; il participe

---

1 Laye donnera le nom Dâman à une de ses propres filles.

1

à la moisson du riz; il reçoit l'initiation aux rites de Kondén Diara, la cérémonie des lions. Il parle malinké et français.

En 1942, à l'âge de 14 ans, Laye part poursuivre ses études au Collège technique Poiret à Conakry, capitale du pays située à 650 kilomètres de Kouroussa. Là, il fait la connaissance de Marie Lorofi, une amie qui, plus tard, deviendra sa femme. A la fin de ses quatre années d'études, il passe un C.A.P. (certificat d'aptitude professionnelle) de mécanicien. Comme il est reçu premier, on lui offre une bourse lui permettant de poursuivre ses études en France.

De 1947 à 1956, Laye est en France, d'abord à Argenteuil, puis à Paris. Il souhaite devenir ingénieur. Comme sa bourse n'est pas renouvelée, il doit travailler pendant un certain temps à l'usine Simca, près des Halles, pour payer ses études. Il suit les cours du soir du Conservatoire des Arts et Métiers. A L'Ecole d'Ampère il obtient le brevet d'enseignement industriel et assiste ensuite aux cours de L'Ecole technique d'aéronautique afin de décrocher le diplôme d'ingénieur calculateur.

La France et la langue française jouent un rôle compliqué et même parfois contradictoire dans la vie de Laye. D'une part il se passionne dès son plus jeune âge pour l'étude du français. Ainsi, au moment de quitter son village, il tient à poursuivre des études littéraires, mais il doit pourtant se ranger à l'avis de son oncle qui lui conseille d'envisager une carrière technique afin d'augmenter ses chances de réussite professionnelle. Une fois à Paris, il profite de l'ambiance intellectuelle et du monde artistique. Il se rend souvent au Musée de l'Homme où il étudie l'art africain. Il fait la connaissance d'écrivains européens et africains et ses amis lui font connaître l'œuvre de Flaubert, l'auteur qui devient son maître à penser. Comme pour de nombreux écrivains et artistes africains et afro-américains, c'est à Paris que Laye commence à s'exprimer librement comme artiste et où il s'épanouit comme écrivain. C'est aussi à Paris qu'il trouve un éditeur, *Plon*.

D'autre part, si la politique d'assimilation et l'école française en Afrique dévalorisent les langues africaines, ce sont pourtant les plus sûrs moyens de porter les Africains francophones à pleinement s'intégrer dans la colonie. Selon la politique coloniale, la seule culture, c'est la culture française. Laye montre de façon implicite que le colonialisme français crée des structures qui détruisent l'harmonie de la vie guinéenne qui vibre au rythme de la nature. L'œuvre de Laye chante et valorise les traditions et les rites africains dans un contexte où la France représente l'exil.

Pour les écrivains de l'Afrique francophone, la France joue à la fois le rôle de mère des arts et de marâtre. Ainsi malgré des études brillantes pour un jeune homme venu d'un village africain, Laye se voit mal récompensé et doit travailler comme ouvrier pour survivre à Paris. Il traverse alors une crise de désarroi que l'éloignement de sa Guinée natale pousse à son paroxysme. Or c'est grâce à son intérêt pour la langue française que Laye devient un des premiers grands écrivains francophones qui chante et fait comprendre en Europe la culture de son pays.

Après avoir écrit ses souvenirs d'un premier jet, « comme on rêve », Laye reprend cette « masse de notes » et retravaille son texte plusieurs fois pour en faire un roman. *L'enfant noir* paraît en 1953, l'année même où il épouse Marie Lorofi. Laye n'a que 25 ans. En 1954 son roman reçoit le Prix Charles Veillon. Le livre est acclamé et Laye devient célèbre.

Le deuxième roman de Laye, *Le regard du roi*, récit d'une quête initiatique, paraît en 1954. C'est un roman kafkaïen proposant un renversement des rôles, le personnage central étant un Blanc qui s'initie aux traditions d'un pays africain. La paternité littéraire de ce livre a quelquefois été contestée.

En 1956 Camara Laye retourne en Afrique, d'abord au Dahomey (Bénin), ensuite au Ghana. Deux ans plus tard, la Guinée sera le premier pays de l'Afrique française à acquérir son indépendance en votant « non » au référendum du président français De Gaulle, ayant pour but de faire durer le protectorat français dans le pays.

Revenu en Guinée désormais indépendante, Laye y occupe d'abord plusieurs fonctions importantes. Il travaille au Ministère de l'Information et devient le premier ambassadeur guinéen au Ghana. Quoique favorable à l'indépendance de la Guinée, Laye ne peut s'empêcher de soutenir l'Union française et, plus tard, la Communauté française. Idéaliste, il veut aider son pays et il s'emploie à faire connaître les valeurs et le mode de vie africains. De 1963 à 1964 il travaille à l'IFAN, l'Institut Français de l'Afrique Noire. Ses recherches portent sur les traditions du peuple Malinké dont il est issu. En 1963 il participe à un congrès sur la littérature africaine à Dakar, présidé par le poète et président sénégalais Léopold Sédar Senghor.[2]

2 Yolande Bayard, qui a été professeur au Lycée Donka à Conakry de 1960 à 1965, s'est souvenue d'avoir rencontré à cette époque le jeune couple Camara, Laye et son épouse Marie. Voici ce qu'elle nous a rapporté: « Marie était couturière, par moments; elle me confectionnait parfois des robes. Elle était très jolie, avec ses longs cheveux et son teint «café au lait». Très mince, elle avait l'air fragile; et de toute sa personne, il émanait une grande douceur et une certaine retenue.

« Un jour, alors que je venais de terminer la lecture de *L'enfant noir*, elle est venue m'apporter une robe qu'elle m'avait confectionnée; elle était accompagnée d'un monsieur maigre et petit de taille. Elle me l'a présenté, en disant: «Je vous présente mon mari, Camara Laye.» Comme en Guinée, on peut avoir des milliers de Camara, et certainement plusieurs Camara prénommés Laye, j'ai fait remarquer à Marie que je venais justement de lire un livre charmant dont l'auteur portait miraculeusement le même nom que son mari; c'est alors qu'elle s'est écriée: «Mais, c'est lui l'auteur de ce livre que vous venez de lire!»

« En réalité, l'apparence humble de Camara Laye ne jouait pas en sa faveur car dans mon esprit, j'avais du mal à associer un livre aussi poétique et sublime à un personnage d'apparence aussi simple et modeste, à vrai dire, à un auteur qui ne payait pas de mine. »

Malgré son apparence modeste Laye se prononce contre la tyrannie où qu'elle se trouve. Par conséquent, il dénonce la dérive dictatoriale que prend, à la fin de 1965, le régime de Sékou Touré, président de la Guinée. L'opposition de Laye à la politique gouvernementale le conduit à quitter le pays en 1965 pour raisons politiques. Après un séjour à Paris pour recevoir des soins médicaux, il se rend en Côte-d'Ivoire, il finit par s'installer en exil au Sénégal.

En 1966 son éditeur, Plon, publie *Dramouss*, la suite autobiographique de *L'enfant noir*. Dans ce roman à clés, Laye dénonce allégoriquement le régime totalitaire de Sékou Touré. Comme Laye, le héros de *Dramouss* est déçu et désenchanté par le retour en Guinée, sa terre natale.

A partir de 1966 Laye est interdit de séjour en Guinée. Cela n'empêche pas Marie, son épouse, de rendre visite à un parent tombé gravement malade. Elle est arrêtée et emprisonnée pendant sept ans en Guinée. Laye doit rester en exil au Sénégal avec les sept enfants qu'il a eus avec Marie. Plusieurs années plus tard, il prend une deuxième femme, Ramatoulaye Kante, qui lui donne trois enfants. A son retour Marie n'accepte pas cette nouvelle situation conjugale et demande le divorce.

En 1975 Laye a des ennuis financiers et des problèmes de santé. Reine Carducci, la femme de l'ambassadeur italien au Sénégal, lance un appel pour l'aider à couvrir ses frais médicaux. Malgré sa maladie, Laye continue à écrire. Dans son dernier livre, *Le maître de la parole* (Plon, 1978), un recueil de contes griots,[3] le personnage principal est le griot Babou Condé, qui raconte la légende du fondateur du royaume du Mali, Soundiata, l'empereur mandingue, mort en 1255. Laye décrit alors son rôle comme celui d'un traducteur qui transcrit la légende.

Laye s'intéresse toute sa vie à la littérature orale en Guinée. Dans tous ses livres, le lecteur ressent l'influence de *l'orature*, la littérature orale, et la tradition des griots. *Le maître de la parole*, qui reçoit le prix de l'Académie française, est l'aboutissement de ses recherches.

Affaibli par ses problèmes financiers et physiques et par la dureté de son exil, car il n'a jamais pu revenir en Guinée comme il l'avait souhaité, Laye meurt prématurément à 52 ans, à Dakar, le 4 février 1980, d'une néphrite.

L'enfant noir

Dans *L'enfant noir*, la vie et l'œuvre de Camara Laye sont liées. L'intérêt du livre tient à la description des traditions de la Guinée, au portrait d'une époque historique révolue et au talent de l'auteur pour dépeindre sa jeunesse dans un roman d'une portée universelle. Bien que Laye ait

---

3 *griot*   poète = musicien dépositaire de la tradition orale

écrit *L'enfant noir* pendant l'époque coloniale, on y voit un portrait des traditions africaines avant la colonisation.

Vers la fin du livre, le narrateur déclare ne pas être superstitieux, mais plutôt croyant. En effet, le livre témoigne d'un auteur qui, croyant à la dignité des traditions africaines, fait miroiter l'élément spirituel des rites. Il croit aux mythes et aux légendes, à l'énergie et au mystère de l'univers, aux structures familiales et communautaires, et il s'exprime avec amour et sincérité. Sans que l'auteur soit apolitique, son sujet d'élection demeure sa tendresse envers sa famille et son pays plutôt que ses revendications politiques. Laye nous montre de façon convaincante que son pays a sa propre culture et que celle-ci est en train de disparaître. Il réussit à exprimer sa nostalgie et son regret d'une façon touchante et sans sentimentalité.

Chaque chapitre de *L'enfant noir* décrit un phénomène différent. Tout un lexique africain se retrouve dans ce roman autobiographique. Pour commencer, la dédicace est un bel exemple de l'orature, le style oral des griots. Dès le premier chapitre, l'auteur explique au lecteur ce qu'est un totem et donne une description précise d'une case. Dans le deuxième chapitre l'auteur évoque l'aspect mystique du travail de l'or et des rites de la création, la fusion de l'or étant une fête que le narrateur situe par rapport aux fêtes islamiques du Ramadan et de la Tabaski. Le lecteur s'initie aussi à la notion de caste, notamment celle des forgerons, et au rôle de l'artisanat dans la vie quotidienne. Dans le troisième chapitre, on voit les rapports entre les membres de la famille et les traditions concernant l'héritage des Bô. Dans le quatrième chapitre, il s'agit de la moisson du riz et des génies du sol.

Dans le cinquième chapitre le narrateur nous fait part des pouvoirs mystérieux de sa mère qui est *sayon*. Laye comprend que celui qui n'a pas vécu les mêmes expériences « accueillera ce récit avec scepticisme », mais il relate ce qu'il a ressenti de ce monde invisible. Le chapitre six crée une rupture avec tout ce qui précède. Ce chapitre violent, en relation avec l'époque où il allait à l'école française, contraste de façon frappante avec l'harmonie des chapitres précédents. Dans le septième chapitre, le narrateur parle de Kondén Diara, la cérémonie des lions, anticipant le chapitre huit où il est question du rite de la circoncision, du *soli* et de la *coba*, les danses des futurs circoncis et du *séma*, le guérisseur. C'est aussi dans ce chapitre qu'on trouve la première référence à la polygamie.

Le neuvième chapitre parle de l'eau magique préparée à Kankan et offerte par la mère du narrateur, des talismans et d'une fête au moment du départ de Laye pour Conakry. Dans le chapitre suivant, Laye décrit l'influence des marabouts sur son éducation. Le chapitre onze aborde la maladie d'un ami, le thème des guérisseurs et enfin, les rites d'enterrement. Le dernier chapitre met en valeur le thème de l'exil et le tiraillement du narrateur au moment de quitter la Guinée. A ses yeux, avant son voyage en France, un plan de métro parisien représente un objet étranger, exotique et mystérieux, au même titre que les gris-gris ou le totem pour un Parisien. Le narrateur se trouve comme arraché à lui-même. L'éducation est un des thèmes les plus intéressants de *L'enfant noir*. En un sens le narrateur se voue à l'exil par ses prouesses à l'école. Son éducation française devient alors une arme à double tranchant que l'auteur illustre en donnant une description ambiguë de la bourse d'étude qu'il a reçue: à la fois un prix, un honneur et un piège — « la roue d'un engrenage ».

Le talent de Laye réside dans le fait de pouvoir transformer, sans tricher, l'histoire d'un tiraillement, d'une perte et d'un exil en un récit poétique et harmonieux. Cependant, à l'époque où les colonies françaises cherchaient à acquérir leur indépendance, certains critiques africains reprochaient à Laye de ne pas avoir affiché de revendications anticolonialistes. La vision poétique de *L'enfant noir*, aujourd'hui reconnue comme une qualité, ne répondait pas au goût de l'époque qui lui préférait une attitude plus sociologique et politisée. Aujourd'hui on reconnaît que le choix de Laye en tant que romancier est compatible à une prise de position pour une Guinée indépendante. Il est évident que *L'enfant noir* fait connaître et valorise la Guinée et l'Afrique, en s'imposant comme un chef-d'œuvre de la littérature africaine de langue française.

L'enfant noir *et son public*

N'ayant pas fait d'études de lettres, Laye dit qu'il a appris par lui-même l'exercice littéraire:

... l'écriture d'abord, puis le choix à opérer parmi tant de souvenirs, la tonalité première qu'il fallait maintenir, l'équilibre encore... j'avais jusque-là écrit par pur plaisir; il me restait à apprendre que ce plaisir, sitôt qu'il n'est plus destiné à soi-même, devient un long travail (« L'âme de l'Afrique », 124-125).

L'enfant noir, aussitôt traduit en plusieurs langues, s'est vite imposé comme un texte classique de la littérature africaine. Les revues comme *Présence africaine* (Paris) et *Black Orpheus* (Lagos, Nigeria) lui consacreront des comptes rendus et analyses. Adopté comme le portrait représentatif de la jeunesse traditionnelle africaine des années 30 et 40, il est lu partout en Afrique et il est toujours inscrit dans les programmes scolaires.

L'enfant noir se distingue par sa valeur artistique et aussi par son genre: le roman autobiographique fait contraste avec la poésie publiée à la même époque par les écrivains du mouvement de la négritude. D'après Sonia Lee, il n'y a eu que trois livres importants du genre romanesque issus de la francophonie subsaharienne antérieurs à *L'enfant noir*.[4]

4   *Batouala* de René Maran (prix Goncourt 1921); *Doguicimi* de Paul Hazoumé (1935) et *Contes d'Amadou Koumba* de Birago Diop (1947).

La valorisation d'une culture

En nous dévoilant son enfance, c'est *l'absence* que décrit Laye, le manque qui sous-tend sa vie. La nostalgie devient un instrument didactique: il nous fait comprendre la profonde valeur et l'intégralité de cette société et pourquoi elle n'a pas besoin d'imiter l'Ouest.

L'auteur, au début des années 50, est déjà pleinement conscient des changements — politiques, sociaux, religieux et commerciaux — que subit son pays natal. En 1958, la Guinée sera la première colonie française d'Afrique noire à gagner son indépendance. Du fait de sa formation technique et son contact avec l'Europe, Laye est lui-même le produit de ces changements.

Le peuple *mandingue* comprend trois ethnies d'Afrique occidentale: les Bambaras, les Dioulas et les Malinkés. Les différences entre leurs trois langues sont minimes, et on pense aujourd'hui qu'ils ont dû parler la même langue avant la période de l'empire Mandingue (ou l'empire du Mali), qui atteint son apogée aux XIIIe et XIVe siècles. La famille de Laye appartient au peuple *Malinké*. Les Malinkés vivent aujourd'hui principalement dans la région Est de la République de Guinée (Haute-Guinée et Guinée forestière) et constituent des minorités importantes dans le sud du Sénégal, le sud-ouest du Mali et le nord-ouest de la Côte-d'Ivoire.

La structure sociale des Malinkés est strictement hiérarchisée par l'ascendance (la caste), et donc par les occupations traditionnelles de la caste, ainsi que par le sexe et par l'âge. Rappelons-nous que les membres de la famille Camara jouissaient du respect et des privilèges dus à leur haut rang au sein de la communauté.

L'histoire — de l'ethnie, de la société, des groupes, des familles et des individus — se conserve, se créant et se recréant sans cesse, dans la mémoire des *griots*. Ce sont les raconteurs, donc, les historiens, éducateurs et porte-paroles de la communauté. Ainsi, les faits et les légendes, les épopées, les anecdotes de tous les jours, les fables et les allégories sont inextricablement mélangés. Le réel se transforme naturellement en mythe, et la connaissance de la société passe par ses récits entonnés et chantés au son de l'instrument à cordes, la *cora*. Les paroles et les louanges du griot accompagnent tout moment significatif de la vie sociale et économique: la fabrication d'un bijou par le forgeron, les rites initiatiques que subissent les adolescents, les diverses étapes de leur éducation, et bien sûr les fiançailles, mariages, accouchements, départs, arrivées, maladies et funérailles. L'apprentissage et la transmission par mémorisation restent indispensables.

La famille étendue malinkée est une collectivité dont les membres s'entraident. C'est-à-dire qu'auprès des siens il n'y a rien qui menace Laye dans son image de lui-même, surtout en tant que fils aîné de sa mère et de son père. C'est à son premier départ (à Conakry pour faire ses études secondaires) que l'adolescent prend conscience de sa différence. En train, n'ayant pourtant dépassé aucune frontière, il est déconcerté en découvrant d'autres régions de Guinée, d'autres climats et d'autres topographies, et, plus important encore, d'autres ethnies et leurs langues. Mais Kouroussa-Tindican restera toujours pour lui son centre spirituel.

Le mythe au quotidien

Parmi les Malinkés, le surnaturel est réel: « Bien que le merveilleux me fût familier... mon étonnement était grand. » (p. 27). Camara Laye est à Paris depuis cinq ou six ans déjà lorsqu'il écrit: « Ces prodiges, — en vérité, c'étaient des prodiges — j'y songe aujourd'hui, comme aux événements fabuleux d'un lointain passé. Ce passé est pourtant tout proche: il date d'hier » (p. 74). Uniquement dans sa famille, nous rencontrons le petit serpent noir, qui, à la différence de tous les autres serpents, qui sont néfastes, sert au père de démon familier, d'intermédiaire entre le monde spirituel et le monde d'ici-bas. Seul le père-forgeron peut transformer la poudre d'or en bijou. Ce faisant, entonnant les incantations et suivant le rituel prescrit, il touche à l'au-delà. La mère, *sayon*, née après des jumeaux, détient par conséquent certains pouvoirs magiques. Ses paroles font bouger un cheval récalcitrant et font dissiper les maléfices des jeteurs de mauvais sorts.

Les religions les plus anciennes sont animistes. Il n'y a là aucune distinction entre l'homme et la nature: les animaux, les phénomènes et les objets naturels vivent et agissent; chacun est doté de son âme. L'islamisation de la région a commencé dès le XIe siècle et a fait naître parmi les Malinkés des pratiques religieuses qui combinent harmonieusement l'animisme traditionnel avec l'islam. Les hommes saints des Malinkés tiennent des deux traditions: le marabout, le guérisseur, le diseur des choses cachées, le féticheur, le forgeron peuvent nous paraître quasi interchangeables. Tous savent manier les gris-gris, préparer les fétiches et les talismans, intercéder à la fois pour Dieu et pour les éléments de la nature.

Laye avoue finalement, surtout après avoir terminé ses études secondaires, qu'une place doit être faite au scepticisme, en matière de magie. Plus tard il admettra que des forces extérieures à la communauté sont en train de tout changer. Dans *Dramouss* (1966), le père du narrateur, le forgeron qui, auparavant, savait invoquer la magie pour communier avec les génies de l'au-delà, est devenu, à ses yeux, un simple sculpteur de bibelots de bois. Le père dit à son fils adulte:

> Si notre caste demeure une caste toujours puissante, il semble bien que nous, forgerons, sculptons de plus en plus en dehors de toute préoccupation religieuse. Et ce n'est pas que la notion de pouvoir ou de mystère ait cessé, ait disparu; c'est que le mystère et

le pouvoir ne sont plus où ils étaient; c'est qu'ils commencent à se dissiper au contact des idées nouvelles. (*Dramouss*, 166)

Une distanciation ambiguë

Formé par les rites et les valeurs anciennes et sûres de son ethnie, l'adolescent sait depuis longtemps qu'il se prépare à abandonner cette certitude se frayer un chemin ailleurs. A chaque pas du récit, il se sait spirituellement et intellectuellement loin des années idylliques et de la tradition qu'elles représentaient. «... chaque gri-gri a sa propriété particulière; mais quelle vertu précise? je l'ignore: j'ai quitté mon père trop tôt.» (p. 23)

Son enfance idéale ne se décrit pas sans ambiguïté. Des remarques, des mentions, nous rappellent que le narrateur n'est plus chez lui. Nous voyons très tôt qu'en dépit d'avoir grandi dans sa famille de Kouroussa et subi les initiations coutumières à côté de ses copains, il ne va bientôt plus faire partie de cette communauté. Il dit regretter ne pas être resté pour assumer la vie traditionnelle, tout en sachant, dès l'âge de six ou sept ans, que ce serait pour lui impossible. En fait, on l'a toujours traité différemment des autres enfants. Souvent, Laye évoque les moments où son père et ses oncles lui rappellent que son sort ne sera pas le leur. «Alors? Ce n'est pas ton travail de faucher. Je ne crois pas que ce sera jamais ton travail; plus tard...» (p. 61) Le narrateur se décharge-t-il ainsi d'une certaine culpabilité d'avoir dépassé les siens?

La critique littéraire Wangari wa Nyatetu-Waigwa a parlé du « roman liminal » par rapport à *L'enfant noir*.[5] Il s'agit d'une histoire de jeunesse où le protagoniste reste pour toujours en quête de sa véritable initiation, au seuil de son évolution — ou bien renonce totalement à la quête.

Après que l'adolescent a accompli les deux initiations, le Kondén Diara et la circoncision, le groupe s'assure qu'il fait partie de sa tribu, qu'il suivra ses pratiques, qu'il les transmettra aux nouvelles générations, surtout qu'il y sera fidèle. C'est la continuité qui est ainsi assurée. Mais Laye et ses proches savent que son sort sera autre; il ne va pas assumer le rôle prévu de forgeron-prêtre, de chef de la concession et du Cercle. Son père lui montre le petit serpent noir, « génie de notre race », mais il ne l'initie ni à sa pratique ni aux secrets des gris-gris. S'étant distancié de son ethnie avant d'avoir terminé tout le trajet, dans un sens Laye n'arrivera jamais au statut consacré d'adulte.

---

5 Wangari wa Nyatetu-Waigwa, *The Liminal Novel* (New York: Peter Lang, 1996). Dans cet ouvrage elle traite aussi *L'aventure ambiguë* de Cheikh Hamidou Kane (1961) et *Mission terminée* de Mongo Beti (1957).

Il est déjà à moitié séparé des siens pendant ses études secondaires à Conakry. Sa mère organise pour lui des cérémonies, des fêtes, des prières et prépare des victuailles avant cette séparation, qui s'avère plus poignante que son départ pour Paris trois ans plus tard. C'est de loin que Laye décrit son ethnie dont il vénère la tradition. Le train, l'avion et la France l'arracheront du terroir. Il admet que les Malinkés vus depuis l'Europe sont idéalisés, devenus les fruits de sa nostalgie. Plus tard Camara Laye étudiera le folklore pour pouvoir préciser les coutumes qu'il avait vécues enfant.

En 1963 Laye avoue que dans *L'enfant noir* « ... je ... m'étais aperçu que je traçais de ma Guinée natale un portrait qui, certainement, ne serait pas celui de la Guinée de demain — qui déjà n'est plus celui de la Guinée d'aujourd'hui. » (« L'âme de l'Afrique », 125)

Dramouss (1966) raconte certains séjours que « Fatoman » a faits en Guinée avant d'y rentrer définitivement, croyait-il, à l'Indépendance (1958), pour travailler au gouvernement de Sékou Touré, dans le corps diplomatique de la nouvelle République. Mais il sera forcé de vivre un nouvel exil, dû à la politique de l'après-indépendance. Dans un des derniers entretiens qu'il a accordés à un journaliste, Camara Laye considère que son premier exil (en 1947, pour poursuivre ses études en France) avait été nécessaire pour apprendre tout ce que les Européens avaient à lui enseigner.[6]

Dramouss s'interrompt pour laisser percer la triste plainte de l'exilé. C'est la voix même de Laye qui, en 1966, sachant que sa chère Guinée lui restera interdite tant que Sékou Touré détiendra le pouvoir, se dit qu'il a trahi sa propre pensée:

> Mon être, je m'en rendais compte, était la somme de deux « moi » intimes: le premier, plus proche de mon sens de la vie, façonné par mon existence traditionnelle d'animiste faiblement teinté d'islamisme, enrichi par la culture française, combattait le second, personnage qui, par amour pour la terre natale, allait trahir sa pensée, en revenant vivre au sein de ce régime. Un régime qui, lui aussi, trahirait sans aucun doute, tout à la fois le socialisme, le capitalisme et la tradition africaine. Cette espèce de régime bâtard... Il avait déjà immolé la démocratie... et commencé à museler les populations naïves de Guinée. (*Dramouss*, 187)

Camara Laye est mort en 1980 à Dakar, quatre ans avant la disparition de Sékou Touré. Sa vie adulte aura été marquée du signe d'une nostalgie jamais assouvie et d'une profonde déception devant le sort tragique de son pays, qui, pourtant, à l'origine, s'était lancé joyeusement dans l'Indépendance.

---

6 Denis Herbstein, "Camara Laye — Involuntary Exile," *Index on Censorship*, vol. 9, no. 3 (June 1980): 5-8.

L'enfant noir *fait-il partie du mouvement de la négritude?*

On dit que le mouvement littéraire de la *négritude*, formulé à Paris dans les années 30, puise ses sources en Amérique du Nord et aux Antilles. En Amérique, *The Souls of Black Folk* de W.E.B. Du Bois (1903), a précédé l'art des poètes et des artistes de la Harlem Renaissance (1925-1930) et l'anthologie du philosophe Alain Locke, *The New Negro* (1925). Des revues telles que *La Revue des Griots* — le retour au peuple — sont sorties à Haïti vers 1927. L'année 1932 a vu la parution à Paris de *Légitime Défense*. C'est là où un groupe d'intellectuels noirs, Antillais de langue française (tels Etienne et Thélus Léro, René Ménil, Jules Monnerot et Pierre et Simone Yoyotte), — qui s'est manifestement inspiré des écrits et des tracts du groupe surréaliste d'André Breton — a fait exploser la suffisance des milieux noirs parisiens. Leur inspiration surréaliste-marxiste-anti-colonialiste, signe manifeste de l'époque, servira à galvaniser ceux qui les suivront. Désormais, littérature et politique agiront de front:

> Nous nous dressons ici contre tous ceux qui ne sont pas suffoqués par ce monde capitaliste, chrétien, bourgeois dont à notre corps défendant nous faisons partie. … Issus de la bourgeoisie de couleur française, qui est une des choses les plus tristes du globe, nous déclarons… que nous entendons… aller aussi loin que possible dans la voie de la trahison. » (« Avertissement », *Légitime Défense* [*in* J. Chevrier, *Littérature africaine*, 29])

Léopold Sédar Senghor (du Sénégal), Léon-Gontran Damas (de Guyane française) et Aimé Césaire (de Martinique) revendiqueront le mouvement de la négritude dès 1934, avec leur revue *L'étudiant noir* (suivi en 1947 de *Présence africaine*, à côté d'André Gide, Albert Camus, Richard Wright et Jean-Paul Sartre, entre autres), lui donnant une optique littéraire et sa politique militante qui retentiront partout dans le monde. C'est en 1939 qu'apparaît le terme *négritude* pour la première fois dans le long poème en prose d'Aimé Césaire, *Cahier d'un retour au pays natal*. En 1948, le volume édité par Senghor, *Anthologie de la nouvelle poésie nègre et malgache de langue française* consacre son importance; Jean-Paul Sartre y a contribué une préface.

Dans *Liberté I* (1964), Léopold Sédar Senghor parlera de l'œuvre de Camara Laye:

> Le rythme nègre, c'est ce qui sauve, malgré tout, le style de Laye Camara et lui donne son authenticité. Nul moyen de s'y tromper, un Européen n'écrit pas comme cela; tous les espoirs sont permis aux écrivains négro-africains s'ils savent conserver ce sceau de la Négritude. (Senghor, *Liberté I*, 174)

Camara Laye n'a jamais revendiqué la négritude de Senghor, Césaire ou Damas. Sa politique n'est pas théorique, mais plutôt pratique et nostalgique: ayant fait ses études — techniques — sous le régime colonial, il comprend la valeur de la technologie moderne, mais affirme qu'il ne faut point confondre cet âge mécanique avec la civilisation tout court. Cependant, si nous reprenons une définition plus générale de la négritude telle que proposée par Thomas L. Melone, *L'enfant noir* pourrait bien y trouver sa place:

> La conscience nègre a éclos du jour où le nègre a refusé de considérer l'Occident comme source de vie, beauté première, archétype. La négritude a éclos le jour où la politique d'assimilation ayant abouti à une impasse, le nègre s'est créé ses propres dieux et décrété ses propres lois… issus de la geste africaine. (Melone, « Le thème de la négritude », 103)

L'enfant noir *aujourd'hui*

Que dire au lecteur d'aujourd'hui qui professe l'incompréhension vis-à-vis des pratiques malinkées?

La société malinkée forme un tout cohérent. Chaque membre du groupe a les mêmes croyances, et ainsi tous les membres se comprennent. Elle valorise par-dessus tout les relations humaines. Nous y verrons la primauté des rapports étroits familiaux et communautaires, la confiance que l'on porte en autrui, l'absence tranquille de compétition (remarquez le jeune oncle de Tindican qui refuse de dépasser les autres à la moisson). La puissance de ces relations intimes transmet les traditions et l'héritage dans un mouvement éternellement répété et jusque-là ininterrompu. Le narrateur accepte toutes ces traditions, il en fait l'éloge. Il s'applique dans le livre à éviter des comparaisons explicites et désobligeantes avec des sociétés plus « évoluées ».

Camara Laye soutient que toute civilisation se doit de maintenir une véritable communication avec la nature, étouffée depuis longtemps, et de promouvoir le « mystère qui ne va pas sans l'âme, à l'invisible, qui sans l'âme n'aurait pas d'existence en nous. A cette union entre le ciel et la terre que nous partageons avec toutes les civilisations… ». (« L'âme de l'Afrique », 127).

Note stylistique

... dans cette ville dont l'esprit m'était étranger, le climat hostile, et dont le dialecte m'échappait presque entièrement: autour de moi, on ne parlait que le soussou et je suis Malinké, hormis le français, je ne parle que le malinké. (pp. 145-146)

Curieusement, ce passage fait référence à Conakry et non pas à Paris. Le mode de vie, le temps, la langue de la capitale guinéenne sont tout à fait étrangers à son esprit « intérieur » de Malinké. Quoiqu'il ait appris le français dans le système scolaire colonial, et non en famille, Laye se sentira chez lui à Paris avec la langue française des plus lettrés.

Le style de *L'enfant noir* est simple, la langue soignée. Son auteur fait appel à des tournures et à un vocabulaire instruits qu'aujourd'hui nous pourrions trouver assez formels. C'est ainsi que l'on s'exprimait dans toutes les écoles françaises, y compris celles de la métropole, dans les années 30 et 40. Son auteur dit d'ailleurs avoir suivi le modèle de ses romanciers français préférés: Flaubert et d'autres réalistes et naturalistes du XIXe siècle.

Dans sa narration au passé Camara Laye emploie souvent l'*imparfait du subjonctif* et le *plus-que-parfait* du subjonctif, des temps de la langue écrite moins utilisés aujourd'hui. Dans le style narratif moderne, si la proposition principale est au passé de l'indicatif ou aux temps du conditionnel, le *présent du subjonctif* remplace l'imparfait du subjonctif, et le *passé du subjonctif* remplace le plus-que-parfait du subjonctif. Par exemple:

Je *voulais* que tu fasses la cuisine. (présent du subjonctif)
Je *voulais* que tu **fisses** la cuisine (imparfait du subjonctif)
Notez également:
Je *voudrais* que tu fasses (**fisses**) la cuisine.
J'*aurais voulu* que tu fasses (**fisses**) la cuisine.

Dans une phrase où l'action de la proposition subordonnée est *antérieure* à l'action de la proposition principale, la proposition subordonnée est au *passé du subjonctif*, ou dans le style écrit formel, au *plus-que-parfait du subjonctif*. Par exemple:

J'*étais* contente qu'elle ait réussi. (passé du subjonctif)
J'*étais* contente qu'elle **eût réussi**. (plus-que-parfait du
     subjonctif)
Notez également:
Je *serais* contente qu'elle ait réussi (**eût réussi**).
J'*aurais été* contente qu'elle ait réussi (**eût réussi**).

Les formes de l'*imparfait du subjonctif* et du *plus-que-parfait du subjonctif* se reconnaissent facilement; elles ressemblent à celles du *passé simple* (*passé historique*). Remarquez le -**ss**- dans toutes les formes, à l'exception de celle de la troisième personne du singulier. En voici plusieurs exemples. (Vous trouverez les conjugaisons des autres verbes irréguliers dans un livre de grammaire ou dans un bon dictionnaire.)

L'imparfait du subjonctif

	parler	*finir*	*attendre*
que je (j')	parlasse	finisse	attendisse
que tu	parlasses	finisses	attendisses
qu'il/elle/on	parlât	finît	attendît
que nous	parlassions	finissions	attendissions
que vous	parlassiez	finissiez	attendissiez
qu'ils/elles	parlassent	finissent	attendissent

	avoir	*être*	*faire*
que je (j')	eusse	fusse	fisse
que tu	eusses	fusses	fisses
qu'il/elle/on	eût	fût	fît
que nous	eussions	fussions	fissions
que vous	eussiez	fussiez	fissiez
qu'ils/elles	eussent	fussent	fissent

Le plus-que-parfait du subjonctif

Le *plus-que-parfait du subjonctif* se compose de l'*imparfait du subjonctif* des verbes auxiliaires *avoir* ou *être*, suivi du participe passé du verbe. Il suit les mêmes règles grammaticales que les autres temps de verbe composés. Par exemple:

Pour arriver à l'heure, il aurait fallu que **vous fussiez partis** plus tôt.

Le plus-que-parfait du subjonctif est également employé comme deuxième forme du *conditionnel passé* dans certains contextes littéraires. Par exemple:

Nous **eussions été** heureux. = Nous aurions été heureux.

La Guinée

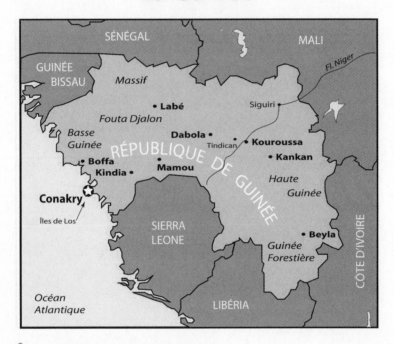

Etat de l'Afrique occidentale
- limité à l'ouest par l'océan Atlantique
- au nord-ouest par la Guinée-Bissau
- au nord par le Mali et le Sénégal
- au sud-est par la Côte-d'Ivoire
- au sud par le Libéria et la Sierra Leone

superficie: 246,000 km2

population: 7,6 million d'habitants

capitale: Conakry

langue officielle: français

langues parlées:
- ouest atlantique: peul, kissi...
- mandé: malinké, soussou, kpélé...

quatre régions avec des climats différents:
- la Guinée maritime qui a une saison des pluies d'une durée de 6 mois
- la Moyenne-Guinée (le Fouta Djalon), 5 mois de pluie
- la Haute-Guinée, 3 mois de pluie
- la Guinée forestière, une température et une humidité constante toute l'année

une vingtaine d'ethnies, surtout:
- en Basse-Guinée, les Soussous, 11% de la population nationale
- en Moyenne-Guinée (le Fouta Djalon), les Peuls, 40% de la population nationale
- en Haute-Guinée, les Malinkés, 26% de la population nationale
- en Guinée forestière, les Kissis, 7% de la population nationale

religion:
85% musulmane, 8% chrétienne, religions traditionnelles

agriculture:
- du riz, du maïs, des mils, du manioc, des ignames, des patates douces, des arachides

production minière:
minéral de fer, bauxite, or, diamants, graphite, cobalt, nickel

quelques dates:
- Xe siècle, l'intégration de la Guinée à l'empire du Ghana
- XIIe siècle, Soudiata Keita fonde l'empire du Mali
- XVIIe siècle, arrivée des groupes peuls convertis à l'islam
- XIXe siècle, arrivée des Européens (les Portugais avaient été les premiers au XVe siècle)
- 1870 Samory Touré fonde un empire en Haute-Guinée
- 1880 - 1914 construction de la voie ferrée Conakry-Niger
- 1893 naissance de la Guinée française avec un gouverneur français et avec Conakry comme chef-lieu

- 1952 Sékou Touré prend la direction du Parti démocratique de la Guinée
- 1958 la Guinée devient indépendante après avoir été le seul pays de l'Afrique française à dire non au référendum de Charles de Gaulle, proposant l'entrée dans la Communauté française. Sékou Touré devient le premier président de la Guinée
- 1961 la Guinée, le Ghana, le Mali forment brièvement l'Union des Etats africains
- 1965-84 un système totalitaire s'installe en Guinée
- 1965 rupture avec Paris; l'opposition en exil s'organise à Paris, à Dakar et à Abidjan
- 1966 la Guinée quitte l'Union avec le Ghana et le Mali
- 1984 mort de Sékou Touré à Cleveland (Ohio); Lansana Béavogui, premier ministre, est désigné comme chef du gouvernement; 3 avril, coup d'état militaire. Lansana Conté est nommé président de la République guinéenne
- 1990 le processus de démocratisation s'engage
- 1993 première élection présidentielle pluraliste. Lansana Conté est élu président
- 1995 élections législatives et municipales
- 1998 réélection de Lansana Conté à la présidence de la République
- 2000 conflit frontalier avec la Sierra Léone et le Libéria
- 2003 réélection de Lansana Conté
- 2005 Lansana Conté échappe à une tentative de coup d'état

A ma mère

Femme noire, femme africaine, ô toi ma mère je pense à toi…

𝒞𝒿

O Dâman,[1] ô ma mère, toi qui me portas sur le dos, toi qui m'allaitas,° toi qui gouvernas mes premiers pas, toi qui la première m'ouvris les yeux aux prodiges° de la terre, je pense à toi…

𝒞𝒿

Femme des champs, femme des rivières, femme du grand fleuve,[2] ô toi, ma mère, je pense à toi…

𝒞𝒿

O toi Dâman, ô ma mère, toi qui essuyais mes larmes, toi qui me réjouissais° le cœur, toi qui, patiemment supportais mes caprices, comme j'aimerais encore être près de toi, être enfant près de toi!

𝒞𝒿

Femme simple, femme de la résignation, ô toi, ma mère, je pense à toi…

𝒞𝒿

O Dâman, Dâman de la grande famille des forgerons,° ma pensée toujours se tourne vers toi, la tienne à chaque pas m'accompagne, ô Dâman, ma mère, comme j'aimerais encore être dans ta chaleur, être enfant près de toi…

𝒞𝒿

Femme noire, femme africaine, ô toi, ma mère, merci; merci pour tout ce que tu fis pour moi, ton fils, si loin, si près de toi!

---

m'allaitas: me nourris avec ton lait	**me réjouissais**: me rendais heureux
prodiges: miracles	**forgerons**: artisans qui travaillent le fer chauffé à la forge

---

1 *Dâman.* « Dâman » est le nom de famille (et de la caste) de la mère de l'auteur, Camara Laye. La mère vient d'un lignage de forgerons malinké. « Camara » est le nom de famille du père de Laye. A l'époque coloniale il était usuel d'écrire le prénom à la suite du nom de famille. (A rappeler: Le peuple de Camara Laye, les *Mandingues* [ou *Mandé*] habitent le Mali, la Guinée, le Sénégal, la Gambie, la Côte-d'Ivoire, la Sierra Leone et le Libéria. En Côte-d'Ivoire et en Guinée, l'ethnie *mandingue* est connue comme *Malinké*; la langue porte le même nom.)

2 *grand fleuve.* Le Niger, principal fleuve de l'Afrique de l'Ouest, de 4 200 km, né en Guinée, et qui rejoint le golfe de Guinée par un vaste delta. Son bassin englobe huit pays africains. Voir la carte p. 17.

L'enfant noir

1

J'étais enfant et je jouais près de la case de mon père.[3] Quel âge avais-je en ce temps-là? Je ne me rappelle pas exactement. Je devais être très jeune encore: cinq ans, six ans peut-être. Ma mère était dans l'atelier, près de mon père, et leurs voix me parvenaient,° rassurantes, tranquilles, mêlées à celles des clients de la forge[4] et au bruit de l'enclume.°

Brusquement j'avais interrompu de jouer, l'attention, toute mon attention, captée par un serpent qui rampait° autour de la case, qui vraiment paraissait se promener autour de la case; et je m'étais bientôt approché. J'avais ramassé° un roseau° qui traînait dans la cour — il en traînait toujours, qui se détachaient de la palissade° de roseaux

---

parvenaient: arrivaient
enclume: table en fer sur laquelle
   travaille le forgeron
rampait: se déplaçait près du sol
avais ramassé: avais relevé

roseau: tige sèche (d'une plante
   aquatique)
palissade: mur ou clôture fait de
   roseaux entrelacés

---

3 *la case de mon père.* La famille, avec ses parents et employés, habite une *concession*, un groupement de petites maisons entourant une cour. Le père a sa propre case — maisonnette ronde en terre battue et à toit de chaume (= d'herbe sèche) — ; la mère a la sienne. D'autres cases de la concession sont consacrées à divers usages: atelier de travail, cuisine, etc.

4 *clients de la forge.* Le père est forgeron et dirige un atelier de grande renommée: il travaille le fer et d'autres métaux, y compris l'or.

tressés qui enclôt notre concession[5] — et, à présent, j'enfonçais° ce roseau dans la gueule° de la bête. Le serpent ne se dérobait pas°: il prenait goût au jeu; il avalait lentement le roseau, il l'avalait comme une proie, avec la même volupté,° me semblait-il, les yeux brillants de bonheur, et sa tête, petit à petit, se rapprochait de ma main. Il vint un moment où le roseau se trouva à peu près englouti,° et où la gueule du serpent se trouva terriblement proche de mes doigts.

Je riais, je n'avais pas peur du tout, et je crois bien que le serpent n'eût plus beaucoup tardé à° m'enfoncer ses crochets° dans les doigts si, à l'instant, Damany, l'un des apprentis, ne fût sorti de l'atelier. L'apprenti fit signe à mon père, et presque aussitôt je me sentis soulevé de terre: j'étais dans les bras d'un ami de mon père!

Autour de moi, on menait grand bruit; ma mère surtout criait fort et elle me donna quelques claques. Je me mis à pleurer, plus ému° par le tumulte qui s'était si opinément° élevé, que par les claques que j'avais reçues. Un peu plus tard, quand je me fus un peu calmé et qu'autour de moi les cris eurent cessé, j'entendis ma mère m'avertir° sévèrement de ne plus jamais recommencer un tel jeu; je le lui promis, bien que le danger de mon jeu ne m'apparût pas clairement.

Mon père avait sa case à proximité de l'atelier, et souvent je jouais là, sous la véranda qui l'entourait. C'était la case personnelle de mon père. Elle était faite de briques en terre battue et pétrie° avec de l'eau; et comme toutes nos cases, ronde et fièrement coiffée de chaume.°

---

enfonçais: faisais pénétrer
gueule (familier): bouche
ne se dérobait pas: ne s'enfuyait pas
volupté: plaisir
à peu près englouti: presque avalé
n'eût plus beaucoup tardé à: aurait vite fait de

crochets: dents d'un serpent venimeux
ému: touché
opinément (vieilli): soudain
avertir: informer
pétrie: travaillée
coiffée de chaume: recouverte d'herbe sèche

---

5 *notre concession*. Voir note 3. C'est une propriété rurale superposée aux fermes et aux villages traditionnels, occupée par une famille étendue. A l'époque tous les terrains dépendaient de l'Etat français, la Guinée étant devenue une colonie française en 1893. Les autorités coloniales administraient les concessions et les répartissaient entre les familles individuelles.

On y pénétrait par une porte rectangulaire. A l'intérieur, un jour avare° tombait d'une petite fenêtre. A droite, il y avait le lit, en terre battue comme les briques, garni° d'une simple natte en osier° tressé et d'un oreiller bourré de kapok.° Au fond de la case et tout juste sous la petite fenêtre, là où la clarté était la meilleure, se trouvaient les caisses à outils. A gauche, les boubous et les peaux de prière.[6] Enfin, à la tête du lit, surplombant° l'oreiller et veillant sur° le sommeil de mon père, il y avait une série de marmites° contenant des extraits de plantes et d'écorces.° Ces marmites avaient toutes des couvercles de tôle° et elles étaient richement et curieusement cerclées de chapelets de cauris;[7] on avait tôt fait de comprendre qu'elles étaient ce qu'il y avait de plus important dans la case; de fait, elles contenaient les gris-gris,[8] ces liquides mystérieux qui éloignent les mauvais esprits et qui, pour peu qu'on s'en enduise° le corps, le rendent invulnérable aux maléfices,° à tous les maléfices. Mon père, avant de se coucher, ne manquait jamais de s'enduire le corps, puisant° ici, puisant là, car chaque liquide, chaque gri-gri a sa propriété particulière; mais quelle vertu précise? je l'ignore°: j'ai quitté mon père trop tôt.

---

un jour avare: petite quantité de lumière (avare = pas généreux)	**marmites**: récipients avec couvercle
garni: couvert	**écorce**: la « peau » d'un arbre
natte en osier: tissu plat tressé de longs rameaux	**tôle**: du métal plat laminé
bourré de kapok: rempli de fibre végétale légère	**pour peu qu'on s'en enduise**: il suffit d'en appliquer sur
surplombant: au-dessus de	**maléfices**: mauvais esprits
veillant sur: prenant soin de	**puisant**: prenant
	je l'ignore: je ne sais pas

---

6 *les boubous et les peaux de prière.* Les musulmans ouest-africains portent des *boubous*, de longues tuniques blanches, souvent brodées; pour prier ils s'agenouillent sur des *peaux de mouton.*

7 *chapelets de cauris.* Des coquillages enfilés, comparés au chapelet (l'objet religieux avec lequel les catholiques comptent leurs prières); le cauri a des usages divinatoires et sert aussi de monnaie et d'ornement en Afrique et dans le Pacifique Sud.

8 *les gris-gris.* Ici, il s'agit des onguents ou lotions qui protègent traditionnellement contre les mauvais esprits; le père de Laye sait les pratiquer. (Les amulettes ou fétiches ouest-africains sont aussi nommés *gris-gris.*)

De la véranda sous laquelle je jouais, j'avais directement vue sur l'atelier, et en retour on avait directement l'œil sur moi. Cet atelier était la maîtresse pièce° de notre concession. Mon père s'y tenait généralement, dirigeant le travail, forgeant lui-même les pièces principales ou réparant les mécaniques délicates; il y recevait amis et clients; et si bien qu'il venait de cet atelier un bruit qui commençait avec le jour et ne cessait qu'à la nuit. Chacun, au surplus,° qui entrait dans notre concession ou qui en sortait, devait traverser l'atelier; d'où un va-et-vient perpétuel, encore que personne ne parût particulièrement pressé, encore que chacun eût son mot à dire et s'attardât° volontiers à suivre des yeux le travail de la forge. Parfois je m'approchais, attiré par la lueur du foyer,° mais j'entrais rarement, car tout ce monde m'intimidait fort, et je me sauvais° dès qu'on cherchait à se saisir de moi. Mon domaine n'était pas encore là; ce n'est que beaucoup plus tard que j'ai pris l'habitude de m'accroupir° dans l'atelier et de regarder briller le feu de la forge.

Mon domaine, en ce temps-là, c'était la véranda qui entourait la case de mon père, c'était la case de ma mère, c'était l'oranger° planté au centre de la concession.

Sitôt qu'on avait traversé l'atelier et franchi° la porte du fond, on apercevait l'oranger. L'arbre, si je le compare aux géants de nos forêts, n'était pas très grand, mais il tombait de sa masse de feuilles vernissées, une ombre compacte, qui éloignait la chaleur. Quand il fleurissait, une odeur entêtante° se répandait° sur toute la concession. Quand apparaissaient les fruits, il nous était tout juste permis de les regarder: nous devions attendre patiemment qu'ils fussent mûrs.° Mon père alors qui, en tant que chef de famille — et chef d'une innombrable famille[9] — gouvernait la concession, donnait l'ordre

la maîtresse pièce: l'élément principal	talons
au surplus: en plus	**oranger:** arbre qui produit les oranges
s'attardât: prît son temps	**franchi:** passé
lueur du foyer: lumière du feu	**entêtante:** qui monte à la tête
me sauvais: m'enfuyais	**se répandait:** envahissait l'espace
m'accroupir: m'asseoir sur mes	**mûrs:** prêts à manger

9 *chef d'une innombrable famille.* Le père du narrateur est chef de famille; en plus il est chef-forgeron des cantons voisins et le chef de sa concession.

de les cueillir. Les hommes qui faisaient cette cueillette apportaient au fur et à mesure les paniers à mon père, et celui-ci les répartissait° entre les habitants de la concession, ses voisins et ses clients; après quoi il nous était permis de puiser dans les paniers, et à discrétion°! Mon père donnait facilement et même avec prodigalité: quiconque se présentait partageait nos repas, et comme je ne mangeais guère aussi vite que ces invités, j'eusse risqué de demeurer° éternellement sur ma faim, si ma mère n'eût pris la précaution de réserver ma part.

— Mets-toi ici, me disait-elle, et mange, car ton père est fou.

Elle ne voyait pas d'un trop bon œil° ces invités, un peu bien nombreux à son gré,° un peu bien pressés de puiser dans le plat. Mon père, lui, mangeait fort peu: il était d'une extrême sobriété.

Nous habitions en bordure du chemin de fer. Les trains longeaient° la barrière de roseaux tressés qui limitait la concession, et la longeaient à vrai dire de si près, que des flammèches,° échappées de la locomotive, mettaient parfois le feu à la clôture; et il fallait se hâter° d'éteindre ce début d'incendie, si on ne voulait pas voir tout flamber. Ces alertes, un peu effrayantes, un peu divertissantes, appelaient mon attention sur le passage des trains; et même quand il n'y avait pas de trains — car le passage des trains, à cette époque, dépendait tout entier encore du trafic fluvial,[10] et c'était un trafic des plus irréguliers — j'allais passer de longs moments dans la contemplation de la voie ferrée.° Les rails luisaient° cruellement dans une lumière que rien, à cet endroit, ne venait tamiser.° Chauffé dès l'aube,° le ballast° de pierres rouges était brûlant; il l'était au point que l'huile, tombée des locomotives, était aussitôt bue° et qu'il n'en

---

répartissait: partageait	**se hâter**: se dépêcher
à discrétion: prudemment	**la voie ferrée**: le chemin de fer
demeurer: rester	(train)
ne voyait pas d'un trop bon œil:	**luisaient**: brillaient
n'approuvait pas	**tamiser**: diminuer la lumière
à son gré: selon ses goûts	**aube**: première lumière du jour
longeaient: allaient le long de	**ballast**: pierres entre les rails du
flammèches: parcelles de matière	chemin de fer
en feu	**bue**: absorbée

---

10 *du trafic fluvial.* C'est-à-dire que les trains ne partent qu'avec, à bord, la cargaison des bateaux qui s'arrêtent aux ports du fleuve Niger.

demeurait seulement pas trace. Est-ce cette chaleur de four° ou est-ce l'huile, l'odeur d'huile qui malgré tout subsistait, qui attirait les serpents? Je ne sais pas. Le fait est que souvent je surprenais des serpents à ramper sur ce ballast cuit et recuit par le soleil; et il arrivait fatalement que les serpents pénétrassent dans la concession.

Depuis qu'on m'avait défendu° de jouer avec les serpents, sitôt que j'en apercevais un, j'accourais chez ma mère.

— Il y a un serpent! criais-je.

— Encore un! s'écriait ma mère.

Et elle venait voir quelle sorte de serpent c'était. Si c'était un serpent comme tous les serpents — en fait, ils différaient fort! — elle le tuait aussitôt à coups de bâton, et elle s'acharnait,° comme toutes les femmes de chez nous, jusqu'à le réduire en bouillie, tandis que les hommes, eux, se contentent d'un coup sec, nettement assené.°

Un jour pourtant, je remarquai un petit serpent noir au corps particulièrement brillant, qui se dirigeait sans hâte vers l'atelier. Je courus avertir ma mère, comme j'en avais pris l'habitude; mais ma mère n'eut pas plus tôt aperçu le serpent noir, qu'elle me dit gravement:

— Celui-ci, mon enfant, il ne faut pas le tuer: ce serpent n'est pas un serpent comme les autres, il ne te fera aucun mal; néanmoins ne contrarie jamais sa course.°

Personne, dans notre concession, n'ignorait que ce serpent-là, on ne devait pas le tuer, sauf moi, sauf mes petits compagnons de jeu, je présume, qui étions encore des enfants naïfs.

— Ce serpent, ajouta ma mère, est le génie de ton père.[11]

Je considérai le petit serpent avec ébahissement.° Il poursuivait sa route vers l'atelier; il avançait gracieusement, très sûr de lui, eût-on dit, et comme conscient de son immunité; son corps éclatant et

---

four: appareil pour faire cuire le pain	**assené**: frappé
défendu: interdit	**ne contrarie jamais sa course**: ne l'arrête pas
s'acharnait: poursuivait avec violence	**ébahissement**: étonnement

---

11 *le génie de ton père.* Ce serpent est l'esprit familier qui sert d'intermédiaire entre son père et l'au-delà (= le monde supraterrestre), et par extension, entre tous les villageois et l'au-delà (« le génie de notre race »).

noir étincelait dans la lumière crue.° Quand il fut parvenu à l'atelier, j'avisai pour la première fois qu'il y avait là, ménagé au ras du sol,° un trou dans la paroi.° Le serpent disparut par ce trou.

— Tu vois: le serpent va faire visite à ton père, dit encore ma mère.

Bien que le merveilleux me fût familier,[12] je demeurai muet tant mon étonnement était grand. Qu'est-ce qu'un serpent avait à faire avec mon père? Et pourquoi ce serpent-là précisément? On ne le tuait pas, parce qu'il était le génie de mon père! Du moins était-ce la raison que ma mère donnait. Mais au juste qu'était-ce qu'un génie? Qu'étaient ces génies que je rencontrais un peu partout, qui défendaient telle chose, commandaient telle autre? Je ne me l'expliquais pas clairement, encore que je n'eusse cessé de croître° dans leur intimité. Il y avait de bons génies, et il y en avait de mauvais; et plus de mauvais que de bons, il me semble. Et d'abord qu'est-ce qui me prouvait que ce serpent était inoffensif? C'était un serpent comme les autres; un serpent noir, sans doute, et assurément un serpent d'un éclat extraordinaire; un serpent tout de même! J'étais dans une absolue perplexité, pourtant je ne demandai rien à ma mère je pensais qu'il me fallait interroger directement mon père; oui, comme si ce mystère eût été une affaire à débattre entre hommes uniquement, une affaire et un mystère qui ne regarde pas les femmes; et je décidai d'attendre la nuit.

Sitôt après le repas du soir, quand, les palabres[13] terminées, mon père eut pris congé de ses amis et se fut retiré sous la véranda de sa case, je me rendis près de lui. Je commençai par le questionner à tort et à travers,° comme font les enfants, et sur tous les sujets qui s'offraient à mon esprit; dans le fait, je n'agissais pas autrement

---

crue: brutale	**croître**: grandir
ménagé au ras du sol: installé près de la terre	**à tort et à travers**: sur n'importe quoi
paroi: mur	

---

12 *le merveilleux me fût familier.* Les traditions et les mythes parmi lesquels grandit l'enfant se basent sur les rapports avec le surnaturel. Donc, le garçon n'y voit rien de surprenant.

13 *les palabres.* Les discussions du soir régulières (et interminables, selon l'enfant) du cercle des amis de son père.

que les autres soirs; mais, ce soir-là, je le faisais pour dissimuler ce qui m'occupait, cherchant l'instant favorable où, mine de rien,° je poserais la question qui me tenait si fort à cœur, depuis que j'avais vu le serpent noir se diriger vers l'atelier. Et tout à coup, n'y tenant plus,° je dis:

— Père, quel est ce petit serpent qui te fait visite?

— De quel serpent parles-tu?

— Eh bien! du petit serpent noir que ma mère me défend de tuer.

— Ah! fit-il.

Il me regarda un long moment. Il paraissait hésiter à me répondre. Sans doute pensait-il à mon âge, sans doute se demandait-il s'il n'était pas un peu tôt pour confier° ce secret à un enfant de douze ans. Puis subitement il se décida.

— Ce serpent, dit-il, est le génie de notre race. Comprends-tu?

— Oui, dis-je, bien que je ne comprisse pas très bien.

— Ce serpent, poursuivit-il, est toujours présent; toujours il apparaît à l'un de nous. Dans notre génération, c'est à moi qu'il s'est présenté.

— Oui, dis-je.

Et je l'avais dit avec force, car il me paraissait évident que le serpent n'avait pu se présenter qu'à mon père. N'était-ce pas mon père qui était le chef de la concession? N'était-ce pas lui qui commandait tous les forgerons de la région? N'était-il pas le plus habile? Enfin n'était-il pas mon père?

— Comment s'est-il présenté? dis-je.

— Il s'est d'abord présenté sous forme de rêve. Plusieurs fois, il m'est apparu et il me disait le jour où il se présenterait réellement à moi, il précisait l'heure et l'endroit. Mais moi, la première fois que je le vis réellement, je pris peur. Je le tenais pour un serpent comme les autres et je dus me contenir pour ne pas le tuer. Quand il s'aperçut que je ne lui faisais aucun accueil,° il se détourna et repartit par où il était venu. Et moi, je le regardais s'en aller, et je continuais de me demander si je n'aurais pas dû bonnement° le tuer, mais une

---

mine de rien: sans en avoir l'air
n'y tenant plus: ne pouvant plus
   me retenir

confier: dire confidentiellement
accueil: réception amicale
bonnement: simplement

force plus puissante que ma volonté me retenait et m'empêchait de le poursuivre. Je le regardai disparaître. Et même à ce moment, à ce moment encore, j'aurais pu facilement le rattraper°: il eut suffit de quelques enjambées°; mais une sorte de paralysie m'immobilisait. Telle fut ma première rencontre avec le petit serpent noir.

Il se tut° un moment, puis reprit:

— La nuit suivante, je revis le serpent en rêve.

« Je suis venu comme je t'en avais averti, dit-il, et toi, tu ne m'as fait nul accueil; et même je te voyais sur le point de me faire mauvais accueil: je lisais dans tes yeux. Pourquoi me repousses-tu? Je suis le génie de ta race, et c'est en tant que génie de ta race que je me présente à toi comme au plus digne.° Cesse donc de me craindre et prends garde de me repousser, car je t'apporte le succès. » Dès lors,° j'accueillis le serpent quand, pour la seconde fois, il se présenta; je l'accueillis sans crainte, je l'accueillis avec amitié, et lui ne me fit jamais que du bien.

Mon père se tut encore un moment, puis il dit:

— Tu vois bien toi-même que je ne suis pas plus capable qu'un autre, que je n'ai rien de plus que les autres, et même que j'ai moins que les autres puisque je donne tout, puisque je donnerais jusqu'à ma dernière chemise. Pourtant je suis plus connu que les autres, et mon nom est dans toutes les bouches, et c'est moi qui règne sur tous les forgerons des cinq cantons du cercle.[14] S'il en est ainsi, c'est par la grâce seule de ce serpent, génie de notre race. C'est à ce serpent que je dois tout, et c'est lui aussi qui m'avertit de tout. Ainsi je ne m'étonne point, à mon réveil, de voir tel ou tel m'attendant devant l'atelier: je sais que tel ou tel sera là. Je ne m'étonne pas davantage de voir se produire telle ou telle panne° de moto ou de vélo, ou tel accident d'horlogerie°: d'avance je savais ce qui surviendrait.° Tout m'a été

---

rattraper: saisir	**dès lors**: à partir d'alors
enjambées: de longs pas, faits, par ex., en courant	**panne**: arrêt de fonctionnement
se tut: garda le silence (se taire)	**accident d'horlogerie**: panne d'horloge ou de pendule
digne: qui mérite le respect	**surviendrait**: arriverait

---

14 *des cinq cantons du cercle*. Le *cercle* fait référence à une division territoriale (instaurée par les Français); un *canton* est la subdivision d'un cercle.

dicté au cours de la nuit et, par la même occasion, tout le travail que j'aurais à faire, si bien que, d'emblée,° sans avoir à y réfléchir, je sais comment je remédierai à ce qu'on me présente; et c'est cela qui a établi ma renommée° d'artisan. Mais, dis-le-toi bien, tout cela, je le dois au serpent, je le dois au génie de notre race.

Il se tut, et je sus alors pourquoi, quand mon père revenait de promenade et entrait dans l'atelier, il pouvait dire aux apprentis: « En mon absence, un tel ou un tel est venu, il était vêtu de telle façon, il venait de tel endroit et il apportait tel travail.» Et tous s'émerveillaient fort de cet étrange savoir. A présent, je comprenais d'où mon père tirait sa connaissance des événements. Quand je relevai les yeux, je vis que mon père m'observait.

— Je t'ai dit tout cela, petit, parce que tu es mon fils, l'aîné de mes fils, et que je n'ai rien à te cacher. Il y a une manière de conduite à tenir et certaines façons d'agir, pour qu'un jour le génie de notre race se dirige vers toi aussi. J'étais, moi, dans cette ligne de conduite qui détermine notre génie à nous visiter; oh! inconsciemment peut-être, mais toujours est-il que si tu veux que le génie de notre race te visite un jour, si tu veux en hériter à ton tour, il faudra que tu adoptes ce même comportement; il faudra désormais° que tu me fréquentes davantage.°

Il me regardait avec passion et, brusquement, il soupira.°

— J'ai peur, j'ai bien peur, petit, que tu ne me fréquentes jamais assez. Tu vas à l'école et, un jour, tu quitteras cette école pour une plus grande. Tu me quitteras, petit...

Et de nouveau il soupira. Je voyais qu'il avait le cœur lourd. La lampe-tempête,° suspendue à la véranda, l'éclairait crûment.° Il me parut soudain comme vieilli.

— Père! m'écriai-je.

— Fils... dit-il à mi-voix.

Et je ne savais plus si je devais continuer d'aller à l'école ou si je devais demeurer dans l'atelier: j'étais dans un trouble inexprimable.

— Va maintenant, dit mon père.

---

d'emblée: immédiatement
renommée: célébrité
désormais: à partir de ce
   moment-ci
davantage: plus

soupira: respira avec émotion
lampe-tempête: lampe close à
   pétrole
crûment: brutalement

Je me levai et me dirigeai vers la case de ma mère. La nuit scintillait° d'étoiles, la nuit était un champ d'étoiles; un hibou° ululait, tout proche. Ah! où était ma voie°? Savais-je encore où était ma voie? Mon désarroi était à l'image du ciel: sans limites; mais ce ciel, hélas! était sans étoiles... J'entrai dans la case de ma mère, qui était alors la mienne, et me couchai aussitôt. Le sommeil pourtant me fuyait, et je m'agitais sur ma couche.°

— Qu'as-tu? dit ma mère.

— Rien, dis-je.

Non, je n'avais rien que je pusse communiquer.

— Pourquoi ne dors-tu pas? reprit ma mère.

— Je ne sais pas.

— Dors! dit-elle.

— Oui, dis-je.

— Le sommeil... Rien ne résiste au sommeil, dit-elle tristement.

Pourquoi, elle aussi, paraissait-elle triste? Avait-elle senti mon désarroi? Elle ressentait° fortement tout ce qui m'agitait. Je cherchai le sommeil, mais j'eus beau fermer les yeux° et me contraindre à l'immobilité, l'image de mon père sous la lampe-tempête ne me quittait pas: mon père qui m'avait paru brusquement si vieilli, lui qui était si jeune, si alerte, plus jeune et plus vif que nous tous et qui ne se laissait distancer par personne à la course, qui avait des jambes plus rapides que nos jeunes jambes... « Père!... Père!... me répétais-je. Père, que dois-je faire pour bien faire?... » Et je pleurais silencieusement, je m'endormis en pleurant.

Par la suite, il ne fut plus question entre nous du petit serpent noir: mon père m'en avait parlé pour la première et la dernière fois. Mais, dès lors, sitôt que j'apercevais le petit serpent, je courais m'asseoir dans l'atelier. Je regardais le serpent se glisser par le trou de la paroi. Comme averti de sa présence, mon père à l'instant tournait le regard vers la paroi et souriait. Le serpent se dirigeait droit sur lui,

---

scintillait: brillait (par intermittence)
hibou: oiseau prédateur nocturne
voie: chemin

couche: lit
ressentait: était affectée par
j'eus beau fermer les yeux: je fermai les yeux en vain

en ouvrant la gueule. Quand il était à portée,° mon père le caressait avec la main, et le serpent acceptait sa caresse par un frémissement de tout le corps; jamais je ne vis le petit serpent tenter de lui faire le moindre mal. Cette caresse et le frémissement qui y répondait — mais je devrais dire: cette caresse qui appelait et le frémissement qui y répondait — me jetaient chaque fois dans une inexprimable confusion: je pensais à je ne sais quelle mystérieuse conversation; la main interrogeait, le frémissement répondait...

Oui, c'était comme une conversation. Est-ce que moi aussi, un jour, je converserais de cette sorte? Mais non; je continuais d'aller à l'école! Pourtant j'aurais voulu, j'aurais tant voulu poser à mon tour ma main sur le serpent, comprendre, écouter à mon tour ce frémissement, mais j'ignorais comment le serpent eût accueilli ma main et je ne pensais pas qu'il eût maintenant rien à me confier, je craignais bien qu'il n'eût rien à me confier jamais...

Quand mon père jugeait qu'il avait assez caressé le petit animal, il le laissait; le serpent alors se lovait° sous un des bords de la peau de mouton sur laquelle mon père était assis, face à son enclume.

2

De tous les travaux que mon père exécutait dans l'atelier, il n'y en avait point qui me passionnât° davantage que celui de l'or; il n'y en avait pas non plus de plus noble ni qui requît° plus de doigté° et puis ce travail était chaque fois comme une fête, c'était une vraie fête, qui interrompait la monotonie des jours.

à portée: assez près pour être touché
se lovait: s'enroulait sur soi-même (serpent)

passionnât: captivât
requît: exigeât (requérir)
doigté: habileté

Aussi suffisait-il qu'une femme, accompagnée d'un griot,[15] poussât la porte de l'atelier, je lui emboîtais le pas° aussitôt. Je savais très bien ce que la femme voulait: elle apportait de l'or et elle venait demander à mon père de le transformer en bijou. Cet or, la femme l'avait recueilli dans les placers° de Siguiri[16] où, plusieurs mois de suite, elle était demeurée courbée° sur les rivières, lavant la terre, détachant patiemment de la boue la poudre d'or.

Ces femmes ne venaient jamais seules; elles se doutaient bien° que mon père n'avait pas que ses travaux de bijoutier; et même n'eût-il que de tels travaux, elles ne pouvaient ignorer qu'elles ne seraient ni les premières à se présenter, ni par conséquent les premières à être servies. Or, le plus souvent, elles avaient besoin du bijou pour une date fixe, soit pour la fête du Ramadan,[17] soit pour la Tabaski[18] ou pour toute autre cérémonie de famille ou de danse.

Dès lors, pour aider leur chance d'être rapidement servies, pour obtenir de mon père qu'il interrompît en leur faveur les travaux en cours, elles s'adressaient à un solliciteur° et louangeur° officiel, un griot, convenant° avec lui du prix auquel il leur vendrait ses bons offices.°

---

emboîtais le pas: marchait juste
  derrière
placers: couches sédimentaires
  de minéraux
courbée: penchée
se doutaient bien: n'avaient pas
  de doute

solliciteur: celui qui demande
  une faveur
louangeur: celui qui célèbre les
  mérites de quelqu'un
convenant: se mettant d'accord
bons offices: services

---

15 *un griot.* En Afrique noire, membre de la caste des poètes-musiciens dont les chansons et les récits transmettent la culture et l'histoire orales. Ici, le griot a été engagé pour faire l'éloge du forgeron-orfèvre, le père du narrateur, avant et durant la création d'un bijou en or.

16 *Siguiri.* Préfecture du nord-ouest de la Guinée; c'est un port du fleuve Niger et un centre de l'extraction de l'or.

17 *la fête du Ramadan.* Le neuvième mois du calendrier islamique (lunaire): pendant cette fête on jeûne, c'est-à-dire, on s'abstient de nourriture, de boisson, de relations sexuelles et de tabac, du lever au coucher du soleil.

18 *la Tabaski.* Fête musulmane (= Aïd-el-Kébir) qui commémore le sacrifice d'Abraham: on fait un sacrifice de moutons et, si possible, le pèlerinage à la Mecque (= ville sainte islamique d'Arabie saoudite).

Le griot s'installait, préludait sur sa cora,[19] qui est notre harpe, et commençait à chanter les louanges° de mon père. Pour moi, ce chant était toujours un grand moment. J'entendais rappeler les hauts faits° des ancêtres de mon père, et ces ancêtres eux-mêmes dans l'ordre du temps; à mesure que les couplets se dévidaient,° c'était comme un grand arbre généalogique qui se dressait,° qui poussait ses branches ici et là, qui s'étalait° avec ses cent rameaux et ramilles° devant mon esprit. La harpe soutenait cette vaste nomenclature, la truffait° et la coupait de notes tantôt sourdes,° tantôt aigrelettes.°

Où le griot puisait-il ce savoir? Dans une mémoire particulièrement exercée assurément, particulièrement nourrie aussi par ses prédécesseurs, et qui est le fondement de notre tradition orale. Y ajoutait-il? C'est possible: c'est métier de griot que de flatter! Il ne devait pourtant pas beaucoup malmener° la tradition, car c'est métier de griot aussi de la maintenir intacte. Mais il m'importait peu en ce temps, et je levais haut la tête, grisé° par tant de louanges, dont il semblait rejaillir° quelque chose sur ma petite personne. Et si je dirigeais le regard sur mon père, je voyais bien qu'une fierté semblable alors l'emplissait,° je voyais bien que son amour-propre était grisé, et je savais déjà qu'après avoir savouré ce lait, il accueillerait favorablement la demande de la femme. Mais je n'étais pas seul à le savoir: la femme aussi avait vu les yeux de mon père luire d'orgueil°; elle tendait sa poudre d'or comme pour une affaire entendue,° et mon père prenait ses balances,° pesait l'or.

— Quelle sorte de bijou veux-tu? disait-il.

---

louanges: éloges	**malmener**: maltraiter
hauts faits: exploits	**grisé**: enivré, exalté
se dévidaient: se déroulaient	**rejaillir**: retomber
se dressait: se levait	**emplissait**: remplissait, comblait
s'étalait: s'ouvrait	**orgueil**: fierté
ramilles: petites branches	**affaire entendue**: transaction
truffait: remplissait	conclue
sourdes: ici, basses et douces	**balances**: instruments servant à
aigrelettes: assez désagréables à	peser
l'oreille	

---

19 *sa cora*. Instrument de musique traditionnel de l'Afrique de l'Ouest à une vingtaine de cordes; il tient de la harpe et aussi de la guitare. Aussi épelé *kora*.

— Je veux...

Et il arrivait que la femme ne sût plus au juste ce qu'elle voulait, parce que son désir la tiraillait° ici, la tiraillait là, parce qu'en vérité elle aurait voulu tous les bijoux à la fois; mais il aurait fallu un bien autre tas d'or, que celui qu'elle avait apporté pour satisfaire une telle fringale,° et il ne restait dès lors qu'à s'en tenir au° possible.

— Pour quand le veux-tu? disait mon père.

Et toujours c'était pour une date très proche.

— Ah! tu es si pressée que ça? Mais où veux-tu que je prenne le temps?

— Je suis très pressée, je t'assure! disait la femme.

— Jamais je n'ai vu femme désireuse de se parer,° qui ne le fût pas! Bon! je vais m'arranger pour te satisfaire. Es-tu contente?

Il prenait la marmite en terre glaise° réservée à la fusion de l'or et y versait la poudre; puis il recouvrait l'or avec du charbon de bois pulvérisé, un charbon qu'on obtenait par l'emploi d'essences spécialement dures; enfin il posait sur le tout un gros morceau de charbon du même bois.

Alors, voyant le travail dûment° entamé,° la femme retournait à ses occupations, rassurée, pleinement rassurée cette fois, laissant à son griot le soin de poursuivre des louanges dont elle avait tiré déjà si bon profit.

Sur un signe de mon père, les apprentis mettaient en mouvement les deux soufflets° en peau de mouton, posés à même le° sol de part et d'autre° de la forge et reliés à celle-ci par des conduits de terre. Ces apprentis se tenaient constamment assis, les jambes croisées, devant les soufflets; le plus jeune des deux tout au moins, car l'aîné était parfois admis à partager le travail des ouvriers, mais le plus jeune — c'était Sidafa, en ce temps-là — ne faisait que souffler° et qu'observer, en attendant d'être son tour élevé à des travaux moins rudimentaires.

tiraillait: tirait dans diverses directions
fringale: faim irrésistible
s'en tenir au: ne pas aller au-delà du
se parer: s'habiller avec élégance
terre glaise: dont on fait des briques ou de la poterie

dûment: comme il faut, selon l'ordre
entamé: commencé
soufflets: instruments qui raniment le feu d'une forge
à même le: au niveau du
de part et d'autre: des deux côtés
souffler: diriger de l'air

Pour l'heure, l'un et l'autre pesaient avec force sur les branloires,°
et la flamme de la forge se dressait, devenait une chose vivante, un
génie vif et impitoyable.°

Mon père alors, avec ses pinces° longues, saisissait la marmite et
la posait sur la flamme.

Du coup,° tout travail cessait quasiment° dans l'atelier: on ne
doit en effet, durant tout le temps que l'or fond,° puis refroidit,°
travailler ni le cuivre° ni l'aluminium à proximité, de crainte qu'il ne
vînt à tomber dans le récipient quelque parcelle de ces métaux sans
noblesse. Seul l'acier° peut encore être travaillé. Mais les ouvriers qui
avaient un ouvrage d'acier en train, ou se hâtaient de l'achever,° ou
l'abandonnaient carrément° pour rejoindre les apprentis rassemblés
autour de la forge. En vérité, ils étaient chaque fois si nombreux à
se presser alors autour de mon père, que je devais, moi qui étais le
plus petit, me lever et me rapprocher pour ne pas perdre la suite de
l'opération.

Il arrivait aussi que, gêné° dans ses mouvements, mon père fît
reculer° les apprentis. Il le faisait d'un simple geste de la main: jamais
il ne disait mot à ce moment, et personne ne disait mot, personne
ne devait dire mot, le griot même cessait d'élever la voix; le silence
n'était interrompu que par le halètement° des soufflets et le léger
sifflement° de l'or. Mais si mon père ne prononçait pas de paroles, je
sais bien qu'intérieurement il en formait; je l'apercevais à ses lèvres
qui remuaient° tandis que, penché sur la marmite, il malaxait° l'or et
le charbon avec un bout de bois, d'ailleurs aussitôt enflammé et qu'il
fallait sans cesse renouveler.

---

branloires: leviers qui font
  bouger le soufflet
impitoyable: sans pitié
pinces: outil qui sert à saisir
du coup: à la fois, en même
  temps
quasiment: presque, à peu près
fond: se transforme en liquide
  (fondre)
refroidit: redevient froid
cuivre: métal de couleur rouge-
  brun

acier: alliage du fer et du
  carbone
achever: terminer
carrément: complètement
gêné: empêché de se déplacer
reculer: se déplacer vers l'arrière
halètement: respiration forte
sifflement: son produit par le
  mouvement du vent
remuaient: bougeaient
malaxait: mélangeait, pétrissait

Quelles paroles mon père pouvait-il bien former?

Je ne sais pas; je ne sais pas exactement: rien ne m'a été communiqué de ces paroles. Mais qu'eussent-elles été, sinon des incantations?[20]

N'était-ce pas les génies du feu et de l'or, du feu et du vent, du vent soufflé par les tuyères,° du feu né du vent, de l'or marié avec le feu, qu'il invoquait alors; n'était-ce pas leur aide et leur amitié, et leurs épousailles° qu'il appelait? Oui, ces génies-là presque certainement, qui sont parmi les fondamentaux et qui étaient également nécessaires à la fusion.

L'opération qui se poursuivait sous mes yeux, n'était une simple fusion d'or qu'en apparence; c'était une fusion d'or, assurément c'était cela, mais c'était bien autre chose encore: une opération magique que les génies pouvaient accorder ou refuser; et c'est pourquoi, autour de mon père, il y avait ce silence absolu et cette attente anxieuse. Et parce qu'il y avait ce silence et cette attente, je comprenais, bien que je ne fusse qu'un enfant, qu'il n'y a point de travail qui dépasse celui de l'or. J'attendais une fête, j'étais venu assister à une fête, et c'en était très réellement une, mais qui avait des prolongements.° Ces prolongements, je ne les comprenais pas tous, je n'avais pas l'âge de les comprendre tous; néanmoins° je les soupçonnais en considérant l'attention comme religieuse que tous mettaient à observer la marche° du mélange dans la marmite.

Quand enfin l'or entrait en fusion, j'eusse crié, et peut-être eussions-nous tous crié, si l'interdit° ne nous eût défendu d'élever la voix; je tressaillais,° et tous sûrement tressaillaient en regardant mon

---

tuyères: ouvertures servant à ventiler la forge
épousailles: mariage, union
prolongements: conséquences, suites

néanmoins: pourtant, malgré cela
marche: évolution
interdit: prohibition
tressaillais; frémissais

---

20 *des incantations.* La fabrication du bijou en or n'est pas un simple processus technique; c'est un rite magique. Seul le forgeron peut communiquer avec les génies des éléments et leur demander de soutenir l'entreprise. Les participants doivent absolument suivre l'ordre prescrit dans le maniement des outils, le rythme des tambours, l'exécution des incantations, des chants et de la danse.

père remuer la pâte encore lourde, où le charbon de bois achevait de se consumer. La seconde fusion suivait rapidement; l'or à présent avait la fluidité de l'eau. Les génies n'avaient point boudé° à l'opération!

— Approchez la brique! disait mon père, levant ainsi l'interdit qui nous avait jusque-là tenus silencieux.

La brique, qu'un apprenti posait près du foyer,° était creuse,° généreusement graissée de beurre de karité.[21] Mon père retirait la marmite du foyer, l'inclinait doucement, et je regardais l'or couler dans la brique, je le regardais couler comme un feu liquide. Ce n'était au vrai qu'un très mince trait° de feu, mais si vif, mais si brillant! A mesure qu'il coulait dans la brique, le beurre grésillait,° flambait, se transformait en une fumée lourde qui prenait à la gorge et piquait les yeux, nous laissant tous pareillement larmoyant° et toussant.

Il m'est arrivé de penser que tout ce travail de fusion, mon père l'eût aussi bien confié à l'un ou l'autre de ses aides: ceux-ci ne manquaient pas d'expérience; cent fois, ils avaient assisté à ces mêmes préparatifs et ils eussent certainement mené la fusion à bonne fin. Mais je l'ai dit; mon père remuait les lèvres! Ces paroles que nous n'entendions pas, ces paroles secrètes, ces incantations qu'il adressait à ce que nous ne devions, à ce que nous ne pouvions ni voir ni entendre, c'était là l'essentiel. L'adjuration° des génies du feu, du vent, de l'or, et la conjuration° des mauvais esprits, cette science, mon père l'avait seul, et c'est pourquoi, seul aussi, il conduisait tout.

Telle est au surplus notre coutume, qui éloigne du travail de l'or toute intervention autre que celle du bijoutier même. Et certes, c'est parce que le bijoutier est seul à posséder le secret des incantations, mais c'est aussi parce que le travail de l'or, en sus° d'un ouvrage d'une grande habileté, est une affaire de confiance, de conscience,

---

n'avaient point boudé: n'étaient pas restés indifférents	qui chauffe
foyer: là où l'on allume le feu	**larmoyant:** les yeux irrités
creuse: dont l'intérieur est vide	**adjuration:** prière qui invoque
trait: fil, ligne	**conjuration:** éloignement des esprits maléfiques
grésillait: faisait le son du beurre	**en sus:** en plus

---

21 *beurre de karité.* Une graisse extraite des graines du karité, à usage culinaire et cosmétique, utilisée ici dans le traitement de l'or. Le karité s'appelle aussi *arbre à beurre.*

une tâche° qu'on ne confie qu'après mûre réflexion° et preuves faites. Enfin je ne crois pas qu'aucun bijoutier admettrait de renoncer à un travail — je devrais dire: un spectacle! — où il déploie son savoir-faire avec un éclat que ses travaux de forgeron ou de mécanicien et même ses travaux de sculpteur ne revêtent jamais,° bien que son savoir-faire ne soit pas inférieur dans ces travaux plus humbles, bien que les statues qu'il tire du bois à coup d'herminette,° ne soient pas d'humbles travaux!

Maintenant qu'au creux de la brique l'or était refroidi, mon père le martelait° et l'étirait.° C'était l'instant où son travail de bijoutier commençait réellement; et j'avais découvert qu'avant de l'entamer, il ne manquait jamais de caresser discrètement le petit serpent lové sous sa peau de mouton; on ne pouvait douter que ce fût sa façon de prendre appui° pour ce qui demeurait à faire et qui était le plus difficile.

Mais n'était-il pas extraordinaire, n'était-il pas miraculeux qu'en la circonstance le petit serpent noir fût toujours lové sous la peau de mouton? Il n'était pas toujours présent, il ne faisait pas chaque jour visite à mon père, mais il était présent chaque fois que s'opérait ce travail de l'or. Pour moi, sa présence ne me surprenait pas, depuis que mon père, un soir, m'avait parlé du génie de sa race, je ne m'étonnais plus; il allait de soi que le serpent fût là: il était averti de l'avenir. En avertissait-il mon père? Cela me paraissait évident: ne l'avertissait-il pas de tout? Mais j'avais un motif supplémentaire pour le croire absolument.

L'artisan qui travaille l'or doit se purifier au préalable,° se laver complètement par conséquent et, bien entendu, s'abstenir, tout le temps de son travail, de rapports sexuels. Respectueux des rites comme il l'était, mon père ne pouvait manquer de se conformer à la règle.° Or, je ne le voyais point se retirer dans sa case; je le voyais s'atteler à sa besogne° sans préparation apparente. Dès lors il sautait

tâche: travail	**l'étirait:** l'allongeait
après mûre réflexion: après avoir bien réfléchi	**prendre appui:** chercher de la protection
ne revêtent jamais: ne prennent jamais cet aspect	**au préalable:** tout d'abord
herminette: type de hache	**règle:** méthode prescrite, loi
le martelait: le frappait	**s'atteler à sa besogne:** s'appliquer à son travail

aux yeux° que, prévenu° en rêve par son génie noir de la tâche qui l'attendait dans la journée, mon père s'y était préparé au saut du lit° et était entré dans l'atelier en état de pureté, et le corps enduit de surcroît° des substances magiques celées° dans ses nombreuses marmites de gris-gris. Je crois au reste que mon père n'entrait jamais dans son atelier qu'en état de pureté rituelle; et ce n'est point que je cherche à le faire meilleur qu'il n'est — il est assurément homme, et partage assurément les faiblesses de l'homme — mais toujours je l'ai vu intransigeant° dans son respect des rites.

La commère° à laquelle le bijou était destiné et qui, à plusieurs reprises déjà, était venue voir où le travail en était, cette fois revenant pour de bon, ne voulant rien perdre de ce spectacle, merveilleux pour elle, merveilleux aussi pour nous, où le fil que mon père finissait d'étirer, se muerait° en bijou.

Elle était là à présent qui dévorait des yeux le fragile fil d'or, le suivait dans sa spirale tranquille et infaillible autour de la petite plaque qui lui sert de support. Mon père l'observait du coin de l'œil, et je voyais par intervalles un sourire courir sur ses lèvres; l'attente avide de la commère le réjouissait.

— Tu trembles? disait-il.

— Est-ce que je tremble? disait-elle.

Et nous riions de sa mine.° Car elle tremblait! Elle tremblait de convoitise° devant l'enroulement en pyramide où mon père insérait, entre les méandres,° de minuscules grains d'or. Quand enfin il terminait l'œuvre en sommant° le tout d'un grain plus gros, la femme bondissait° sur ses pieds.

Non, personne alors, tandis que mon père faisait lentement virer° le bijou entre ses doigts pour en étaler la régularité, personne n'aurait pu témoigner° plus ample ravissement que la commère, même pas

---

il sautait aux yeux: il était
  évident
prévenu: averti
au saut du lit: dès qu'il s'est levé
de surcroît: en plus
celées: cachées
intransigeant: qui n'admet pas
  de compromis
commère (familier): femme,

voisine
se muerait: se transformerait
mine: visage, apparence
convoitise: grand désir, avidité
méandres: sinuosités
sommant: mettant au sommet
bondissait: sautait
virer: tourner
témoigner: montrer

le griot dont c'était le métier, et qui, durant toute la métamorphose, n'avait cessé d'accélérer son débit,° précipitant le rythme, précipitant les louanges et les flatteries à mesure que le bijou prenait forme, portant aux nues° le talent de mon père.

Au vrai, le griot participait curieusement — mais j'allais dire: directement, effectivement — au travail. Lui aussi s'enivrait° du bonheur de créer; il clamait° sa joie, il pinçait sa harpe en homme inspiré; il s'échauffait° comme s'il eût été l'artisan même, mon père même, comme si le bijou fût né de ses propres mains. Il n'était plus le thuriféraire° à gages°; il n'était plus cet homme dont chacun et quiconque° peut louer les services: il était un homme qui crée son chant sous l'empire d'une nécessité tout intérieure. Et quand mon père, après avoir soudé° le gros grain qui achevait la pyramide, faisant admirer son œuvre, le griot n'aurait pu se retenir plus longtemps d'énoncer° la « douga »,[22] ce grand chant qui n'est chanté que pour les hommes de renom, qui n'est dansé que par ces hommes.

Mais c'est un chant redoutable° que la « douga », un chant qui provoque, un chant que le griot ne se hasarderait pas à° chanter, que l'homme pour qui on le chante ne se hasarderait pas non plus à danser sans précautions. Mon père, averti en rêve, avait pu prendre ces précautions dès l'aube; le griot, lui, les avait obligatoirement prises dans le moment où il avait conclu marché° avec la femme. Comme mon père, il s'était alors enduit le corps de gris-gris, et s'était rendu invulnérable aux mauvais génies que la « douga » ne pouvait manquer de déchaîner, invulnérable encore à ses confrères° mêmes

---

débit: vitesse (de la chanson)
portant aux nues: exaltant
s'enivrait: se grisait
clamait: criait
s'échauffait: devenait animé
thuriféraire: chanteur,
   troubadour
à gages: payé
quiconque: n'importe qui

soudé: rattaché (pièces
   métalliques)
énoncer: exprimer
redoutable: formidable
ne se hasarderait pas: n'oserait
   pas
avait conclu marché: s'était mis
   d'accord
confrères: collègues

---

22 *énoncer la « douga ».* Terme malinké. Chanson de joie et de reconnaissance entonnée par le griot en l'honneur de l'orfèvre après sa réussite, et ensuite dansée et chantée par l'orfèvre. L'exécution de cette danse est réservée aux hommes de la plus haute caste.

qui, jaloux peut-être, n'attendaient que ce chant, l'exaltation, la perte de contrôle qu'entraîne ce chant, pour lancer leurs sorts.°[23]

A l'énoncé de la « douga », mon père se levait, poussait un cri où, par parts égales, le triomphe et la joie se mêlaient, et brandissant de la main droite son marteau,° insigne de sa profession, et de la gauche une corne° de mouton emplie de substances magiques, il dansait la glorieuse danse.

Il n'avait pas plus tôt terminé, qu'ouvriers et apprentis, amis et clients attendant leur tour, sans oublier la commère à laquelle le bijou était destiné, s'empressaient autour de lui, le complimentant, le couvrant d'éloges, félicitant par la même occasion le griot qui se voyait combler de° cadeaux — cadeaux qui sont quasi ses seules ressources dans la vie errante° qu'il mène à la manière des troubadours de jadis. Rayonnant,° échauffé par la danse et les louanges, mon père offrait à chacun des noix de kola,[24] cette menue° monnaie de la civilité guinéenne.

Il ne restait plus à présent qu'à rougir le bijou dans un peu d'eau additionnée de chlore° et de sel marin. Je pouvais disparaître: la fête était finie! Mais souvent, comme je sortais de l'atelier, ma mère qui était dans la cour à piler le mil ou le riz,[25] m'appelait.

— Où étais-tu? disait-elle, bien qu'elle le sût parfaitement.

— Dans l'atelier.

— Oui, ton père travaillait l'or. L'or! Toujours l'or!

---

sorts: charmes maléfiques	pleinement
marteau: outil servant à frapper	**errante:** nomade
corne: organe pointu poussant	**rayonnant:** radieux
sur la tête (mouton, chèvre)	**menue:** toute petite
combler de: satisfaire	**chlore:** élément chimique (Cl)

---

23 *n'attendaient que ce chant... pour lancer leurs sorts.* Ce griot craint que les autres griots ou magiciens ne profitent de cette perte de contrôle pour lui faire du mal.

24 *noix de kola.* Graines du kolatier. Ces fruits, contenant des stimulants, tel la caféine (*cf.* le Coca-Cola), s'échangent régulièrement et se mastiquent pendant les cérémonies, ou bien entre amis ou en famille.

25 *piler le mil ou le riz.* C'est la tâche des femmes de réduire les graines comestibles en poudre. Remarquez que la mère n'a pas assisté à la fabrication rituelle de l'or.

Et elle donnait de furieux coups de pilon° sur le mil ou le riz qui n'en pouvaient mais.°

— Ton père se ruine la santé! Voilà ce que ton père fait!

Il a dansé la « douga », disais-je.

— La « douga »! Ce n'est pas la « douga » qui l'empêchera de s'abîmer° les yeux! Et toi, tu ferais mieux de jouer dans la cour plutôt que d'aller respirer la poussière et la fumée dans l'atelier!

Ma mère n'aimait pas que mon père travaillât l'or. Elle savait combien la soudure de l'or est nuisible°: un bijoutier épuise° ses poumons° à souffler au chalumeau,° et ses yeux ont fort° à souffrir de la proximité du foyer; peut-être ses yeux souffrent-ils davantage encore de la précision microscopique du travail. Et même n'en eût-il été rien, ma mère n'eût guère plus aimé ce genre de travail: elle le suspectait, car on ne soude pas l'or sans l'aide d'autres métaux, et ma mère pensait qu'il n'est pas strictement honnête de conserver l'or épargné° par l'alliage,°²⁶ bien que ce fût chose admise, bien qu'elle acceptât, quand elle portait du coton à tisser,° de ne recevoir en retour qu'une pièce de cotonnade° d'un poids réduit de moitié.

evececo

pilon: outil pour piler une substance dans un mortier
n'en pouvaient mais: étaient très affaiblis
s'abîmer: se ruiner
nuisible: dangereux
épuise: fatigue à l'excès
poumons: organes internes de la respiration
chalumeau: tube dans lequel on

souffle pour diriger de l'air vers le feu
fort: beaucoup
épargné: économisé
alliage: combinaison de métaux
tisser: créer un tissu en entrelaçant des fils
cotonnade: tissu de coton mélangé

26 *qu'il n'est pas strictement... par l'alliage.* Il y a d'autres cultures traditionnelles qui interdisent de mélanger les métaux « vils » et les métaux « nobles », certaines étoffes ou d'autres substances. Cette restriction se retrouve, par exemple, dans l'Ancien Testament où elle porte sur certains aliments, le tissage des étoffes, etc.

3

Souvent j'allais passer quelques jours à Tindican, un petit village à l'ouest de Kouroussa.[27] Ma mère était née à Tindican, et sa mère, ses frères continuaient d'y habiter. Je me rendais là avec un plaisir extrême, car on m'y aimait fort, on me choyait,° et ma grand-mère particulièrement, pour qui ma venue était une fête; moi, je la chérissais de tout mon cœur.

C'était une grande femme aux cheveux toujours noirs, mince, très droite, robuste, jeune encore à dire vrai et qui n'avait cessé de participer aux travaux de la ferme, bien que ses fils, qui suffisaient amplement à la tâche, tentassent de l'en dispenser°; mais elle ne voulait pas du repos qu'on lui offrait, et sans doute était-ce dans cette activité suivie que gisait° le secret de sa verdeur.° Elle avait perdu son mari très tôt, trop tôt, et moi, je ne l'avais pas connu. Il arrivait qu'elle me parlât de lui, mais jamais longtemps: des larmes interrompaient bientôt son récit, si bien que je ne sais rien de mon grand-père, rien qui le peigne° un peu à mes yeux, car ni ma mère ni mes oncles ne me parlaient de lui, chez nous, on ne parle guère des défunts° qu'on a beaucoup aimés; on a le cœur trop lourd sitôt qu'on évoque leur souvenir.

Quand je me rendais à Tindican, c'était le plus jeune de mes oncles qui venait me chercher. Il était le cadet de ma mère et à peine sorti de l'adolescence; aussi me semblait-il très proche encore de moi. Il était naturellement gentil, et il n'était pas nécessaire que ma mère lui recommandât de veiller sur moi: il le faisait spontanément. Il me prenait par la main, et je marchais à ses côtés; lui, tenant compte

---

me choyait: m'entourait d'affection	**gisait**: se trouvait
dispenser: autoriser à ne pas faire	**verdeur**: jeunesse, énergie
	peigne: décrive (peindre)
	défunts: morts

---

27 *Kouroussa*. Ville intérieure de la Haute-Guinée, port du fleuve Niger, à quelque 600 kilomètres de la capitale, Conakry; c'est la ville natale du narrateur-auteur. Tindican, le village de la famille de sa mère, se situe à deux heures de marche à l'ouest de Kouroussa.

de ma jeunesse, rapetissait° ses pas, si bien qu'au lieu de mettre deux heures pour atteindre° Tindican, nous en mettions facilement quatre, mais je ne m'apercevais guère de la longueur du parcours,° car toutes sortes de merveilles la coupaient.

Je dis « merveilles », parce que Kouroussa est déjà une ville et qu'on n'y a pas le spectacle qu'on voit aux champs et qui, pour un enfant des villes, est toujours merveilleux. A mesure que nous avancions sur la route, nous délogions° ici un lièvre,° là un sanglier,° et des oiseaux partaient dans un grand bruit d'ailes°; parfois aussi nous rencontrions une troupe de singes°; et chaque fois je sentais un petit pincement au cœur, comme plus surpris que le gibier° même que notre approche alertait brusquement. Voyant mon plaisir, mon oncle ramassait des cailloux,° les jetait loin devant lui, ou battait les hautes herbes avec une branche morte pour mieux déloger le gibier. Je l'imitais, mais jamais très longtemps: le soleil, dans l'après-midi, luit férocement sur la savane;[28] et je revenais glisser ma main dans celle de mon oncle. De nouveau nous marchions paisiblement.

— Tu n'es pas trop fatigué? demandait mon oncle.

— Non.

— Nous pouvons nous reposer un moment, si tu veux.

Il choisissait un arbre, un kapokier[29] ou un néré,[30] dont l'ombre lui paraissait suffisamment dense, et nous nous asseyions. Il me contait les dernières nouvelles de la ferme: les naissances, l'achat° d'une bête,

rapetissait: raccourcissait	oiseaux
atteindre: arriver à	**singes**: mammifères primates
parcours: chemin traversé	**gibier**: animaux poursuivis par
délogions: surprenions	les chasseurs
lièvre: grand lapin	**cailloux**: petites pierres
sanglier: porc sauvage	**achat**: ce qui est acheté
ailes: membres qui font voler les	

28 *la savane.* Paysage de l'Afrique subsaharienne à hautes herbes, arbres et arbustes, typique de la Haute-Guinée, région chaude à longue saison sèche.

29 *un kapokier.* Grand arbre tropical, de la même famille que le *fromager*, qui fournit du kapok, une fibre légère dont on rembourre les oreillers, les coussins, etc.

30 *un néré.* Terme malinké — arbre dont les racines et les graines sont utilisées en médecine traditionnelle.

le défrichement° d'un nouveau champ ou les méfaits° des sangliers,
mais c'étaient les naissances surtout qui éveillaient° mon intérêt.

— Il est né un veau, disait-il.

— De qui? demandais-je, car je connaissais chaque bête du
troupeau.°

— De la blanche.

— Celle qui a les cornes comme un croissant de lune?

— Celle-là même.

— Ah! et le veau, comment est-il?

— Beau! beau! avec une étoile blanche sur le front.

— Une étoile?

— Oui, une étoile.

Et je rêvais un moment à cette étoile, je regardais l'étoile. Un
veau avec une étoile, c'était pour faire un conducteur de troupeau.

— Mais, dis donc, il doit être beau! disais-je.

— Tu ne peux rien rêver de plus joli. Il a les oreilles si roses, que
tu les croirais transparentes.

— J'ai hâte de le voir! Nous irons le voir en arrivant?

— Sûrement.

— Mais tu m'accompagneras?

— Bien sûr, froussard°!

Oui, j'avais peur des grandes bêtes cornues. Mes petits
camarades de Tindican s'en approchaient de toutes les manières, se
suspendaient à leurs cornes, allaient jusqu'à leur sauter sur le dos;
moi, je me tenais à distance. Quand je partais en brousse[31] avec le
troupeau, je regardais les bêtes paître,° mais je ne m'en approchais pas
de trop près; je les aimais bien, mais leurs cornes m'intimidaient. Les
veaux, eux, n'avaient pas de cornes, mais ils avaient des mouvements

---

défrichement: préparation de
   la terre
méfaits: actions mauvaises
éveillaient: excitaient
troupeau: ensemble de vaches

ou de moutons
froussard (familier): quelqu'un
   qui a très peur
paître: manger de l'herbe

---

31 *partais en brousse*. On emmène les bêtes manger de l'herbe plus loin
   dans la campagne isolée.

brusques, inattendus: on ne pouvait trop se fier à° eux.

— Viens! disais-je à mon oncle. Nous nous sommes assez reposés.

J'avais hâte d'arriver. Si le veau était dans l'enclos,° je pourrais le caresser: dans l'enclos, les veaux étaient toujours tranquilles. Je mettrais un peu de sel sur la paume de ma main, et le veau viendrait lécher le sel, je sentirais sa langue doucement râper° ma main.

— Pressons le pas! disais-je.

Mais mes jambes ne supportaient pas qu'on les pressât tant: elles ralentissaient; et nous continuions notre route sans hâte, nous flânions.° Mon oncle me racontait comment le singe s'y était pris pour° dindonner° la panthère qui s'apprêtait° à le dévorer, ou comment le rat-palmiste° avait fait languir° l'hyène toute une nuit pour rien. C'étaient des histoires cent fois entendues, mais auxquelles je prenais toujours plaisir; mes rires levaient le gibier devant nous.

Avant même d'atteindre Tindican, j'apercevais ma grand-mère venue à notre rencontre. Je lâchais° la main de mon oncle et je courais vers elle en criant. Elle me soulevait et me pressait contre sa poitrine,° et moi, je me pressais contre elle, l'entourant de mes bras, comme éperdu° de bonheur.

— Comment vas-tu, mon petit époux°? disait-elle.

— Bien! criais-je. Bien!

— Mais est-ce bien vrai cela?

Et elle me regardait, elle me palpait°; elle regardait si j'avais les joues° pleines et elle me palpait pour voir si j'avais autre chose que la peau sur les os.° Si l'examen la satisfaisait, elle me félicitait; mais

---

se fier à: avoir confiance en
enclos: terrain fermé par une clôture
râper: gratter
flânions: nous promenions sans nous presser
s'y était pris pour: avait réussi à
dindonner (familier): tromper, duper
s'apprêtait à: se préparait à
rat-palmiste: écureuil terrestre,
rat des bois
languir: attendre impatiemment
lâchais: laissais tomber
sa poitrine: ses seins
éperdu: passionné
époux: mari
palpait: examinait avec les doigts
joues: parties du visage des deux côtés de la bouche
os: substance qui forme le squelette des vertébrés

quand ses mains ne rencontraient que maigreur° — la croissance°
m'amaigrissait — elle gémissait.°
— Voyez-vous ça! disait-elle. On ne mange donc pas à la ville?
Tu n'y retourneras pas avant de t'être convenablement remplumé.°
C'est compris?
— Oui, grand-mère.
— Et ta mère? Et ton père? Ils se portent tous bien chez toi?
Et elle attendait que je lui eusse donné des nouvelles de chacun,
avant de me reposer à terre.
— Est-ce que le trajet° ne l'a pas trop fatigué? demandait-elle à
mon oncle.
— Du tout°! disait mon oncle. Nous avons marché comme des
tortues,° et le voici prêt à courir aussi vite qu'un lièvre.

Dès lors, à demi rassurée, elle me prenait la main, et nous
partions vers le village, nous faisions notre entrée dans le village, moi
entre ma grand-mère et mon oncle, mes mains logées dans les leurs.
Et sitôt les premières cases atteintes, ma grand-mère criait:
— Bonnes gens, voici mon petit époux qui est arrivé!
Les femmes sortaient de leurs cases et accouraient à nous, en
s'exclamant joyeusement.
— Mais c'est un vrai petit homme! s'écriaient-elles. C'est
vraiment un petit époux que tu as là!
Beaucoup me soulevaient de terre pour me presser contre leur
poitrine. Elles aussi examinaient ma mine, ma mine et mes vêtements,
qui étaient des vêtements de la ville, et elles déclaraient tout splendide,
elles disaient que ma grand-mère avait bien de la chance d'avoir un
petit époux tel que moi. De partout elles accouraient, de partout elles
venaient m'accueillir; oui, comme si le chef de canton en personne eût
fait son entrée dans Tindican; et ma grand-mère rayonnait de joie.
Ainsi assaillis° à chaque case, répondant à l'exubérance des
commères, donnant des nouvelles de mes parents, il fallait largement

---

maigreur: état d'être maigre,
  sans graisse
croissance: action de grandir
gémissait: poussait un cri triste
t'être... remplumé (familier):
  avoir repris du poids

trajet: chemin parcouru
du tout: Pas du tout
comme des tortues: très
  lentement
assaillis: attaqués

deux heures pour franchir les quelque cent ou deux cents mètres, qui séparaient la case de ma grand-mère des premières cases que nous rencontrions. Et quand ces excellentes femmes nous quittaient, c'était pour surveiller la cuisson° d'énormes platées de riz et de volaille,° qu'elles n'allaient pas tarder à nous apporter pour le festin° du soir.

Aussi fussé-je même arrivé maigre comme un clou° à Tindican, j'étais assuré d'en repartir, dix jours plus tard, tout rebondi° et luisant de santé.

La concession de mon oncle était vaste. Si elle était moins peuplée, et de loin,° que la nôtre, si elle n'avait pas la même importance, elle s'étendait généreusement comme il en va à campagne, où la place ne fait pas défaut.° Il y avait les enclos pour les vaches, pour les chèvres°; il y avait les greniers° à riz et à mil, à manioc et à arachides, à gombo,[32] qui sont comme autant de petites cases dressées sur des socles° de pierres pour les préserver de l'humidité. A l'exception de ces enclos et de ces greniers, la concession de mon oncle différait peu de la nôtre; simplement la palissade qui la défendait, était plus robuste: au lieu de roseaux tressés, on s'était servi, pour la bâtir, de solides piquets de bois coupés dans la forêt proche; quant aux cases, elles n'étaient pas autrement construites que les nôtres, mais elles étaient plus primitives.

Mon oncle Lansana, en tant qu'aîné, avait hérité de la concession à la mort de mon grand-père. En fait, mon oncle avait

---

cuisson: préparation
volaille: oiseaux domestiqués
   (poules, canards, oies, etc.)
festin: banquet
clou: pièce de métal pointu avec
   lequel on fixe du bois
rebondi: rétabli
de loin: de beaucoup

ne fait pas défaut: ne manque
   pas
chèvres: petits ruminants à
   cornes qui donnent du lait
greniers: bâtiments pour la
   conservation des grains
socles: bases

---

32 *greniers à riz... à gombo.* A côté du maïs et du palmier, il s'agit ici des cultures principales de la Guinée: du *manioc* on fait de la farine et du tapioca; l'*arachide* est une plante légumineuse commune, appelée aussi *cacahuète* (produits: huile, beurre, graines); le *gombo* est une plante dont on consomme les petites cosses allongées (notamment, en Amérique du Nord, dans la cuisine louisianaise).

un jumeau° qui aurait pu le supplanter,° mais Lansana avait vu le jour° le premier; et chez nous, c'est le premier-né des jumeaux qui est tenu pour aîné. Il arrive néanmoins que ce droit d'aînesse souffre certain gauchissement,° parce qu'il y a toujours un des deux jumeaux qui plus particulièrement impose et, ne fût-il pas le premier-né, se qualifie ainsi héritier.

Peut-être, dans le cas de mes oncles, est-ce le second jumeau qui se fût imposé, car il ne manquait ni de prestige ni d'autorité, mais il n'y pensait même pas: il avait peu de goût pour la terre, et on le voyait rarement à Tindican; il était une fois ici, une fois là; en vérité le hasard seul et ses lointaines° visites faisaient connaître où il était; il avait le goût de l'aventure dans le sang. Pour moi, je ne l'ai rencontré qu'une fois: il était revenu à Tindican; il y était de quelques jours et déjà ne songeait° qu'à repartir. J'ai conservé le souvenir d'un homme extrêmement séduisant° et qui parlait beaucoup, qui n'arrêtait pas de parler, et qu'on ne se lassait° pas d'écouter. Il racontait ses aventures, qui étaient étranges, qui dépaysaient,° qui m'ouvraient des horizons surprenants. Il me combla de cadeaux. S'était-il spécialement mis en frais° pour l'écolier° que j'étais, ou n'obéissait-il qu'à sa nature? Je ne sais pas. Quand je le vis repartir vers de nouvelles aventures, je pleurai. Quel était son nom? Je ne m'en souviens plus; peut-être ne l'ai-je jamais su. Je l'avais appelé Bô, durant les quelques jours qu'il était demeuré à Tindican, et c'était le nom aussi que je donnais à mon onde Lansana, car ainsi surnomme°-t-on habituellement les jumeaux, et ce surnom efface° le plus souvent leur véritable nom.

Mon oncle Lansana avait encore deux autres frères, dont l'un était récemment marié; le cadet, celui qui venait me chercher à Kouroussa, bien que fiancé, était pour lors° un peu jeune pour prendre femme. Ainsi deux familles, mais pas bien nombreuses encore, habitaient la

---

jumeau: frère né d'un même accouchement
supplanter: prendre la place de
avait vu le jour: était né
gauchissement: déformation
lointaines: ici, rares
songeait: pensait
séduisant: charmant
se lassait: se fatiguait

dépaysaient: faisaient changer d'idées ou de milieu
S'était-il... mis en frais: Avait-il été particulièrement généreux
écolier: élève de primaire
surnomme: désigne
efface: fait disparaître
pour lors: pour l'instant, alors

concession, en plus de ma grand-mère et de mon oncle cadet.

Généralement, quand j'arrivais dans l'après-midi, mon oncle Lansana était encore à ses travaux dans les champs, et c'était dans la case de ma grand-mère que j'entrais d'abord, la case même que, durant mon séjour,° je ne cesserais d'occuper.

Cette case, à l'intérieur, ressemblait fort à celle que je partageais à Kouroussa avec ma mère; j'y voyais jusque la même calebasse° où ma mère gardait le lait, et identiquement suspendue au toit par trois cordes pour qu'aucune bête n'y accède, identiquement couverte aussi pour empêcher la suie° d'y tomber. Ce qui rendait la case singulière à mes yeux, c'étaient les épis° de maïs qui, à hauteur du toit, pendaient° en couronnes innombrables et toujours plus réduites selon qu'elles se rapprochaient du faîte°; la fumée du foyer n'arrêtait pas d'enfumer les épis et les conservait ainsi hors d'atteinte des termites et des moustiques.° Ces couronnes auraient pu servir en même temps de calendrier rustique, car, à mesure que le temps de la récolte° nouvelle approchait, elles devenaient moins nombreuses et finalement disparaissaient.

Mais je ne faisais alors qu'entrer dans la case, je ne faisais qu'y poser mes vêtements: ma grand-mère jugeait qu'après avoir fait route de Kouroussa à Tindican, la première chose à faire était de me laver; elle me voulait net,° bien qu'elle ne se fît pas trop d'illusions sur la durée de cette netteté, mais du moins, était-ce sous ce signe qu'elle voulait voir commencer mon séjour; et elle me conduisait incontinent° dans le lavoir, un petit enclos, à proximité de sa case, entouré de roseaux et dallé° de larges pierres. Elle allait retirer la marmite du foyer, versait l'eau dans une calebasse et, après l'avoir attiédie° à la température convenable, l'apportait dans le lavoir. Elle

---

séjour: durée de la visite
calebasse: fruit de la gourde vidé
  et séché, servant de récipient
suie: matière noire emportée par
  la fumée
épis: tiges qui portent les grains
  de maïs
pendaient: étaient suspendus
faîte: partie la plus élevée

moustiques: petits insectes qui
  piquent
récolte: moment où les produits
  agricoles sont cueillis
net: propre
incontinent: tout de suite, sans
  tarder
dallé: recouvert
attiédie: un peu refroidie

me savonnait alors de la tête aux pieds au savon noir[33] et, après, elle me frottait° non sans énergie avec une éponge de filasse[34] extraite d'arbres tendres. Je sortais du lavoir, resplendissant, le sang avivé° et la peau brillante, le cheveu bien noir, et courais me sécher devant le feu.

Mes petits compagnons de jeu étaient là, qui m'attendaient.

— Alors tu es revenu? disaient-ils.

— Je suis revenu.

— Pour longtemps?

— Pour un bout de temps.

Et suivant que j'étais maigre ou gras — car eux aussi donnaient à la mine la première importance — mais j'étais maigre le plus souvent, j'entendais:

— Dis donc, tu te portes bien, toi!

— Oui, disais-je modestement.

Ou:

— Tu n'es pas gros!

— Je grandis, disais-je. Quand tu grandis, tu ne peux pas être gros.

— Non. Tout de même tu n'es pas bien gros.

Et il y avait un temps de silence, parce que chacun réfléchissait à cette croissance, qui fait davantage maigrir les enfants de la ville que les enfants de la campagne. Après quoi, l'un d'eux régulièrement s'écriait:

— En voit-on des oiseaux dans les champs, cette année!

Mais il en allait ainsi toutes les années: toujours il y avait quantité d'oiseaux qui dévoraient les champs, et toujours c'étaient nous, les gosses,° qui avions pour principale occupation de leur faire la chasse.

---

frottait: nettoyait en frictionnant	**avivé**: rendu plus vif
	gosses (familier): enfants

---

33 *savon noir.* Ce savon noir est produit à partir des cosses de noix de palme broyées avec des feuilles de palmier. Le mélange est brûlé, les cendres récupérées, et on y ajoute de l'eau.

34 *une éponge de filasse.* Faite des filaments tirés de la tige des végétaux textiles.

— J'ai ma fronde,° disais-je.

Je l'avais emportée avec moi, je n'avais garde° de l'oublier, et ici, je ne la quittais pour ainsi dire pas, soit pour paître le bétail,° soit pour surveiller les moissons° du haut des miradors.°

Les miradors tiennent une place importante dans mes séjours à Tindican: on rencontrait partout de ces planchers montés sur des piquets fourchus° et comme portés par le flot montant° des moissons. Avec mes petits camarades, j'escaladais° l'échelle qui y conduisait, et nous chassions à la fronde les oiseaux, les singes parfois, qui venaient piller° les champs. Tout au moins était-ce là notre mission, et nous l'accomplissions sans rechigner,° bien plus par plaisir que par obligation; mais il arrivait aussi que, pris par d'autres jeux, nous oubliions pourquoi nous étions là, et, sinon pour moi, pour mes petits camarades tout au moins, cela ne se passait pas sans inconvénient°: les parents ne tardaient guère à s'apercevoir que le champ n'avait pas été surveillé, et alors, selon la grandeur du dégât,° c'était ou une gronderie° bruyante° ou le martinet° qui rappelait à la vigilance les guetteurs° distraits; ainsi, dûment édifiés, et quand bien même nous nous faisions de ces confidences passionnantes, que les oreilles des grandes personnes ne doivent pas entendre, et qui sont le plus souvent le récit de rapines° puériles,° nous tenions néanmoins un œil sur la moisson; au surplus nos cris et nos chants suffisaient généralement à éloigner les oiseaux, même les mange-mil° qui s'abattaient° par bandes compactes.

---

fronde: lance-pierre (*cf.* par ex., David contre Goliath)
n'avais garde: n'avais aucune intention
bétail: animaux d'une ferme
moissons: récoltes
miradors: tours d'observation
fourchus: divisés à la manière d'une fourchette
le flot montant: la marée (= niveau élevé de la mer)
escaladais: montais
piller: voler dans
rechigner: montrer sa répugnance

inconvénient: conséquence désagréable
dégât: dommage
gronderie: réprimande
bruyante: contraire de « silencieuse »
martinet: fouet (pour le châtiment corporel)
guetteurs: ceux qui surveillent
rapines: vols, pillages
puériles: enfantines
mange-mil: petits oiseaux des champs
s'abattaient: descendaient

Mes petits compagnons étaient pleins de gentillesse. C'étaient d'excellents camarades vraiment, hardis,° plus hardis que moi assurément, et même assez casse-cou,° mais qui acceptaient de modérer leur fougue foncière° par égard pour l'enfant de la ville que j'étais, remplis au surplus de considération pour ce citadin° qui venait partager leurs jeux campagnards, et éternellement en admiration devant mes habits° d'écolier.

Sitôt séché devant le feu, je les revêtais, ces habits. Mes petits camarades me regardaient avec des yeux avides passer ma chemise khaki à manches courtes, enfiler une culotte° de même nuance et chausser des sandales. J'avais aussi un béret, que je ne mettais guère. Mais il suffisait: tant de splendeurs étaient faites pour éblouir° de petits campagnards qui n'avaient qu'un caleçon° court pour tout vêtement. Moi, cependant, j'enviais leur caleçon qui leur donnait une liberté plus grande. Ces vêtements de ville, qu'il fallait tenir propres, étaient bien embarrassants: ils se salissaient, ils se déchiraient.° Quand nous grimpions° sur les miradors, je devais prendre garde de ne point m'accrocher aux échelons°; quand nous étions sur le mirador, il fallait me tenir à bonne distance des épis fraîchement coupés, mis là pour servir de semences et conservés à l'abri° des termites. Et quand nous allumions un feu pour cuire les lézards ou les mulots° que nous avions tués au lance-pierres, je ne devais pas m'approcher trop, moins encore me hasarder à vider le produit de notre chasse: le sang eût taché° mes habits, les cendres° les eussent noircis; il me fallait regarder vider lézards et mulots, garnir l'intérieur de sel, avant de les poser sur la braise°; même pour les déguster,° toutes sortes de précautions étaient nécessaires.

---

hardis: courageux
casse-cou: qui ne craignent pas le danger
fougue foncière: impétuosité naturelle
citadin: habitant de la ville
habits: vêtements
enfiler une culotte: mettre un short
éblouir: émerveiller
caleçon: sous-vêtement

d'homme
se déchiraient: se mettaient en pièces
grimpions: montions
échelons: barreaux d'une échelle
à l'abri: protégés
mulots: souris des champs
eût taché: aurait sali
cendres: résidus du feu
braise: charbon ardent
déguster: manger

Aussi me serais-je volontiers libéré de ces vêtements d'écolier, qui n'étaient bons que pour la ville; et à dire vrai je m'en serais bientôt libéré si j'avais eu autre chose à mettre, mais je n'avais que ces habits avec moi, on ne me donnait pas d'autres vêtements; du moins, ici, pouvais-je les salir ou les déchirer sans qu'on me grondât: ma grand-mère les lavait et les raccommodait° sans grands commentaires; j'étais venu pour courir, pour jouer, pour grimper sur les miradors et pour me perdre dans les hautes herbes avec les troupeaux, et, naturellement, je ne pouvais le faire sans dommage pour ces précieux habits.

A la nuit tombante, mon oncle Lansana rentrait des champs. Il m'accueillait à sa manière, qui était timide. Il parlait peu. A travailler dans les champs à longueur de journée, on devient facilement silencieux; on remue toutes sortes de pensées, on en fait le tour et interminablement on recommence, car les pensées ne se laissent jamais tout à fait pénétrer; ce mutisme° des choses, des raisons profondes des choses, conduit au silence; mais il suffit que ces choses aient été évoquées et leur impénétrabilité reconnue, il en demeure un reflet dans les yeux: le regard de mon oncle Lansana était singulièrement perçant, lorsqu'il se posait°; de fait, il se posait peu: il demeurait tout fixé sur ce rêve intérieur poursuivi sans fin dans les champs.

Quand les repas nous réunissaient, souvent je tournais les yeux du côté de mon oncle et généralement, au bout d'un moment, je réussissais à rencontrer son regard, ce regard me souriait, car mon oncle était la bonté même et puis il m'aimait; il m'aimait, je crois bien, autant que ma grand-mère; je répondais à son sourire discret et parfois, moi qui mangeais déjà très lentement, j'en oubliais de manger.

Tu ne manges pas? disait alors ma grand-mère.

— Si, si, je mange, disais-je.

— Bon, disait ma grand-mère. Il s'agit de tout manger!

Mais il était hors de question naturellement de vider tous les plats de viande et de riz, qu'on avait accumulés pour ce festin de

---

raccommodait: réparait (les   garde le silence
    vêtements)   **se posait**: s'arrêtait, se reposait
mutisme: attitude de celui qui

joyeuse arrivée; et ce n'était pas que mes petits copains n'y aidassent de toutes leurs dents: on les avait invités, et ils y allaient de tout cœur, avec un appétit de jeunes loups°; mais c'était trop, c'était décidément trop: on ne pouvait arriver à bout d'un tel repas.

—Regarde mon ventre° comme il est rond! entendais-je me dire.

Oui, les ventres étaient ronds et, assis à proximité du feu, une laborieuse digestion nous eût conduits au sommeil, si notre sang eût été moins vif. Mais nous, les petits, nous avions une palabre à tenir, une palabre comme les grands; nous ne nous étions plus vus depuis des semaines, parfois depuis des mois, et nous avions tant de choses à nous conter, tant d'histoires nouvelles à raconter, et c'était l'heure!

Des histoires, bien sûr, nous en connaissions tous, nous en connaissions en quantité, mais dans le tas, il s'en trouvait toujours qu'on allait entendre pour la première fois, et c'étaient celles-là qu'autour du feu on attend impatiemment, c'étaient les conteurs[35] de ces histoires-là qu'on attendait d'applaudir.

Ainsi achevais-je cette première journée de campagne, sauf à courir à quelque tam-tam,[36] mais ce n'était pas fête chaque soir: le tam-tam, à Tindican, ne retentissait° pas chaque soir.

---

loups: carnivores gris (famille des chiens)

ventre: abdomen
retentissait: sonnait

---

35 *conteurs.* A la campagne, on passe la soirée à raconter et à écouter des histoires traditionnelles.

36 *tam-tam.* Le son des tambours est sans doute le signe d'une fête plus grande que celle qu'ils ont organisée ce soir-là; ainsi ce n'était pas encore le moment du tam-tam.

4

Décembre me trouvait toujours à Tindican. Décembre, c'est la saison sèche, la belle saison, et c'est la moisson du riz. Chaque année, j'étais invité à cette moisson, qui est une grande et joyeuse fête, et j'attendais impatiemment que mon jeune oncle vînt me chercher.

La fête évidemment ne tombait pas à date fixe: elle dépendait de la maturité du riz, et celle-ci à son tour dépendait du ciel, de la bonne volonté° du ciel. Peut-être dépendait-elle plus encore de la volonté des génies du sol, qu'on ne pouvait se passer de° consulter. La réponse était-elle favorable, il ne restait plus, la veille° de la moisson, qu'à demander à ces mêmes génies un ciel serein et leur bienveillance° pour les moissonneurs exposés aux morsures° des serpents.

Le jour venu, à la pointe de l'aube, chaque chef de famille partait couper la première javelle° dans son champ. Sitôt ces prémices[37] recueillies, le tam-tam donnait le signal de la moisson. Tel était l'usage. Quant à dire pourquoi on en usait° ainsi, pourquoi le signal n'était donné qu'après qu'une javelle eût été prélevée° sur chaque champ, je n'aurais pu le dire à l'époque; je savais seulement que c'était l'usage et je ne cherchais pas plus loin. Cet usage, comme tous nos usages, devait avoir sa raison, raison qu'on eût facilement découverte chez les anciens du village, au profond du cœur et de la mémoire des anciens; mais je n'avais pas l'âge alors ni la curiosité d'interroger les vieillards, et quand enfin j'ai atteint cet âge, je n'étais plus en Afrique.

J'incline à croire aujourd'hui que ces premières javelles retiraient aux champs leur inviolabilité°; pourtant je n'ai pas souvenir que

---

bonne volonté: intention de bien faire
qu'on ne pouvait se passer de: qu'on avait besoin de
la veille: le jour avant
bienveillance: indulgence

morsures: actions de mordre (avec les dents)
javelle: tas de tiges
en usait: s'en servait
prélevée: prise
inviolabilité: immunité

---

37 *ces prémices*. Ce sont les premiers fruits cueillis de la saison; dans la tradition de certains peuples, ils sont offerts à la divinité. Voir aussi, plus loin dans ce paragraphe, son synonyme, *offrandes*.

ces prémices connussent une destination particulière, je n'ai pas
le souvenir d'offrandes. Il arrive que l'esprit seul des traditions
survive, et il arrive aussi que la forme, l'enveloppe, en demeure
l'unique expression. Qu'en était-il° ici? Je n'en puis° juger, si mes
séjours à Tindican étaient fréquents, ils n'étaient pas si prolongés
que je pusse connaître tout. Je sais seulement que le tam-tam ne
retentissait que lorsque ces prémices étaient coupées, et que nous
attendions fiévreusement le signal, tant pour la hâte que nous avions
de commencer le travail, que pour échapper à l'ombre° un peu bien
fraîche des grands arbres et à l'air coupant de l'aube.

Le signal donné, les moissonneurs prenaient la route, et
je me mêlais à eux, je marchais comme eux au rythme du tam-
tam. Les jeunes lançaient leurs faucilles° en l'air et les rattrapaient
au vol, poussaient des cris, criaient à vrai dire pour le plaisir de
crier, esquissaient° des pas de danse à la suite des joueurs de tam-
tam. Et, certes, j'eusse sagement fait à ce moment de suivre les
recommandations de ma grand-mère qui défendait de me trop
mêler aux jongleurs,° mais il y avait dans ces jongleries, dans ces
faucilles tournoyantes que le soleil levant frappait d'éclairs° subits,
tant d'alacrité, et dans l'air tant d'allégresse, tant d'allant° aussi dans
le tam-tam, que je n'aurais pu me tenir à l'écart.°

Et puis la saison où nous étions ne permettait pas de se tenir à
l'écart. En décembre, tout est en fleur et tout sent bon; tout est jeune;
le printemps semble s'unir à l'été, et la campagne, longtemps gorgée
d'eau, longtemps accablée° de nuées maussades,° partout prend sa
revanche, éclate°; jamais le ciel n'est plus clair, plus resplendissant;
les oiseaux chantent, ils sont ivres; la joie est partout, partout elle
explose et dans chaque cœur retentit. C'était cette saison-là, la belle
saison, qui me dilatait° la poitrine, et le tam-tam aussi, je l'avoue, et

---

qu'en était-il: quelle en était la
  raison
puis: peux (forme alternative)
ombre: obscurité
faucilles: outils pour couper les
  céréales ou l'herbe
esquissaient: commençaient à
  faire
jongleurs: ceux qui lancent

divers objets en l'air
éclairs: lumières éclatantes
allant: ardeur
à l'écart: au loin
accablée: écrasée, opprimée
nuées maussades: nuages tristes
éclate: explose
dilatait: remplissait

l'air de fête de notre marche; c'était la belle saison et tout ce qu'elle contient — et qu'elle ne contient pas: qu'elle répand à profusion! — qui me faisait danser de joie.

Parvenus au champ qu'on moissonnerait en premier lieu, les hommes s'alignaient sur la lisière° le torse nu et la faucille prête. Mon oncle Lansana ou tel autre paysan,° car la moisson se faisait de compagnie et chacun prêtait son bras à la moisson de tous, les invitait alors à commencer le travail. Aussitôt les torses noirs se courbaient sur la grande aire dorée,° et les faucilles entamaient la moisson. Ce n'est plus seulement la brise° matinale à présent qui faisait frémir le champ, c'étaient les hommes, c'étaient les faucilles.

Ces faucilles allaient et venaient avec une rapidité, avec une infaillibilité aussi, qui surprenaient. Elles devaient sectionner la tige de l'épi entre le dernier nœud° et la dernière feuille tout en emportant cette dernière; eh bien! elles n'y manquaient jamais. Certes, le moissonneur aidait à cette infaillibilité: il maintenait l'épi avec la main et l'offrait au fil° de la faucille, il cueillait un épi après l'autre, il n'en demeurait pas moins° que la prestesse° avec laquelle la faucille allait et venait, était surprenante.

Chaque moissonneur au surplus mettait son honneur à faucher° avec sûreté et avec la plus grande célérité°; il avançait, un bouquet d'épis à la main, et c'était au nombre et à l'importance des bouquets que ses pairs° le jaugeaient.°

Mon jeune oncle était merveilleux dans cette cueillette° du riz: il y devançait° les meilleurs. Je le suivais pas à pas, fièrement, et je recevais de ses mains les bottes° d'épis. Quand j'avais à mon tour la botte dans la main, je débarrassais° les tiges de leurs feuilles et les égalisais, puis je mettais les épis en tas; et je prenais grande attention

---

lisière: bord, limite	**prestesse**: rapidité
paysan: fermier, campagnard	**faucher**: couper avec une faucille
aire dorée: terrain couleur d'or	**célérité**: vitesse
brise: petit vent	**pairs**: semblables (quant au rang)
nœud: ici, partie dense et dure d'une plante	**jaugeaient**: jugeaient
fil: ici, bord coupant d'un instrument	**cueillette**: récolte
	devançait: surpassait
n'en demeurait pas moins: était cependant vrai	**bottes**: végétaux liés ensemble
	débarrassais: dégageais

à ne pas trop les secouer,° car le riz toujours se récolte très mûr, et étourdiment° secoué, l'épi eût abandonné une partie de ses grains. Je ne liais pas les gerbes° que je formais ainsi: c'était là déjà du travail d'homme; mais j'avais permission, la gerbe liée, de la porter au milieu du champ et de la dresser.°

A mesure que la matinée avançait, la chaleur gagnait, prenait une sorte de frémissement et d'épaisseur,° une consistance à quoi ajoutait encore un voile de fine poussière faite de glèbe foulée° et de chaume remué. Mon oncle, alors, chassant de la main la sueur° de son front° et de sa poitrine, réclamait sa gargoulette.° Je courais la chercher dessous les feuilles, où elle gîtait° au frais, et la lui tendais.

— Tu m'en laisseras? disais-je.

— Je ne vais pas la boire toute, dis donc!

Je le regardais boire de longues gorgées° à la régalade.°

— Allons! voilà qui va mieux, disait-il en me rendant la gargoulette. Cette poussière finit par encrasser° la gorge.

Je mettais mes lèvres à la gargoulette, et la fraîcheur de l'eau se glissait en moi, rayonnant subitement en moi; mais c'était une fraîcheur fallacieuse°: elle passait vite et, après, j'avais le corps inondé de sueur.

— Retire ta chemise, disait mon oncle. Elle est trempée.° Ce n'est pas bon de garder du linge° mouillé sur la poitrine.

Et il reprenait le travail, et de nouveau je le suivais pas à pas, fier de nous voir occuper la première place.

— Tu n'es pas fatigué? disais-je.

— Pourquoi serais-je fatigué?

— Ta faucille va vite.

---

secouer: agiter
étourdiment: imprudemment
gerbes: ensemble de tiges de
  céréales
dresser: mettre en place
épaisseur: densité
glèbe foulée: sol cultivé et écrasé
  des pieds
sueur: transpiration, perspiration
front: partie du visage entre les
  sourcils et les cheveux

gargoulette: récipient à eau
gîtait: couchait
gorgée: quantité de liquide
  avalée d'un coup
à la régalade: sans que le liquide
  touche les lèvres
encrasser: recouvrir de saleté
fallacieuse: fausse
trempée: recouverte d'eau
linge: ici, vêtement

— Elle va, oui.

— On est les premiers!

— Ah! oui?

— Mais tu le sais bien! disais-je. Pourquoi dis-tu « ah! oui? »

— Je ne vais pas me vanter,° tout de même!

— Non.

Et je me demandais si je ne pourrais pas l'imiter, un jour, l'égaler, un jour.

— Tu me laisseras faucher aussi?

— Et ta grand-mère? Que dirait ta grand-mère? Cette faucille n'est pas un jouet; tu ne sais pas comme elle est tranchante°!

— Je le vois bien.

— Alors? Ce n'est pas ton travail de faucher. Je ne crois pas que ce sera jamais ton travail; plus tard...

Mais je n'aimais pas qu'il m'écartât° ainsi du travail des champs. « Plus tard... » Pourquoi ce « plus tard... »? Il me semblait que, moi aussi, j'aurais pu être un moissonneur, un moissonneur comme les autres, un paysan comme les autres. Est-ce que...

— Eh bien, tu rêves? disait mon oncle.

Et je prenais la botte d'épis qu'il me tendait, j'enlevais les feuilles des tiges, j'égalisais les tiges. Et c'était vrai que je rêvais: ma vie n'était pas ici... et elle n'était pas non plus dans la forge paternelle. Mais où était ma vie? Et je tremblais devant cette vie inconnue. N'eût-il pas été plus simple de prendre la suite° de mon père, « L'école... l'école... pensais-je; est-ce que j'aime tant l'école? » Mais peut-être la préférais-je. Mes oncles... Oui, j'avais des oncles qui très simplement avaient pris la suite de leur père; j'en avais aussi qui s'étaient frayé° d'autres chemins: les frères de mon père étaient partis pour Conakry, le frère jumeau de mon oncle Lansana était... Mais où était-il à présent?

— Alors, tu rêves toujours, disait mon jeune oncle.

— Oui. Non... Je...

— Si tu continues de rêver, nous allons cesser d'être les premiers.

— Je pensais à mon deuxième oncle Bô. Où est-il à présent?

---

je ne vais pas me vanter: je ne
   vais pas en parler avec fierté
tranchante: coupante

m'écartât: m'éloignât
suite: ici, voie
s'étaient frayé: s'étaient ouvert

— Dieu le sait! A sa dernière visite, il était... Voilà que je ne sais même plus où il était! Il n'est jamais au même endroit, il est comme l'oiseau: il ne peut demeurer sur l'arbre, il lui faut tout le ciel!

— Et moi, serai-je aussi, un jour, comme l'oiseau?

— Qu'est-ce que tu me racontes?

— Eh bien! tu dis que mon deuxième oncle Bô est comme l'oiseau.

— Voudrais-tu être comme lui?

— Je ne sais pas.

— Tu as encore le temps d'y penser, en tout cas. En attendant, débarrasse-moi de ma botte.

Et il reprenait sa cueillette; bien que son corps ruisselât,° il la reprenait comme s'il l'entamait seulement, avec le même cœur. Mais la chaleur malgré tout pesait, l'air pesait; et la fatigue s'insinuait: les lampées° d'eau ne suffisaient plus à l'éloigner, et c'est pourquoi nous la combattions en chantant.

— Chante avec nous, disait mon oncle.

Le tam-tam, qui nous avait suivis à mesure que nous pénétrions plus avant dans le champ, rythmait les voix. Nous chantions en chœur, très haut souvent, avec de grands élans,° et parfois très bas, si bas qu'on nous entendait à peine; et notre fatigue s'envolait,° la chaleur s'atténuait.°

Si alors, suspendant un instant ma marche, je levais le regard sur les moissonneurs, la longue file des moissonneurs, j'étais frappé, délicieusement frappé, délicieusement ravi par la douceur, l'immense, l'infinie douceur de leurs yeux, par les regards paisibles — et ce n'est pas assez dire: lointains et comme absents! — qu'ils promenaient par intervalles autour d'eux. Et pourtant, bien qu'ils me parussent tous alors à des lieues° de leur travail, que leurs regards fussent à des lieues de leur travail, leur habileté n'était pas en défaut; les mains, les faucilles poursuivaient leur mouvement sans défaut.

Que regardaient à vrai dire ces yeux? Je ne sais pas. Les alentours°? Peut-être! Peut-être les arbres au loin, le ciel très loin. Et peut-être

---

ruisselât: coulât (de sueur)
lampées: grandes gorgées
élans: impulsions
s'envolait: passait rapidement

s'atténuait: devenait moins fort
lieue: grande distance (mesure ancienne)
alentours: environs

non! Peut-être ces yeux ne regardaient-ils rien; peut-être était-ce de ne rien regarder de visible, qui les rendait si lointains et comme absents. La longue file moissonneuse s'enfonçait dans le champ, abattait le champ; n'était-ce pas assez? N'était-ce pas assez de cet effort et de ces torses noirs devant lesquels les épis s'inclinaient? Ils chantaient, nos hommes, ils moissonnaient; ils chantaient en chœur, ils moissonnaient ensemble: leurs voix s'accordaient, leurs gestes s'accordaient; ils étaient ensemble! — unis dans un même travail, unis par un même chant. La même âme° les reliait, les liait; chacun et tous goûtaient le plaisir, l'identique plaisir d'accomplir une tâche commune.

Etait-ce ce plaisir-là, ce plaisir-là bien plus que le combat contre la fatigue, contre la chaleur, qui les animait, qui les faisait se répandre en chants? C'était visiblement ce plaisir-là; et c'était le même aussi qui mettait dans leurs yeux tant de douceur, toute cette douceur dont je demeurais frappé délicieusement et un peu douloureusement frappé, car j'étais près d'eux, j'étais avec eux, j'étais dans cette grande douceur, et je n'étais pas entièrement avec eux: je n'étais qu'un écolier en visite — et comme je l'eusse volontiers oublié!

De fait, je l'oubliais; j'étais fort jeune encore et j'oubliais; ce qui me traversait l'esprit, et tant de choses me traversaient l'esprit, avait le plus souvent moins de durée, moins de consistance que les nuées qui traversent le ciel; et puis j'étais à l'âge — mais j'ai toujours cet âge! — où l'on vit avant tout dans le présent, où le fait d'occuper la première place dans une file de moissonneurs avait plus d'importance que mon avenir même.

— Presse-toi! disais-je à mon oncle.

— Ah! te voilà réveillé? disait-il.

— Oui, mais ne perds pas de temps!

— Est-ce que j'en perds?

— Non, mais tu pourrais en perdre. Nous ne sommes pas tellement en avance.

— Tu crois?

Et il jetait un regard sur la moisson.

— C'est cela que tu appelles n'être pas tellement en avance? disait-il. Eh bien! je n'ai sûrement pas perdu de temps, mais peut-être

---

âme: esprit, souffle

ferais-je bien à présent d'en perdre un peu. N'oublie pas que je ne dois pas non plus trop distancer les autres: ce ne serait pas poli.

Je ne sais d'où vient que l'idée de rusticité — je prends le mot dans son acception de manque de finesse, de délicatesse — s'attache aux champs; les formes de la civilité y sont plus respectées qu'à la ville; on y observe un ton cérémonieux et des manières que, plus expéditive,° la ville ne connaît pas. C'est la vie, la vie seulement, qui y est plus simple, mais les échanges entre les hommes — peut-être parce que tout le monde se connaît — y sont plus strictement réglés. Je remarquais dans tout ce qui se faisait, une dignité dont je ne rencontrais pas toujours l'exemple à la ville; et on ne faisait rien à quoi on n'eût été au préalable invité, même s'il allait de soi qu'on le fît: on y montrait en vérité un extraordinaire souci° de la liberté d'autrui.° Et pour l'esprit, s'il était plus lent, c'est que la réflexion précédait la parole, mais aussi la parole avait-elle meilleur poids.

Lorsque midi approchait, les femmes quittaient le village et se dirigeaient en file indienne vers le champ, chargées de fumantes platées de couscous.[38] Sitôt que nous les apercevions, nous les saluions à grands cris. Midi! Il état midi! Et sur toute l'étendue du champ, le travail se trouvait interrompu.

Viens! disait mon jeune oncle. Viens!

Et je galopais à sa suite.

— Pas si vite! disais-je. Je n'arrive pas à te suivre!

— Tu n'as donc pas le ventre creux? disait-il. Le mien est si creux que je pourrais y loger un bœuf!

Et de fait l'appétit était merveilleusement aiguisé.° La chaleur avait beau être forte, et le champ, avec sa poussière et son frémissement, être une fournaise,° l'appétit n'en était pas freiné°: nous étions assis autour des plats, et le couscous brûlant, plus brûlant encore du fait des

---

expéditive: efficace
souci: préoccupation
autrui: les autres (personnes)

aiguisé: rendu plus vif
fournaise: lieu très chaud
freiné: ralenti

---

38 *platées de couscous.* Plat africain, préparé avec de la farine de mil en Afrique de l'Ouest (donc en Guinée), cuite à la vapeur et servie avec un bouillon de légumes, de la viande ou du poisson. (En Afrique du Nord, le *couscous* est à base de semoule de blé dur.)

épices, disparaissait, s'engouffrait,° coupé, aidé de rasades° fraîches, puisées dans les grandes jarres° couvertes de feuilles de bananier.

La trêve° se prolongeait jusqu'à deux heures, et les hommes la passaient à dormir à l'ombre des arbres ou à affûter° les faucilles. Pour nous, infatigables, nous jouions, nous allions tendre des pièges°; et nous menions grand bruit à notre accoutumée,° nous nous gardions néanmoins de siffler, car on ne doit ni siffler ni ramasser du bois mort durant tout le temps que dure la moisson: ce sont des choses qui attirent le malheur[39] sur-le-champ.°

Le travail de l'après-midi, beaucoup plus court, passait comme une flèche°: il était cinq heures avant que nous nous en doutions. La grande aire était maintenant dépouillée° de sa richesse, et nous regagnons en cortège le village — les hauts fromagers° déjà, les tremblantes fumées des cases déjà nous faisaient signe —, précédés de l'inlassable° joueur de tam-tam et lançant à tous les échos la chanson du riz.

Au-dessus de nous, les hirondelles° déjà volaient plus bas, bien que l'air fût toujours aussi transparent, mais la fin du jour approchait. Nous rentrions heureux, las° et heureux. Les génies nous avaient constamment secondés°: pas un de nous qui eût été mordu par les serpents que notre piétinement° dans les champs avait délogés. Les fleurs, que l'approche du soir réveillait, exhalaient de nouveau tout

---

s'engouffrait: disparaissait
rasade: contenu d'un verre plein
jarres: grands vases en terre cuite
trêve: pause
affûter: aiguiser
tendre des pièges: disposer des appareils pour prendre du gibier
à notre accoutumée: selon nos habitudes
sur-le-champ: tout de suite
flèche: projectile armé d'une pointe
dépouillée: dénudée
fromagers: arbres fournissant du kapok et du bois (pour faire des bateaux [pirogues])
inlassable: infatigable
hirondelles: oiseaux passereaux à queue fourchue
las: fatigués
secondés: favorisés
piétinement: frappement des pieds contre le sol

---

39 *ce sont des choses qui attirent le malheur.* Selon les interdictions superstitieuses, durant toute la moisson il ne faut ni siffler ni ramasser du bois mort, de crainte que la moisson ne soit gâtée par les mauvais esprits.

leur parfum et nous enveloppaient comme de fraîches guirlandes.° Si notre chant avait été moins puissant,° nous eussions perçu le bruit familier des fins de journée: les cris, les rires éclatants mêlés aux longs meuglements° des troupeaux rejoignant l'enclos; mais nous chantions, nous chantions! Ah! que nous étions heureux, ces jours-là!

5

A Kouroussa, j'habitais la case de ma mère. Mes frères qui étaient plus jeunes, et mes sœurs, dont l'aînée me suivait à un an d'intervalle, dormaient chez ma grand-mère paternelle. Ainsi le voulait l'exiguïté° des cases. Ce n'était que durant le temps qu'ils avaient pris le sein,° que ma mère avait gardé mes sœurs et mes frères auprès d'elle; sitôt sevrés° — c'est l'habitude de sevrer très tard — elle les avait confiés à ma grand-mère; seul, j'étais demeuré avec elle. Mais je n'étais pas seul à occuper le second lit de la case: je partageais ce lit avec les plus jeunes apprentis de mon père.

Mon père avait toujours quantité d'apprentis dans son atelier, des apprentis venus d'un peu partout et souvent de très loin, d'abord parce qu'il les traitait bien, je pense, et surtout parce que son habileté d'artisan était abondamment établie, et encore, j'imagine, parce que sa forge ne chômait jamais.° Mais, ces apprentis, il fallait les loger.

Ceux qui avaient l'âge d'homme possédaient leur case propre. Les plus jeunes, ceux qui comme moi n'étaient pas circoncis, dormaient dans la case de ma mère. Sans doute mon père jugeait-il qu'ils ne pourraient avoir de meilleur logement que sous la surveillance de ma mère, et il en jugeait à bon droit°; ma mère avait beaucoup de bonté,

---

guirlandes: cordons de fleurs
puissant: fort
meuglements: cris des bœufs
exiguïté: petitesse
avaient pris le sein: s'étaient
    nourris du lait maternel

sevrés: désaccoutumés du lait de
    leur mère
ne chômait jamais: était toujours
    productif
à bon droit: légitimement

beaucoup de droiture,° beaucoup d'autorité aussi et l'œil à tout; c'est dire que sa bonté n'allait pas absolument sans sévérité, mais comment en eût-il été autrement, alors que nous étions, à l'époque, outre° les apprentis, une dizaine d'enfants à courir d'un coin à l'autre de la concession, des enfants pas toujours sages et toujours remuants,° des enfants qui mettaient la patience de leur mère à rude épreuve° — et ma mère n'avait pas grande patience.

Je crois bien qu'elle avait meilleure patience pour les apprentis que pour nous; je crois qu'elle se contraignait plus pour les apprentis que pour nous. Ces apprentis qui étaient loin de leurs parents, ma mère, mon père aussi leur donnaient une entière affection; très réellement ils les traitaient comme des enfants qui auraient eu besoin d'un surcroît° d'affection, et — je l'ai plus d'une fois remarqué — certainement avec plus d'indulgence que nous-mêmes. Si j'avais meilleure part dans le cœur de ma mère — et j'avais sûrement meilleure part — extérieurement il n'y paraissait pas: les apprentis pouvaient se croire sur un pied d'égalité avec les vrais fils; et quant à moi, je les considérais comme des frères aînés.

Je garde plus spécialement souvenir de l'un d'eux: Sidafa. Il était un peu plus âgé que moi, fort éveillé, mince et vif, de sang chaud déjà, riche en inventions et en expédients° de toutes sortes. Comme je passais mes journées à l'école, et lui dans l'atelier, nous ne nous rencontrions jamais si bien pour bavarder° qu'au lit. L'air, dans la case, était tiède,° et les lampes à huile posées au chevet° du lit répandaient une lumière très douce. Je répétais à Sidafa ce que j'avais appris à l'école; en échange, il me narrait par le menu° le travail de l'atelier. Ma mère, dont le lit n'était séparé du nôtre que par le foyer écoutait forcément° notre bavardage; tout au moins l'écoutait-elle un bout de temps, après quoi, n'y prenant pas part, elle se lassait.

— Eh bien, est-ce pour bavarder ou pour dormir que vous vous mettez au lit? disait-elle. Dormez!

---

droiture: honnêteté
outre: en plus de
remuants: actifs
épreuve: test
surcroît: augmentation
expédients: moyens ingénieux
bavarder: parler beaucoup

tiède: légèrement chaud
chevet: partie du lit où l'on met
  la tête
narrait par le menu: racontait en
  détail
forcément: nécessairement

Un petit moment encore, disais-je; je n'ai pas tout raconté.

Ou je me levais et j'allais prendre une gorgée d'eau au canari° posé au sec° sur sa couche de gravier.° Mais le sursis° que je demandais, ne nous était pas toujours accordé, et quand il nous était accordé, nous en abusions si bien, que ma mère intervenait plus énergiquement.

— Est-ce bientôt fini? disait-elle. Je ne veux plus entendre un mot! Demain, vous ne pourrez vous réveiller, ni l'un ni l'autre.

Ce qui était vrai: si nous n'étions jamais très pressés de dormir, nous n'étions pas non plus jamais très pressés de nous réveiller; et nous interrompions notre bavardage; les lits étaient trop proches et l'oreille de ma mère trop fine pour que nous le poursuivions à voix basse. Et puis, maintenant que nous nous taisions, nous sentions très vite nos paupières° s'alourdir°; le pétillement° familier du foyer et la chaleur des draps° faisaient le reste: nous sombrions° dans le sommeil.

Au réveil, après nous être fait un peu bien prier, nous trouvions prêt le repas du matin. Ma mère se levait aux premières lueurs° de l'aube pour le préparer. Nous nous asseyions tous autour des plats fumants; mes parents, mes sœurs, mes frères, les apprentis, ceux qui partageaient mon lit comme ceux qui avaient leur case propre. Il y avait un plat pour les hommes, et un second pour ma mère et pour mes sœurs.

Je ne puis dire exactement que ma mère présidait° le repas: mon père le présidait. C'était la présence de ma mère pourtant qui se faisait sentir en premier. Etait-ce parce qu'elle avait préparé la nourriture, parce que les repas sont choses qui regardent d'abord les femmes? Sans doute, mais ce n'était pas tout: c'était ma mère, par le seul fait de sa présence, et bien qu'elle ne fût pas directement assise devant notre plat, qui veillait à ce que tout se passât dans les règles; et ces règles étaient strictes.

---

canari: ici, récipient d'eau en terre cuite	**pétillement**: bruit léger (ici, du feu)
au sec: à l'abri de l'humidité	**draps**: tissu qui couvre le lit
gravier: petits cailloux	**nous sombrions**: ici, nous nous perdions
sursis: délai, temps nécessaire	
paupière: voile de peau couvrant l'œil	**lueurs**: lumières
s'alourdir: devenir lourds	**présidait**: dirigeait

Ainsi il m'était interdit de lever les yeux sur les convives° plus âgés, et il m'était également interdit de bavarder: toute mon attention devait être portée sur le repas. De fait, il eût été très peu poli de bavarder à ce moment; mes plus jeunes frères même n'ignoraient pas que l'heure n'était pas à jacasser°: l'heure était à honorer la nourriture;[40] les personnes âgées observaient quasiment le même silence. Ce n'était pas les seules règles: celles qui concernaient la propreté n'étaient pas les moindres. Enfin s'il y avait de la viande au centre du plat, je n'avais pas à m'en emparer°; je devais me servir devant moi, mon père se chargeant de placer la viande à ma portée. Toute autre façon de faire eût été mal vue et rapidement réprimée°; du reste° les repas étaient très suffisamment copieux pour que je ne fusse point tenté de prendre plus que je ne recevais.

Le repas achevé, je disais:

— Merci, papa.

Les apprentis disaient:

— Merci, maître.

Après je m'inclinais devant ma mère et je disais:

— Le repas était bon, maman.

Mes frères, mes sœurs, les apprentis en faisaient autant. Mes parents répondaient à chacun: « Merci. » Telle était la bonne règle. Mon père se fût certainement offusqué° de la voir transgresser, mais c'est ma mère, plus vive, qui eût réprimé la transgression; mon père avait l'esprit à son travail, il abandonnait ces prérogatives à ma mère.

Je sais que cette autorité dont ma mère témoignait, paraîtra surprenante; le plus souvent on imagine dérisoire° le rôle de la femme africaine, et il est des contrées° en vérité où il est insignifiant, mais l'Afrique est grande, aussi diverse que grande. Chez nous, la

---

convives: personnes qui dînent ensemble	**du reste**: au surplus, d'ailleurs
jacasser: bavarder	**offusqué**: choqué
m'en emparer: m'en saisir	**dérisoire**: insignifiant
réprimée: arrêtée, punie	**contrées**: régions

---

40 *honorer la nourriture.* Le repas familial s'accomplit aussi comme un rite, qui se répète régulièrement dans la journée. Chaque membre de la famille y joue son rôle et suit les règles prescrites.

coutume ressortit à° une foncière° indépendance, à une fierté innée;
on ne brime° que celui qui veut bien se laisser brimer, et les femmes
se laissent très peu brimer. Mon père, lui, ne songeait à brimer
personne, ma mère moins que personne; il avait grand respect pour
elle, et nous avions tous grand respect pour elle, nos voisins aussi,
nos amis aussi. Cela tenait, je crois bien, à la personne même de ma
mère, qui imposait; cela tenait encore aux pouvoirs qu'elle détenait.°

J'hésite un peu à dire quels étaient ces pouvoirs et je ne veux
même pas les décrire tous: je sais qu'on en accueillera le récit avec
scepticisme. Moi-même, quand il m'arrive aujourd'hui de me les
remémorer, je ne sais plus trop comment je les dois accueillir: ils
me paraissent incroyables; ils sont incroyables! Pourtant il suffit de
me rappeler ce que j'ai vu, ce que mes yeux ont vu. Puis-je récuser°
le témoignage de mes yeux? Ces choses incroyables, je les ai vues;
je les revois comme je les voyais. N'y a-t-il pas partout des choses
qu'on n'explique pas? Chez nous, il y a une infinité de choses qu'on
n'explique pas, et ma mère vivait dans leur familiarité.

Un jour — c'était à la fin du jour — j'ai vu des gens requérir
l'autorité de ma mère pour faire se lever un cheval qui demeurait
insensible° à toutes les injonctions.° Le cheval était en pâture, couché,
et son maître voulait le ramener dans l'enclos avant la nuit; mais le
cheval refusait obstinément de se lever, bien qu'il n'eût apparemment
aucune raison de ne pas obéir, mais telle était sa fantaisie du moment,
à moins qu'un sort ne l'immobilisât. J'entendis les gens s'en plaindre°
à ma mère et lui demander aide.

— Eh bien! allons voir ce cheval, dit ma mère

Elle appela l'aînée de mes sœurs et lui dit de surveiller la cuisson
du repas, puis s'en fut avec les gens. Je la suivis. Parvenus à la pâture,
nous vîmes le cheval: il était couché dans l'herbe et nous regarda avec
indifférence. Son maître essaya encore de le faire se lever, le flatta,° mais
le cheval demeurait sourd°; son maître s'apprêta alors à le frapper.

---

ressortit à: dépend de	indifférent
foncière: fondamentale	**injonctions**: ordres
brime: tourmente	**s'en plaindre**: s'en lamenter
détenait: possédait	**flatta**: caressa (un animal)
récuser: rejeter	**sourd**: ici, qui ne peut pas
demeurait insensible: restait	entendre

— Ne le frappe pas, dit ma mère, tu perdrais ta peine.

Elle s'avança et, levant la main, dit solennellement:

— S'il est vrai que, depuis que je suis née, jamais je n'ai connu d'homme avant mon mariage; s'il est vrai encore que, depuis mon mariage, jamais je n'ai connu d'autre homme que mon mari, cheval, lève-toi!

Et tous nous vîmes le cheval se dresser aussitôt et suivre docilement son maître. Je dis très simplement, je dis fidèlement ce que j'ai vu, ce que mes yeux ont vu, et je pense en vérité que c'est incroyable, mais la chose est bien telle que je l'ai dite: le cheval se leva incontinent et suivit son maître; s'il eût refusé d'avancer, l'intervention de ma mère eût eu pareil effet.

D'où venaient ces pouvoirs? Eh bien! ma mère était née immédiatement après mes oncles jumeaux de Tindican. Or on dit des frères jumeaux qu'ils naissent plus subtils que les autres enfants et quasiment sorciers°; et quant à l'enfant que les suit et qui reçoit le nom de « sayon », c'est-à-dire de « puîné des jumeaux », il est, lui aussi, doué du don° de sorcellerie; et même on le tient pour plus redoutable encore, pour plus mystérieux encore que les jumeaux, auprès desquels il joue un rôle fort important: ainsi s'il arrive aux jumeaux de ne pas s'accorder, c'est à son autorité qu'on recourra pour les départager°; au vrai, on lui attribue une sagesse° supérieure à celle des jumeaux, un rang supérieur; et il va de soi que ses interventions sont toujours, sont forcément délicates.

C'est notre coutume que des jumeaux doivent s'accorder sur tout et qu'ils ont droit à une égalité plus stricte que les autres enfants: on ne donne rien à l'un qu'il ne faille obligatoirement et aussitôt donner à l'autre. C'est une obligation qu'il est préférable de ne pas prendre à la légère°: y contrevient-on,° les jumeaux ressentent également l'injure, règlent la chose entre eux et, le cas échéant,° jettent un sort sur qui leur a manqué. S'élève-t-il entre eux quelque contestation° — l'un

---

sorciers: magiciens
doué du don: en possession du talent
départager: arbitrer, choisir (entre deux camps)
sagesse: capacité de bien juger

à la légère: sans réflexion
y contrevient-on: si l'on le transgressait
le cas échéant: si le cas se présente
contestation: désaccord

par exemple, a-t-il formé un projet que l'autre juge insensé° — ils en appellent à leur puîné et se rangent docilement à sa décision.

J'ignore si ma mère avait eu souvent à intervenir auprès de mes oncles jumeaux, mais même si ses interventions avaient été rares, elles avaient dû très tôt la conduire à peser le pour et le contre, elles avaient dû très tôt former son jugement; et ainsi dit-on du puîné qu'il a meilleure sagesse que les jumeaux, la chose s'explique: le puîné assume des responsabilités plus lourdes que les jumeaux.

J'ai donné un exemple des pouvoirs de ma mère; j'en pourrais donner d'autres, autrement étranges, autrement mystérieux. Combien de fois n'ai-je point vu ma mère, au lever du jour, s'avancer de quelques pas dans la cour, tourner la tête dans telle ou telle direction, et puis crier d'une voix forte.

—Si cette entreprise° se poursuit, je ne tarderai plus à la révéler! Tiens-toi-le pour dit!°

Sa voix, dans le matin, portait loin; elle allait frapper le jeteur de sorts° contre qui la menace avait été proférée; celui-ci comprenait que s'il ne cessait ses manœuvres nocturnes, ma mère dénoncerait son nom en clair°; et cette crainte opérait: désormais le jeteur de sorts se tenait coi.° Ma mère était avertie de ces manœuvres durant son sommeil; c'est la raison pour laquelle on ne la réveillait jamais, de peur d'interrompre le déroulement de ses rêves et des révélations qui s'y glissaient. Ce pouvoir était bien connu à nos voisins et à tout notre quartier; il ne se trouvait personne qui le contestât.

Mais si ma mère avait le don de voir ce qui se tramait° de mauvais et la possibilité d'en dénoncer l'auteur, son pouvoir n'allait pas au-delà: son don de sorcellerie ne lui permettait, l'eût-elle voulu, de rien tramer elle-même. Elle n'était donc point suspecte. Si l'on se montrait aimable à son égard, ce n'était aucunement° par crainte; on se montrait aimable parce qu'on la jugeait digne d'amabilité, parce qu'on respectait en elle un don de sorcellerie dont il n'y avait rien à

---

insensé: fou, ridicule
entreprise: opération
Tiens-toi-le pour dit!: Tu peux en être sûr!
jeteur de sorts: qui lance des malédictions

en clair: sans rien cacher
se tenait coi: restait sans bouger ni parler
se tramait: était préparé en secret
aucunement: pas du tout

craindre et, tout au contraire, beaucoup à attendre. C'était là une amabilité très différente de celle qu'on donnait des lèvres, du bout des lèvres uniquement, aux jeteurs de mauvais sorts.

A ce don, ce demi-don plutôt de sorcellerie, ma mère ajoutait d'autres pouvoirs qu'elle tenait également par voie d'héritage. Son père, à Tindican avait été un habile forgeron, et ma mère détenait les pouvoirs habituels de cette caste, qui fournit la majorité des circonciseurs et nombre de diseurs de choses cachées.[41] Les frères de ma mère avaient choisi de devenir cultivateurs, mais il n'eût tenu qu'à eux de continuer le métier de leur père. Peut-être mon oncle Lansana, qui parlait peu, qui rêvait beaucoup, avait-il, en jetant son dévolu° sur la vie paysanne, sur l'immense paix des champs, détourné° ses frères de la forge paternelle. Je ne sais, mais cela me paraît assez probable. Etait-il, lui aussi, un diseur de choses cachées? J'incline à le croire: il avait les pouvoirs habituels des jumeaux et les pouvoirs de sa caste, seulement je ne crois pas qu'il les manifestât beaucoup. J'ai dit combien il était secret, combien il aimait être seul en face de ses pensées, combien il me paraissait absent; non, il n'était pas homme à se manifester. C'est en ma mère que revivait le plus visiblement — j'allais dire: ostensiblement — l'esprit de sa caste. Je ne prétends pas° qu'elle y fût plus fidèle que mes oncles, mais elle était seule à montrer sa fidélité. Enfin elle avait, il va de soi, hérité de mon grand-père son totem,[42] totem, qui est le crocodile. Ce totem permettait à tous les Dâman de puiser impunément° l'eau du fleuve Niger.

---

jetant son dévolu: fixant son choix	**je ne prétends pas:** je ne dis pas
détourné: éloigné	**impunément:** sans risque

---

41 *la majorité... diseurs de choses cachées.* Membres de la communauté qui possèdent le don de « voyance »: ils lisent dans le passé, prédisent l'avenir et expliquent ce qui ne se voit pas, tels les rêves ou les choses cachées. Dans cette ethnie, les diseurs (ou voyants) viennent principalement de la caste des forgerons (dont le père, la mère et les oncles du narrateur).

42 *son totem.* Il s'agit ici d'un totem personnel, l'animal considéré comme l'ancêtre, et donc le protecteur d'un individu. Plus loin le narrateur dit que son totem lui est actuellement inconnu, exprimant de nouveau le regret qu'il éprouve de s'être distancié de son peuple.

En temps normal, tout le monde se fournit d'eau au fleuve. Le Niger alors coule largement, paresseusement°; il est guéable°; et les crocodiles qui se tiennent en eau profonde, soit en amont,° soit en aval° de l'endroit où chacun puise, ne sont pas à craindre. On peut librement se baigner près des bancs de sable clair, et laver le linge.

En temps de crue,° il n'en va plus de même: le fleuve triple de volume, envahit de larges étendues°; l'eau est partout profonde, et les crocodiles partout menaçants: on aperçoit leurs têtes triangulaires au ras de° l'eau. Aussi chacun se tient-il à distance du fleuve et se contente-t-il de puiser l'eau des petits affluents.°

Ma mère, elle, continuait de puiser l'eau du fleuve. Je la regardais puiser l'eau à proximité des crocodiles. Bien entendu, je la regardais de loin, car mon totem n'est pas celui de ma mère, et j'avais, moi, tout à craindre de ces bêtes voraces; mais ma mère puisait l'eau sans crainte, et personne ne l'avertissait du danger, car chacun savait que ce danger pour elle était inexistant. Quiconque se fût risqué à faire ce que ma mère faisait, eût été inévitablement renversé d'un coup de queue, saisi entre les redoutables mâchoires° et entraîné en eau profonde. Mais les crocodiles ne pouvaient pas faire de mal à ma mère, et le privilège se conçoit°: il y a identité entre le totem et son possesseur; cette identité est absolue, est telle que le possesseur a le pouvoir de prendre la forme même de son totem; dès lors il saute aux yeux que le totem ne peut se dévorer lui-même. Mes oncles de Tindican jouissaient de la même prérogative.

Je ne veux rien dire de plus et je n'ai relaté que ce que mes yeux ont vu. Ces prodiges — en vérité c'étaient des prodiges! — j'y songe aujourd'hui comme aux événements fabuleux d'un lointain passé. Ce passé pourtant est tout proche: il date d'hier. Mais le monde bouge, le monde change, et le mien plus rapidement peut-être que tout autre, et si bien qu'il semble que nous cessons d'être ce que nous étions, qu'au vrai nous ne sommes plus ce que nous étions, et que déjà nous n'étions plus exactement nous-mêmes dans le moment où

paresseusement: lentement	**étendues**: terrains
guéable: qui peut être traversé à pied	**au ras de**: au niveau de
	affluents: rivières
en amont: plus près de la source	**mâchoires**: parties mobiles de la bouche
en aval: plus loin de la source	
crue: ici, élévation du niveau	**se conçoit**: se comprend

ces prodiges s'accomplissaient sous nos yeux. Oui, le monde bouge, le monde change; il bouge et change à telle enseigne° que mon propre totem — j'ai mon totem aussi — m'est inconnu.

6

J'ai fréquenté° très tôt l'école. Je commençai par aller à l'école coranique,[43] puis, un peu plus tard, j'entrai à l'école française.[44] J'ignorais alors tout à fait que j'allais y demeurer des années et des années, et sûrement ma mère l'ignorait autant que moi, car l'eût-elle deviné,° elle m'eût gardé près d'elle; mais peut-être déjà mon père le savait-il...

Aussitôt après le repas du matin, ma sœur et moi prenions le chemin de l'école, nos cahiers et nos livres enfermés dans un cartable° de raphia.°

En cours de route, des camarades nous rejoignaient, et plus nous approchions du bâtiment officiel, plus notre bande grossissait. Ma sœur ralliait° le groupe des filles; moi, je demeurais avec les garçons. Et comme tous les garnements° de la terre, nous aimions nous moquer des filles et les houspiller°; et les filles n'hésitaient pas à nous retourner nos moqueries et à pouffer° de rire à notre nez. Mais quand nous leur tirions les cheveux, elles ne se contentaient plus de lazzi,°

à telle enseigne: à tel point	**ralliait:** rejoignait
ai fréquenté: suis allé à	**garnements:** enfants turbulents
deviné: découvert par intuition	**houspiller:** réprimander
cartable: sac à livres	**pouffer:** éclater
raphia: fibre de palmier	**lazzi:** plaisanteries verbales

---

43 *l'école coranique.* L'école islamique où les jeunes élèves apprennent à lire l'arabe pour pouvoir réciter des portions du Coran, le livre sacré des musulmans qui contient la doctrine religieuse.

44 *l'école française.* L'école primaire coloniale laïque que Laye a commencé à fréquenter vers l'âge de sept ans. A l'époque, en Guinée, les maîtres étaient africains et les administrateurs français.

elles se défendaient avec bec et ongles,° et copieusement, griffant°
avec force, nous injuriant° avec plus de force encore et avec une
infinie variété, sans que pour si peu notre ardeur ralentît beaucoup.
Je n'épargnais° que ma sœur, et celle-ci en retour me ménageait°
également. Fanta, une de ses compagnes, faisait de même, bien que
moi, je ne l'épargnasse guère.

— Pourquoi me tires-tu les cheveux? dit-elle, un jour que nous
étions seuls dans la cour de l'école.

— Pourquoi ne te les tirerais-je pas? dis-je. Tu es une fille!

— Mais moi, je ne t'ai jamais injurié!

— Non, toi, tu ne m'injuries pas, dis-je.

Et je demeurai un instant pensif: jusque-là, je ne m'étais pas
aperçu qu'elle était la seule, avec ma sœur, à ne m'avoir jamais
injurié.

— Pourquoi ne m'injuries-tu pas? dis-je.

— Pour ça!

— Pour ça? Ce n'est pas une réponse. Que veux-tu dire?

— Même si tu me tirais les cheveux maintenant, je ne t'injurierais
pas.

— Alors je vais te les tirer! dis-je.

Mais pourquoi les lui eussé-je tirés? Cela se faisait seulement
quand nous étions en bande. Et parce que je ne mettais pas ma
menace à exécution, elle éclata de rire.

— Attends que nous soyons sur le chemin de l'école! dis-je. Tu
ne perdras rien pour avoir attendu!

Elle se sauva en riant. Mais moi, sur le chemin de l'école, je ne
sais quoi me retenait, et le plus souvent j'épargnais Fanta. Ma sœur
ne fut pas longue à l'observer.

— Tu ne tires pas souvent les cheveux à Fanta, dit-elle.

— Pourquoi veux-tu que je lui tire les cheveux? dis-je. Elle ne
m'injurie pas.

— Crois-tu que je ne m'en sois pas aperçue?

---

avec bec et ongles: avec
   acharnement (ongles = parties
   dures du bout des doigts)
griffant: donnant un coup
   d'ongle

injuriant: insultant
épargnais: traitais avec
   modération
me ménageait: me traitait avec
   respect

— Alors tu sais aussi pourquoi je l'épargne.

— Ah! vraiment dit-elle. Pour cela seulement?

Que voulait-elle dire? Je haussai les épaules:[45] c'étaient des histoires de filles, des histoires auxquelles on ne comprenait rien. Toutes les filles étaient comme ça.

— Fiche-moi la paix° avec Fanta! dis-je. Tu m'ennuies!

Mais elle se mit à rire aux éclats.

— Ecoute, dis-je, si tu continues de rire...

Elle s'écarta jusqu'à se mettre hors de portée,° puis cria brusquement:

— Fanta!... Fanta!...

— Est-ce que tu vas te taire? dis-je.

Mais elle reprit de plus belle,° et je m'élançai,° mais elle s'enfuit en criant:

— Fanta!... Fanta!...

Je regardai autour de moi s'il n'y avait pas un caillou que je pourrais lui jeter; il n'y en avait pas. « Nous réglerons cela plus tard » pensai-je.

A l'école, nous gagnions nos places; filles et garçons mêlés,[46] réconciliés et, sitôt assis, nous étions tout oreille, tout immobilité, si bien que le maître° donnait ses leçons dans un silence impressionnant. Et il eût fait beau voir° que nous eussions bougé! Notre maître était comme du vif-argent°: il ne demeurait pas en place; il était ici, il était là, il était partout à la fois; et sa volubilité eût étourdi° des élèves

---

fiche-moi la paix (familier): laisse-moi tranquille
hors de portée: trop loin pour être touchée
reprit de plus belle: continua plus fortement
m'élançai: me jetai en avant

maître: enseignant à l'école primaire
il eût fait beau voir: il aurait été incroyable
vif-argent: mercure
étourdi: désorienté

---

45 *je haussai les épaules.* On peut se demander si la description de ce geste d'incompréhension ou d'impuissance trouve sa source dans l'enfance africaine de Laye, ou bien dans son expérience européenne.

46 *filles et garçons mêlés.* A une époque où les écoles de la France métropolitaine n'étaient pas encore mixtes, celles administrées par l'autorité coloniale française en Guinée rassemblaient garçons et filles dans les mêmes classes.

moins attentifs que nous. Mais nous étions extraordinairement attentifs et nous l'étions sans nous forcer: pour tous, quelque jeunes que nous fussions, l'étude était chose sérieuse, passionnante; nous n'apprenions rien qui ne fût étrange, inattendu et comme venu d'une autre planète; et nous ne nous lassions jamais d'écouter. En eût-il été autrement, le silence n'eût pas été moins absolu sous la férule° d'un maître qui semblait être partout à la fois et ne donnait à aucun occasion de dissiper° personne. Mais je l'ai dit: l'idée de dissipation ne nous effleurait° même pas; c'est aussi que nous cherchions à attirer le moins possible l'attention du maître: nous vivions dans la crainte perpétuelle d'être envoyés au tableau.

Ce tableau noir était notre cauchemar°: son miroir sombre ne reflétait que trop exactement notre savoir°; et ce savoir souvent était mince et quand bien même° il ne l'était pas, il demeurait fragile; un rien l'effarouchait.° Or, si nous voulions ne pas être gratifiés d'une solide volée° de coups de bâton, il s'agissait, la craie à la main, de payer comptant.° C'est que le plus petit détail ici prenait de l'importance; le fâcheux° tableau amplifiait tout; et il suffisait en vérité, dans les lettres que nous tracions, d'un jambage° qui ne fût pas à la hauteur des autres, pour que nous fussions invités soit à prendre, le dimanche, une leçon supplémentaire, soit à faire visite au maître, durant la récréation,° dans une classe qu'on appelait la classe enfantine, pour y recevoir sur le derrière une correction° toujours mémorable. Notre maître avait les jambages irréguliers en spéciale horreur: il examinait nos copies à la loupe° et puis nous distribuait autant de coups de trique° qu'il avait trouvé d'irrégularités. Or, je le rappelle, c'était un homme comme du vif-argent, et il maniait le bâton avec une joyeuse verdeur!

---

sous la férule: sous l'autorité
dissiper: distraire (en portant à l'indiscipline)
effleurait: touchait légèrement
cauchemar: mauvais rêve
savoir: ensemble des connaissances
quand bien même: même si
l'effarouchait: l'intimidait
volée: série

payer comptant: payer en espèces, en argent liquide
fâcheux: désagréable
jambage: trait vertical, en écrivant à la main
récréation: période de détente
correction: punition
à la loupe: d'une manière minutieuse
trique: gros bâton

Tel était alors l'usage pour les élèves de la petite classe. Plus tard, les coups de bâton se raréfiaient,° mais pour faire place à des formes de punition guère plus réjouissantes.° Au vrai, j'ai connu une grande variété de punitions dans cette école, mais point de variété dans le déplaisir; et il fallait que le désir d'apprendre fût chevillé° au corps, pour résister à semblable traitement.

La punition la plus banale, en deuxième année, consistait à balayer° la cour. C'était l'instant où l'on constatait° le mieux combien cette cour était vaste et combien les goyaviers[47] y étaient plantés dru°; ces goyaviers n'étaient là, eût-on juré,° que pour salir le sol de leurs feuilles et réserver étroitement leurs fruits pour d'autres bouches que les nôtres. En troisième et quatrième année, on nous mettait allégrement au travail dans le potager°; je me suis fait réflexion depuis qu'on eût difficilement trouvé main-d'œuvre° à meilleur compte.° Dans les deux dernières classes enfin, celles qui aboutissent au° certificat d'études,[48] on nous confiait — avec un empressement° dont nous nous serions facilement passé — le gardiennage du troupeau de l'école.

Ce gardiennage n'était pas une plaisanterie°! On n'eût point découvert, à des lieues à la ronde,° un troupeau moins paisible que celui de l'école. Il suffisait qu'un cultivateur possédât une bête vicieuse, on était assuré de voir la bête rallier notre troupeau; ce

---

se raréfiaient: devenaient plus rares
réjouissantes: qui donnent de la joie
chevillé: rattaché de façon permanente
balayer: nettoyer avec une brosse à manche (un balai)
constatait: s'apercevait de
dru: très serrés et en quantité
juré: affirmé solennellement

potager: jardin de légumes
main-d'œuvre: ensemble des ouvriers
à meilleur compte: meilleur marché
aboutissent au: finissent par le
empressement: ardeur, hâte
plaisanterie: ici, chose facile à faire
à la ronde: dans l'espace autour

---

47 *les goyaviers.* Arbres tropicaux produisant des fruits sucrés de la taille approximative d'une figue (*la goyave*).

48 *certificat d'études.* A l'époque, nom donné au certificat ou diplôme français accordé (sur examen) à la fin des études primaires, vers l'âge de treize ans.

qui s'explique — ce que la ladrerie° tout au moins explique! — le cultivateur, lui, évidemment n'avait d'autre souci que de se débarrasser de° la bête et, forcément, il s'en débarrassait à très bas prix; l'école, elle, se précipitait° sur la prétendue aubaine°; notre école possédait ainsi la plus singulière, la plus variée, la plus complète collection de bêtes au coup de corne sournois° ou se défilant° à gauche quand on les appelait à droite.

Ces bêtes galopaient follement dans la brousse comme si un essaim° les eût constamment turlupinées,° et nous galopions après elles sur des distances invraisemblables.° Fort curieusement, elles paraissaient plus enclines à se disperser ou à se battre entre elles, qu'à chercher pitance.° Mais ce pittoresque ne faisait aucunement notre affaire: nous savions qu'au retour, on ne manquerait pas d'évaluer à la courbure° du ventre l'herbe tondue°; et gare à nous,° si le ventre de ces bêtes efflanquées° n'apparaissait pas suffisamment arrondi!

Gare à nous, et dans une proportion bien autrement inquiétante, s'il eût manqué une tête dans ce troupeau du diable! Au soir, nous nous essoufflions° à grouper les bêtes; nous le faisions à coups redoublés de gourdin,° ce qui n'arrangeait pas grand-chose, je le crains, et n'améliorait certainement pas le caractère de ces bêtes fantasques°; puis nous les menions s'abreuver° copieusement pour compenser le peu de volume que l'herbe tenait dans leur estomac. Nous rentrions de là, fourbus°; et il va sans dire qu'aucun de nous n'aurait eu l'audace de regagner l'école, sans avoir réuni le troupeau au complet; mieux vaut ne pas penser à ce qu'une tête perdue nous eût coûté.

---

ladrerie: avarice
se débarrasser de: éloigner
se précipitait: accourait
prétendue aubaine: ce qui passait pour une affaire avantageuse
sournois: dissimulé, rusé
se défilant: s'enfuyant
essaim: groupe d'insectes
turlupinées: tourmentées
invraisemblables: impossibles
pitance: nourriture
courbure: contour

tondue: coupée (ici, par le bétail)
gare à (nous): attention! (Prenez garde au danger!)
efflanquées: qui ont les flancs creux
nous essoufflions: perdions le souffle
gourdin: bâton gros et court
fantasques: capricieuses
s'abreuver: boire (un animal)
fourbus: très fatigués

Tels étaient nos rapports avec nos maîtres, tel en était tout au moins l'aspect sombre, et, bien entendu, nous n'avions d'autre hâte que de voir notre existence d'écolier s'achever, d'autre hâte que de remporter° au plus tôt le fameux certificat d'études qui, en fin de compte, devait nous sacrer « savants° ». Mais quand je songe à ce que nous faisaient endurer les élèves de dernière année, il me semble n'avoir encore rien dit de ce côté sombre de notre vie d'écolier. Ces élèves — je me refuse à les appeler « compagnons » — parce qu'ils étaient plus âgés que nous, plus forts que nous et moins étroitement surveillés, nous persécutaient de toutes manières. C'était leur façon de se donner de l'importance — en auraient-ils jamais une plus haute? — et peut-être, je l'accorde, une façon aussi de se venger du traitement qu'ils subissaient eux-mêmes: l'excès de sévérité n'est pas précisément fait pour beaucoup développer les bons sentiments.

Je me souviens — mes mains, les bouts de mes doigts se souviennent! — de ce qui nous attendait au retour de l'année scolaire. Les goyaviers de la cour avaient un feuillage tout neuf, mais l'ancien était en tas sur le sol; et, par endroits, c'était bien plus qu'un entassement°: une boue de feuilles!

— Vous allez me balayer cela! disait le directeur. Je veux que ce soit net immédiatement!

Immédiatement? Il y avait là du travail, un sacré travail, pour plus d'une semaine! Et d'autant plus que tout ce qu'on nous attribuait en fait d'instruments,° c'étaient nos mains, nos doigts, nos ongles.

— Veillez à ce que ce soit promptement exécuté, disait le directeur aux grands de dernière année; sans quoi vous aurez affaire à moi!

Nous nous alignions donc au commandement des grands — nous nous alignions comme le font les paysans, quand ils moissonnent ou nettoient leurs champs — et nous nous attelions à ce travail de forçat.° Dans la cour même, cela allait encore: il y avait de l'espace entre les goyaviers; mais il y avait un enclos où les arbres mêlaient et enchevêtraient° furieusement leurs branches, où le soleil ne parvenait

---

remporter: gagner
savants: érudits
entassement: accumulation
instruments: ici, outils

forçat: prisonnier condamné aux galères
enchevêtraient: emmêlaient

pas jusqu'au sol et où une âcre° odeur de moisissure° traînait même
à la belle saison.

Voyant que le travail n'avançait pas comme le directeur
l'attendait, les grands, plutôt que de s'y atteler avec nous, trouvaient
plus commode d'arracher° des branches aux arbres et de nous en
fouetter.° Ce bois de goyavier était plus flexible que nous ne l'eussions
souhaité°; bien manié, il sifflait aigrement, et c'était du feu qui
nous tombait sur les reins.° La peau cuisait cruellement; les larmes
nous jaillissaient dans les yeux et tombaient sur l'amas° de feuilles
pourrissantes.°

Pour fuir les coups, nous n'avions d'autre échappatoire que celle
de glisser à nos bourreaux° les savoureuses galettes° de maïs et de
blé,° les couscous à la viande ou au poisson que nous avions emportés
pour notre repas de midi; et si de surcroît nous possédions quelque
menue monnaie, les pièces changeaient de poche sur-le-champ. Si on
négligeait de le faire, si on craignait de demeurer le ventre creux et
l'escarcelle° vide, les coups redoublaient; ils redoublaient à vrai dire
avec une telle munificence° et à un rythme si endiablé, qu'un sourd
eût compris que, s'ils pleuvaient si dru, ce n'était pas seulement pour
activer nos mains, mais encore, mais surtout pour nous extorquer
nourriture et argent.

Si, las de cette cruauté calculée, l'un de nous prenait l'audace de
se plaindre, le directeur sévissait° naturellement, mais la punition
qu'il infligeait alors, était toujours légère, si légère qu'elle ne pouvait
compenser ce que nous avions nous-mêmes souffert. Et le fait est que
nos plaintes ne modifiaient aucunement notre situation. Peut-être
aurions-nous mieux fait de mettre nos parents au courant, mais nous
n'y songions pas; je ne sais si nous nous taisions par solidarité ou par

---

âcre: irritante, piquante
moisissure: végétation qui
   couvre des substances
   décomposées
arracher: détacher par la force
fouetter: frapper
souhaité: désiré
reins: ici, la partie inférieure du
   dos
amas: tas

pourrissantes: dans un état de
   décomposition
bourreaux: personnes qui
   torturent
galettes: gâteaux plats
blé: grain dont on fait le pain
escarcelle: bourse, portefeuille
munificence: générosité
sévissait: punissait

amour-propre,° mais je vois bien à présent que nous nous taisions sottement,° car ces brimades° allaient dans un sens qui n'est pas le nôtre, qui y contredit, qui contrecarre° ce qu'il y a en nous de plus foncier et de plus ombrageux°: notre passion pour l'indépendance et pour l'égalité.

Un jour pourtant, Kouyaté Karamoko, un de mes petits camarades qui venait d'être brutalement fustigé,° déclara tout net qu'il en avait assez et que cela devait changer. Kouyaté était tout petit, tout fluet,° si fluet et si petit que nous disions qu'il n'avait sûrement pas d'estomac, sinon un minuscule estomac d'oiseau: un gésier.° Kouyaté au surplus ne faisait rien pour développer son gésier ou ce qui lui servait d'estomac: il n'aimait que les nourritures acides, les fruits; quand venait midi, il n'était satisfait que s'il parvenait à troquer° son couscous contre des goyaves, des oranges ou des citrons. Mais si Kouyaté devait se priver même de fruits, il est évident que son gésier ou je ne sais quoi se transformerait finalement en quelque chose de plus petit encore: un estomac d'insecte, par exemple. Or, les grands par leurs exigences répétées, le contraignaient à un jeûne° sévère. C'est le goût pour les fruits et un peu aussi les zébrures° qu'il portait sur les fesses° qui, ce jour-là, firent se révolter Kouyaté.

— Oui, j'en ai assez! me disait-il à travers ses larmes et en reniflant.° Tu m'entends? J'en ai assez! Je me plaindrai à mon père!

—Tiens-toi tranquille, disais-je. Cela ne te servira à rien.

— Tu crois cela?

— Réfléchis! Les grands...

Mais il ne me laissa pas achever.

— Je le dirai! cria-t-il.

— Ne le crie pas si haut!

Nous étions dans la même rangée, et il était plus proche de moi, et je craignais qu'il n'attirât encore quelque grand sur ses reins.

---

amour-propre: fierté	**gésier**: estomac d'un oiseau
sottement: stupidement	**troquer**: échanger
brimades: tourments	**jeûne**: privation de nourriture
contrecarre: s'oppose à	**zébrures**: marques rayées
ombrageux: susceptible, jaloux	**les fesses**: le derrière
fustigé: battu	**reniflant**: aspirant (par le nez)
fluet: frêle	

— Tu ne le connais donc pas mon père? dit-il.

— Mais si, je le connais.

Le père de Kouyaté était le vénérable griot de la région. C'était un lettré,° bien accueilli partout, mais qui n'exerçait pas sa profession; une sorte de griot d'honneur, mais très entiché° de sa caste.

— Ton père est déjà vieux, dis-je.

— Il est costaud°! dit fièrement Kouyaté.

Et il redressa sa fluette personne.

— Ce que tu peux être drôle! dis-je.

Mais, là-dessus, il se remit à pleurnicher.°

— Eh bien, fais comme tu l'entends! dis-je.

Le lendemain, Kouyaté ne fut pas plus tôt dans la cour de l'école, qu'il interpella° Himourana, le grand qui, la veille, l'avait si férocement brutalisé.

— Mon père, dit-il, désire que je lui présente l'élève de dernière année qui a le plus de gentillesse pour moi. J'ai immédiatement pensé à toi. Peux-tu venir partager notre repas, ce soir?

— Bien sûr! dit Himourana, qui était aussi stupide que brutal, et probablement aussi gourmand° que stupide.

Le soir, à l'heure fixée, ce dadais° de Himourana se présentait à la concession de Kouyaté. Or, cette concession est parmi les mieux défendues de Kouroussa: elle n'a qu'une porte, et la clôture, au lieu d'être en osier tressé, est en pisé° et garnie, sur le sommet, de tessons° de bouteille; c'est une concession où l'on n'entre et dont on ne sort qu'avec la permission du maître de logis.° Le père de Kouyaté vint ouvrir en personne et puis, quand Himourana fut à l'intérieur, il verrouilla° très soigneusement la porte.

— Donnez-vous la peine de prendre place dans la cour, dit-il. La famille entière vous attend.

Himourana, après un coup d'œil sur les marmites, qui lui parurent lourdes de promesses et de succulence, fut s'asseoir parmi

---

lettré: savant	**dadais:** idiot
entiché: amoureux, fou	**pisé:** sorte d'adobe
costaud: vigoureux	**tessons:** morceaux de verre
pleurnicher: se lamenter	**logis:** maison
interpella: adressa la parole à	**verrouilla:** ferma avec un
gourmand: qui aime manger	appareil spécial

la famille et se rengorgea° à l'idée des compliments qu'on allait lui adresser. Mais alors Kouyaté se leva brusquement et pointa le doigt sur lui.

— Père, dit-il, voici le grand qui ne cesse de me frapper et de m'extorquer nourriture et argent.

— Eh bien! eh bien! voilà du joli, dit le père de Kouyaté. C'est bien vrai au moins ce que tu me dis là?

— Par Allah! dit Kouyaté.

— C'est donc vrai, dit le père.

Et il se tourna vers Himourana:

— Mon petit monsieur, voici venue l'heure, je crois, de vous expliquer. Auriez-vous quelque chose à alléguer°? Alors faites vite: je n'ai que peu de temps à vous donner, mais ce peu de temps, je veux vous l'accorder sans lésiner.°

La foudre° fût tombée à ses pieds, que Himourana n'eût pas été plus décontenancé°; il n'entendit certainement pas un mot de ce que le père de Kouyaté lui disait. Sitôt qu'il fut un peu revenu de sa surprise, il n'eut d'autre idée que de fuir; et apparemment cette idée était la meilleure, mais il fallait décidément être nigaud° comme l'était Himourana, pour imaginer qu'on pourrait s'échapper d'une concession si bien gardée. En vérité Himourana n'eut pas fait dix pas, qu'il fut rattrapé.

— A présent, mon bonhomme, dit le père de Kouyaté, écoute bien ce que je vais te dire; mets-le-toi dans la tête une fois pour toutes: je n'envoie pas mon fils à l'école pour que tu en fasses ton esclave!

Et à l'instant, car tout avait été très minutieusement concerté, Himourana se vit saisi par les pieds et les bras, soulevé de terre et maintenu à hauteur convenable, en dépit de ses cris, tandis que le père de Kouyaté lui travaillait méthodiquement les reins avec sa chicotte.° Après quoi on le laissa aller avec sa courte honte° et son derrière en feu.

---

se rengorgea: fit l'important	embarrassé
alléguer: expliquer, vous excuser	**nigaud:** stupide
lésiner: économiser (du temps)	**chicotte:** baguette à fouetter
foudre: éclair + tonnerre	**avec sa courte honte:** après avoir
décontenancé: intimidé,	subi un affront

Le lendemain, à l'école, l'histoire de la correction de Himourana se répandit comme une traînée de poudre. Exactement, elle fit scandale. Cela était si différent de ce qui s'était pratiqué jusque-là, qu'on n'arrivait point à l'admettre, et alors même qu'on se sentait comme vengé par le geste du père de Kouyaté. Les grands des deux dernières années, eux, se réunirent et décidèrent que Kouyaté ainsi que sa sœur Mariama seraient mis en quarantaine, et ils nous imposèrent d'infliger à notre petit compagnon la même quarantaine; cependant ils se gardèrent de toucher à Kouyaté ou à sa sœur, et ainsi leur faiblesse apparut brusquement aux plus aveugles° même d'entre nous: nous sentîmes tout à coup qu'une époque était révolue° et nous nous apprêtâmes à respirer l'air de la liberté.

A midi, je m'avançai vers Kouyaté, décidé de braver la défense des grands.

— Fais attention, dit Kouyaté; ils sont capables de te battre.

— Je me moque d'eux! dis-je.

J'avais des oranges pour mon repas de midi, et je les lui tendis.

— Merci, dit-il, mais va-t'en: j'ai peur pour toi.

Je n'eus pas le temps de répondre; j'apercevais plusieurs grands qui se dirigeaient vers nous, et je balançai° un instant, ne sachant trop s'il fallait les fuir ou les braver; et puis je décidai de les braver: n'avais-je pas déjà commencé de le faire? Mais soudain je sentis ma tête tournoyer sous les gifles,° et je pris mes jambes à mon cou.° Je ne m'arrêtai qu'au bout de la cour et je me mis à pleurer, de colère autant que de douleur. Quand je me calmai un peu, je vis Fanta près de moi.

— Que viens-tu faire ici? dis-je.

— Je t'ai apporté une galette, dit-elle.

Je la pris et la mangeai sans presque me rendre compte de ce que je mangeais, bien que la mère de Fanta fût renommée pour réussir les meilleures galettes. Je me levai et allai boire, et me versai, par la même occasion un peu d'eau sur le visage. Puis je revins m'asseoir.

---

aveugles: ceux qui ne peuvent   **gifles**: coups de main
   pas voir   **pris mes jambes à mon cou**:
révolue: passée   m'enfuis à toute vitesse
balançai: hésitai

— Je n'aime pas que tu t'assoies près de moi quand je pleure, dis-je.

— Tu pleurais? dit-elle. Je n'ai pas vu que tu pleurais.

Je la regardai un moment. Elle mentait. Pourquoi mentait-elle? Mais visiblement elle ne mentait que pour épargner mon amour-propre, et je lui souris.

— Veux-tu encore une galette? dit-elle.

— Non, dis-je. Je ne pourrais pas en manger une seconde: j'ai le cœur noir de colère. Toi pas?

— Moi aussi, dit-elle.

Elle eut subitement des larmes dans les yeux.

— Oh! je les hais! dis-je. Tu ne peux pas savoir comme je les hais! Ecoute: je vais quitter cette école. Je vais me hâter de grandir, et puis je reviendrai et je rendrai cent coups pour un que j'ai reçu!

— Oui, dit-elle. Cent coups pour un!

Et elle cessa de pleurer; elle me regardait avec admiration.

Le soir, j'allai trouver mon père sous la véranda.

— Père, je ne veux plus aller à l'école.

— Quoi! fit mon père.

— Non, dis-je.

Mais le scandale, depuis le matin, avait eu le temps de faire le tour des concessions de Kouroussa.

— Que se passe-t-il dans cette école? dit mon père.

— J'ai peur des grands, dis-je.

— Je croyais que tu n'avais peur de personne?

— Mais j'ai peur des grands!

— Qu'est-ce qu'ils te font?

— Ils me prennent tout! Ils me prennent mon argent et ils mangent mes repas.

— Ah! oui? dit mon père. Et ils te frappent?

— Ils me frappent!

— Eh bien! demain j'irai dire un mot à tes pirates. Ça va comme ça?

— Oui, père.

Le lendemain matin, mon père et ses apprentis s'installèrent avec moi devant la porte de l'école. Chaque fois qu'un grand approchait, mon père me demandait:

— Est-ce celui-là?

Je disais non, bien que beaucoup d'entre eux m'eussent frappé et dévalisé°; j'attendais que celui qui me frappait le plus sauvagement, apparût. Quand je l'aperçus, je dis d'une voix forte:

— En vérité, le voici celui qui m'a le plus frappé!

Aussitôt les apprentis se jetèrent sur lui et le dépouillèrent en un tour de main, et même ils le maltraitèrent au point que mon père dût l'arracher à leurs mains. Alors mon père dit au grand qui le regardait avec des yeux égarés°:

— J'aurai une conversation à ton sujet avec le directeur pour savoir si, dans cette école, les grands ne sont là que pour battre les plus petits et leur soutirer° leur argent.

Ce jour-là, il ne fut plus question de quarantaine; Kouyaté et sa sœur se mêlèrent à nous sans qu'aucun des grands élevât la voix ou fît le moindre signe. Est-ce qu'un nouveau climat déjà s'instaurait? Il semblait bien. Les grands s'étaient groupés de leur côté. Et parce que nous nous tenions loin d'eux et que nous étions les plus nombreux, on aurait pu se demander si ce n'était pas les grands cette fois qui étaient en quarantaine; leur malaise étant perceptible. Au vrai, leur position n'avait rien de bien réjouissant: leurs parents ignoraient leurs exactions° et leurs sévices°; s'ils venaient à l'apprendre, et il y avait à présent de fortes chances pour que tout cela s'ébruitât,° les grands devaient s'attendre à des reproches qui, suivant le cas, s'accompagneraient de corrections en bonne forme.

Dans l'après-midi, à l'heure de la sortie, mon père vint comme il l'avait annoncé. Le directeur était dans la cour, entouré des maîtres. Mon père se dirigea vers lui et, sans seulement prendre la peine de le saluer, lui dit:

— Sais-tu ce qui se passe dans ton école?

— Rien que de très bien, certainement, dit le directeur.

— Ah! c'est ce que tu crois? dit mon père. Tu ne sais donc pas que les grands battent les petits, leur extorquent leur argent et mangent leurs repas? Es-tu aveugle ou le fais-tu exprès?

— Ne t'occupe pas de ce qui ne te regarde pas! dit le directeur.

---

dévalisé: volé   **exactions**: actes de violence
égarés: troublés, hagards   **sévices**: mauvais traitements
soutirer: obtenir par ruse   **s'ébruitât**: devînt public

— Cela ne me regarde pas? dit mon père. Cela ne me regarde pas que l'on traite chez toi mon fils comme un esclave?

— Non!

— Voilà un mot que tu n'aurais pas dû prononcer! dit mon père.

Et il marcha sur le directeur.

— Espères-tu me rosser° comme tes apprentis ont rossé un de mes élèves, ce matin? cria le directeur.

Et se il lança ses poings° en avant; mais bien qu'il fût plus fort, il était gras et plus embarrassé qu'aidé par sa graisse; et mon père qui était mince, mais vif, mais souple, n'eut pas de peine à esquiver° ses poings et à tomber durement sur lui. Je ne sais trop comment cela se fût terminé, car mon père avait fini par terrasser° le directeur et le cognait° nerveusement, si les assistants ne les eussent séparés.

Le directeur à présent tâtait° ses joues et ne disait plus mot. Mon père épousseta° ses genoux, puis me prit par la main. Il quitta la cour de l'école sans saluer personne, et je regagnai fièrement notre concession en sa compagnie. Mais vers la soirée, quand j'allai faire un tour dans la ville, j'entendis sur mon passage, les gens qui disaient:

— Regardez! Voici l'écolier dont le père est allé rosser le directeur dans son école même!

Et je me sentis brusquement beaucoup moins fier: ce scandale-ci n'était pas comparable à celui que le père de Kouyaté avait provoqué; il s'était passé devant les maîtres, devant les élèves, et le directeur en personne en avait été la victime. Non, ce scandale-ci n'était pas du tout le même; et je pensai que je pourrais bien, après cela, être renvoyé° de l'école. Je revins en hâte à notre concession et je dis à mon père:

— Pourquoi l'as-tu battu? Maintenant on ne voudra certainement plus de moi à l'école.

— Ne m'as-tu pas dit que tu ne voulais plus y aller? dit mon père.

---

rosser: battre	**cognait:** frappait
poings: mains fermées	**tâtait:** touchait
esquiver: éviter adroitement	**épousseta:** enleva la poussière de
terrasser: jeter à terre	**renvoyé:** mis à la porte

Et il rit bruyamment.

— Père, il n'y a pas de quoi rire! dis-je.

— Dors sur tes deux oreilles,° nigaud. Si, demain, nous n'entendons pas le ronflement° d'une certaine moto-bécane° devant la porte de la concession, je porterai plainte° à l'administrateur du Cercle.

Mais mon père n'eut pas à former sa plainte, et je ne fus pas exclu car, le lendemain, un peu avant la tombée de la nuit, la moto-bécane du directeur ronflait devant la porte de la concession. Le directeur entra, et tous, mon père comme les autres, vinrent au-devant de lui, disant aimablement:

— Bonsoir, monsieur.

On offrit une chaise au directeur, et mon père et lui s'assirent, tandis que, sur un geste, nous nous retirions et les observions de loin. L'entretien° me parut des plus amicaux et il le fut en vérité car, dès lors, ma sœur et moi fûmes dispensés de toutes les corvées.°

Mais le scandale n'en fut pas pour autant étouffé°: quelques mois plus tard, une plainte collective des parents contraignit le directeur à changer de poste. Mais c'est que dans l'entre-temps le bruit s'était répandu que le directeur employait certains élèves comme boys° pour ses femmes; ces enfants, leurs parents les lui avaient confiés pour qu'il s'occupât d'eux plus particulièrement et les hébergeât,° et il en avait été payé par le don de bœufs. J'ignore ce qu'il en était exactement; je sais seulement que ce fut la goutte d'eau qui fit déborder° le vase, et que les élèves de dernière année cessèrent de nous brimer.

Dors sur tes deux oreilles: Ne t'inquiète pas
ronflement: sonorité sourde (bruit du moteur)
moto-bécane: vélo motorisé
je porterai plainte: je le dénoncerai

entretien: conversation
corvées: travaux pénibles
étouffé: asphyxié
boys: domestiques, serviteurs
hébergeât: logeât
déborder: dépasser les bords

7

Je grandissais. Le temps était venu pour moi d'entrer dans l'association des non-initiés.[49] Cette société un peu mystérieuse — et à mes yeux de ce temps-là, très mystérieuse, encore que très peu secrète — rassemblait tous les enfants, tous les incirconcis de douze, treize ou quatorze ans, et elle était dirigée par nos aînés, que nous appelions les grands « Kondén ».[50] J'y entrai un soir précédant le Ramadan.[51]

Dès le soleil couchant, le tam-tam avait commencé de retentir, et bien qu'éloigné, bien que sonné dans un quartier lointain, ses coups m'avaient aussitôt atteint, m'avaient frappé en pleine poitrine, en plein cœur, comme si Kodoké, le meilleur de nos joueurs, l'eût battu pour moi uniquement. Un peu plus tard, j'avais perçu les voix aiguës° des enfants accompagnant le tam-tam de leurs cris et de leurs chants... Oui, le temps pour moi était venu; le temps était là!

C'était la première fois que je passais à Kouroussa la fête du Ramadan; jusqu'ici, ma grand-mère avait toujours exigé que je passasse la fête chez elle, à Tindican. Toute la matinée et plus encore dans l'après-midi, j'avais vécu dans l'agitation, chacun s'affairant aux° préparatifs de la fête, chacun se heurtant° et se bousculant,° et réclamant° mon aide. Dehors, le brouhaha n'était pas moindre: Kouroussa est le chef-lieu du Cercle,[52] et tous les chefs de canton, suivis de leurs musiciens, ont coutume de s'y réunir pour la fête.

aiguës: d'une fréquence élevée (voix)	**se heurtant**: se cognant
s'affairant aux: s'occupant des	**se bousculant**: se poussant
	réclamant: demandant

49 *dans l'association des non-initiés.* Groupement des incirconcis, adolescents n'ayant pas encore subi la circoncision.

50 *Kondén...Kondén Diara.* Terme malinké. Cette cérémonie « pré-initiatique » sera menée par les grands « Kondén », nom donné aux jeunes gens aînés des incirconcis. Elle vise à faire naître une grande peur chez les jeunes incirconcis, tout en renforçant leur courage et leur stoïcisme (*diara* = lion).

51 *le Ramadan.* Voir note 17.

52 *le chef-lieu du Cercle.* Kouroussa est la ville principale, ou chef-lieu, de son *cercle*, une division administrative coloniale.

De la porte de la concession, je les avais regardé passer, avec leur cortège de griots, de balaphoniers[53] et de guitaristes, de sonneurs de tambours° et de tam-tam. Je n'avais alors pensé qu'à la fête et au plantureux° repas qui m'attendait; mais à présent il s'agissait de tout autre chose!

La troupe hurlante° qui entourait Kodoké et son fameux tam-tam, se rapprochait. Elle allait de concession en concession, elle s'arrêtait un moment dans chaque concession où il y avait un enfant en âge, comme moi, d'entrer dans l'association, et elle emmenait l'enfant. C'est pourquoi son approche était lente mais certaine, mais inéluctable°; aussi certaine, aussi inéluctable que le sort° qui m'attendait.

Quel sort? Ma rencontre avec « Kondén Diara »!

Or, je n'ignorais pas qui était Kondén Diara; ma mère souvent, mes oncles parfois ou quiconque au vrai dans mon entourage avait autorité sur moi, ne m'avaient que trop parlé, que trop menacé de Kondén Diara, ce terrible croque-mitaine,° ce « lion des enfants ». Et voici que Kondén Diara — mais était-il homme? était-il bête? n'était-il pas plutôt mi-homme et mi-bête? mon ami Kouyaté le croyait plus homme que bête —, voici que Kondén Diara quittait l'ombre des mots, le voici qui prenait corps, le voici, oui, qui, éveillé par le tam-tam de Kodoké, sans doute rôdait° déjà autour de la ville! Cette nuit devait être la nuit de Kondén Diara.

J'entendais maintenant très clairement le tam-tam — Kodoké s'était beaucoup rapproché —, j'entendais parfaitement les chants et les cris s'élever dans la nuit, je percevais presque aussi distinctement les notes comme creuses, sèches et pointues des coros,[54] ces sortes de

---

tambours: grands tam-tams
plantureux: copieux
hurlante: qui pousse des cris
    forts
inéluctable: inévitable
sort: ici, destinée

croque-mitaine: personnage
imaginaire qui fait peur aux
enfants
rôdait: traînait (avec une
intention hostile)

---

53 *balaphoniers.* Joueurs du balaphon — mot malinké qui veut dire « bois parlant ». C'est un instrument de percussion comparable au xylophone, fait de lames de bois fixées sur des calebasses qui résonnent.

54 *les notes... des coros.* Terme malinké. Instruments de percussion, ayant la forme d'une pirogue (= type de canoë en bois), que l'on frappe avec une petite baguette.

minuscules pirogues° qu'on bat avec un bout de bois. Je m'étais posté à l'entrée de la concession et j'attendais; je tenais, moi aussi, prêt à en jouer, mon coro et ma baguette nerveusement serrés dans mes mains, et j'attendais, dissimulé par l'ombre de la case; j'attendais, plein d'une affreuse° angoisse, l'œil fixé sur la nuit.

— Et alors? fit mon père.

Il avait traversé l'atelier sans que je l'entendisse. Tu as peur?

— Un peu, dis-je.

Il posa sa main sur mon épaule.

— Allons! détends-toi.°

Il m'attira contre lui, et je sentis sa chaleur; sa chaleur se communiqua à moi, et je commençai de m'apaiser, le cœur me battit moins.

— Tu ne dois pas avoir peur.

— Non, dis-je.

Je savais que, quelle que fût mon angoisse, je devais me montrer brave, je ne devais pas étaler mon effroi° ni surtout me cacher dans quelque coin, et moins encore me débattre° ou crier quand mes aînés m'emmèneraient.

— Moi aussi, je suis passé par cette épreuve, dit mon père.

— Que se passe-t-il? dis-je.

— Rien que tu doives vraiment craindre, et que tu ne puisses surmonter en toi. Rappelle-toi: tu dois mater° ta peur, te mater toi-même! Kondén Diara ne t'enlèvera pas; il rugit°; il se contente de rugir. Tu n'auras pas peur?

— J'essayerai.

— Même si tu avais peur, ne le montre pas.

Il s'en alla, et mon attente reprit, et l'inquiétant tapage° se rapprocha encore. Brusquement j'aperçus la troupe qui débouchait° et se dirigeait de mon côté; Kodoké, son tam-tam en bandoulière,° marchait en tête, suivi des sonneurs de tambour.

---

pirogues: longs canoës étroits
affreuse: horrible
détends-toi: ne sois pas nerveux
effroi: grande peur
me débattre: lutter pour me
   dégager

mater: réprimer
rugit: pousse le son d'un lion
tapage: bruit confus
débouchait: sortait
en bandoulière: porté en
   diagonale

Très vite, je regagnai la cour de la concession et, me plantant au milieu, j'attendis, aussi crânement° que je le pus, la redoutable invasion. Je n'eus pas beaucoup à attendre: la troupe était là, elle se répandait tumultueusement autour de moi, pleine de cris, débordante de cris et de roulements° de tam-tam et de tambour. Elle fit cercle, et je me trouvai au centre, isolé, étrangement isolé, libre encore et déjà captif. Au bord du cercle, je reconnus Kouyaté et d'autres, beaucoup d'autres de mes petits camarades, cueillis en cours de route, cueillis comme j'allais l'être, comme je l'étais déjà; et il me sembla qu'ils n'étaient pas trop rassurés — mais l'étais-je plus qu'eux? Je frappais, comme eux, mon coro; peut-être le frappais-je avec moins de conviction qu'eux.

Alors des jeunes filles et des femmes entrèrent dans le cercle et se mirent à danser; se détachant de la troupe, des jeunes hommes, des adolescents s'y glissèrent à leur tour et, faisant face aux femmes, dansèrent de leur côté. Les hommes chantaient, les femmes claquaient les mains. Il n'y eut bientôt plus que les incirconcis pour former le cercle. Eux aussi chantaient — il ne leur était pas encore permis de danser — et en chantant, en chantant en chœur, oubliaient leur anxiété; je mêlai ma voix aux leurs. Quand, se regroupant, la troupe quitta notre concession, je la suivis, à demi tranquillisé et frappant mon coro avec ardeur. Kouyaté marchait à ma droite.

Vers le milieu de la nuit, notre parcours dans la ville et la récolte des incirconcis se trouvèrent achevés; nous étions parvenus à la limite des concessions, et la brousse, devant nous, s'ouvrait. Les femmes et les jeunes filles aussitôt se retirèrent; puis les hommes également nous quittèrent. Nous demeurâmes seuls avec nos aînés, et je dirais plus exactement, songeant au caractère souvent peu commode de nos aînés et à leur abord° rarement amène°: « livrés » à nos aînés.

Femmes et jeunes filles se hâtaient maintenant de regagner leurs demeures.° Au fait, elles ne devaient pas être beaucoup plus à l'aise que nous; je sais que pas une d'elles ne se serait hasardée à franchir, cette nuit, les limites de la ville: déjà la ville même, la nuit même devaient leur apparaître très suffisamment suspectes; et je suis

---

crânement: courageusement   **amène**: aimable, affable
roulements: sons du tambour   **demeures**: ici, maisons
abord: façon d'accueillir

persuadé que plus d'une qui regagnait isolément sa concession, devait regretter de s'être jointe à la troupe; toutes ne reprendraient un peu cœur qu'après avoir refermé sur elles les portes des concessions et des cases. En attendant, elles pressaient le pas et par intervalles jetaient des regards inquiets derrière elles. Tout à l'heure, quand Kondén Diara rugirait, elles ne pourraient se retenir de frémir; beaucoup trembleraient, beaucoup s'assureraient une dernière fois de la bonne fermeture des portes. Pour elles comme pour nous, bien que dans une proportion infiniment moindre, cette nuit serait la nuit de Kondén Diara.

Sitôt après que nos aînés se furent assurés qu'aucune présence indiscrète ne menaçait le mystère de la cérémonie, nous avons quitté la ville et nous nous sommes engagés dans la brousse qui mène au lieu sacré où, chaque année, l'initiation s'accomplit. Le lieu est connu: c'est, sous un immense fromager, un bas-fond° situé dans l'angle de la rivière Komoni et du Niger. En temps habituel, aucun interdit n'en défend l'accès; mais sans doute n'en a-t-il pas toujours été ainsi, et quelque chose, autour de l'énorme tronc du fromager, plane° encore de ce passé que je n'ai pas connu; je pense qu'une nuit comme celle que nous vivions, ressuscitait certainement une part de ce passé.

Nous marchions en silence, très étroitement encadrés° par nos aînés. Craignait-on peut-être que nous nous échappions? On l'eût dit. Je ne crois pas pourtant que l'idée de fuir fût venue à aucun de nous: la nuit, cette nuit-ci particulièrement, était bien trop impénétrable. Savions-nous où Kondén Diara gîtait? Savions-nous où il rôdait? Mais n'était-ce pas ici précisément, dans le voisinage° du bas-fond, qu'il gîtait et qu'il rôdait? Oui, ici vraisemblablement. Et s'il fallait l'affronter — il faudrait nécessairement l'affronter! — mieux valait à coup sûr° le faire en groupe, le faire dans ce coude à coude° qui nous soudait les uns aux autres et qui était, devant l'imminence du péril, comme un dernier abri.

Quelque intime pourtant que fût notre coude à coude et quelle que pût être la vigilance de nos aînés, il n'en demeurait pas moins que

---

bas-fond: dépression (d'un cours d'eau)
plane: pèse (d'une façon menaçante)

encadrés: entourés
dans le voisinage: aux alentours
à coup sûr: certainement
ce coude à coude: cette solidarité

cette marche silencieuse succédant au° hourvari° de tout à l'heure, cette marche à la lueur décolorée° de la lune et loin des cases, et encore le lieu sacré vers lequel nous nous dirigions, et enfin et surtout la présence cachée de Kondén Diara nous angoissaient. Etait-ce pour mieux nous surveiller seulement, que nos aînés nous serraient° de si près? Peut-être. Mais peut-être aussi ressentaient-ils quelque chose de l'angoisse qui nous étreignait°: pas plus que nous ils ne devaient aimer la conjonction° du silence et de la nuit; ce coude à coude étroit était fait pour les rassurer, eux aussi.

Un peu avant d'atteindre le bas-fond, nous avons vu flamber un grand feu de bois, que les broussailles° nous avaient jusque-là dissimulé. Kouyaté m'a furtivement serré le bras, et j'ai compris qu'il faisait allusion à la présence du foyer. Oui, il y avait du feu. Il y avait Kondén Diara, la présence latente de Kondén Diara, mais il y avait aussi une présence apaisante au sein° de la nuit: un grand feu! Et j'ai repris cœur, un peu repris cœur; j'ai à mon tour rapidement serré le bras de Kouyaté. J'ai hâté le pas — tous nous hâtions le pas! — et la lueur rouge du brasier° nous a environnés. Il y avait à présent ce havre,° cette sorte de havre dans la nuit: un grand feu et, dans notre dos, l'énorme tronc du fromager. Oh! c'était un havre précaire, mais quelque infime° qu'il fût, c'était infiniment plus que le silence et les ténèbres,° le silence sournois des ténèbres. Nous nous sommes rangés sous le fromager. Le sol, à nos pieds, avait été débarrassé des roseaux et des hautes herbes.

— Agenouillez-vous! crient tout à coup nos aînés.

Nous plions aussitôt les genoux.°

— Têtes basses!

Nous courbons° la tête.

— Plus basses que cela!

---

succédant au: suivant
hourvari: grand tumulte
décolorée: pâle
serraient: tenaient étroitement
étreignait: serrait
conjonction: rencontre
broussailles: arbustes, plantes
au sein: au cœur
brasier: foyer

havre: refuge
infime: très petit
ténèbres: obscurité profonde
Nous plions aussitôt les genoux: Nous nous mettons à genoux toute de suite.
nous courbons: nous nous penchons

Nous courbons la tête jusqu'au sol, comme pour la prière.

— Maintenant, cachez-vous les yeux!

Nous ne nous le faisons point répéter; nous fermons les yeux, nous nouons° étroitement les mains sur nos yeux: ne mourrions-nous pas de peur, d'horreur, s'il nous arrivait de voir, simplement d'entrevoir° Kondén Diara! Au surplus, nos aînés traversent nos rangs, passent devant et derrière nous pour s'assurer que nous avons fidèlement obéi. Malheur à l'audacieux qui enfreindrait° la défense! Il serait cruellement fouetté; d'autant plus cruellement qu'il le serait sans espoir de revanche,° car il ne trouverait personne pour accueillir sa plainte, personne pour aller contre la coutume. Mais qui se risquerait à faire l'audacieux en pareille occurrence!

Et maintenant que nous sommes agenouillés, la tête contre terre et les mains nouées sur les yeux, éclate brusquement le rugissement de Kondén Diara!

Ce cri rauque,° nous l'attendions, nous n'attendions que lui, mais il nous surprend, il nous perce comme si nous ne l'attendions pas; et nos cœurs se glacent.° Et puis ce n'est pas un lion seulement, ce n'est pas Kondén Diara seulement qui rugit: c'est dix, c'est vingt, c'est trente lions peut-être qui, à sa suite, lancent leur terrible cri et cernent° la clairière°; dix ou trente lions dont quelques mètres à peine nous séparent, et que le grand feu de bois ne tiendra peut-être pas toujours à distance; des lions de toutes tailles° et de tous âges — nous le percevons à leurs rugissements — , de très vieux lions et jusque des lionceaux.° Non, personne parmi nous ne songerait à risquer un œil; personne! Personne n'oserait lever la tête du sol: chacun enfouirait° plutôt sa tête dans le sol, la cacherait et se cacherait plutôt entièrement dans le sol. Et je me courbe, nous nous courbons davantage, nous plions plus fortement les genoux, nous effaçons le dos tant que nous pouvons, je me fais tout petit, nous nous faisons le plus petit que nous pouvons.

---

nouons: entrelaçons
entrevoir: voir rapidement
enfreindrait: transgresserait
revanche: satisfaction
rauque: rude, enroué (voix)
se glacent: gèlent

cernent: entourent
clairière: endroit vidé d'arbres
tailles: grandeurs
lionceaux: jeunes lions
enfouirait: enfoncerait

« Tu ne dois pas avoir peur! me dis-je. Tu dois mater ta peur! Ton père t'a dit de surmonter ta peur!» Mais comment pourrais-je ne pas avoir peur? En ville même, à distance de la clairière, femmes et enfants tremblent et se terrent° au fond des cases; ils écoutent Kondén Diara grogner,° et beaucoup se bouchent° les oreilles pour ne pas l'entendre grogner; les moins peureux se lèvent — il faut un certain courage à présent pour quitter son lit —, vont vérifier une fois de plus la porte de leur case, vont s'assurer une fois de plus qu'elle est demeurée étroitement assujettie,° et n'en restent pas moins désemparés.° Comment résisterais-je à la peur, moi qui suis à portée du terrible monstre? S'il lui plaisait, d'un seul bond, Kondén Diara franchirait le feu de bois et me planterait ses griffes dans le dos!

Pas une seconde je ne mets en doute la présence du monstre. Qui pourrait rassembler, certaines nuits, une troupe aussi nombreuse, mener pareil sabbat,° sinon Kondén Diara? «Lui seul, me dis-je, lui seul peut ainsi commander aux lions... Eloigne-toi, Kondén Diara! Eloigne-toi! retourne dans la brousse!...» Mais Kondén Diara continue son sabbat, et parfois il me semble qu'il rugit au-dessus de ma tête même, à mes oreilles même. «Eloigne-toi, je te prie, Kondén Diara!...»

Qu'avait dit mon père? «Kondén Diara rugit; il se contente de rugir; il ne t'emportera pas...» Oui, cela ou à peu près. Mais est-ce vrai, bien vrai? Le bruit court aussi que Kondén Diara parfois tombe, toutes griffes dehors, sur l'un ou l'autre, l'emporte loin, très loin au profond de la brousse; et puis, des jours et des jours plus tard, des mois ou des années plus tard, au hasard° d'une randonnée,° on tombe sur des ossements° blanchis… Est-ce qu'on ne meurt pas aussi de peur?... Ah! comme je voudrais que cessent ces rugissements! comme je voudrais... Comme je voudrais être loin de cette clairière, être dans notre concession, dans le calme de notre concession, dans la chaude sécurité de la case!... Est-ce que ces rugissements ne vont

---

se terrent: se cachent	décontenancés
grogner: pousser son cri (animal)	**sabbat:** ici, réunion nocturne de sorciers
se bouchent: ferment, couvrent	**au hasard:** sans le prévoir
assujettie: fixée	**randonnée:** promenade
désemparés: perdus,	**ossements:** os d'un mort

pas bientôt cesser?... « Va-t'en, Kondén Diara! Va-t'en!... Cesse de rugir!... » Ah! ces rugissements!... Il me semble que je ne vais plus pouvoir les supporter...

Et voici que brusquement ils cessent! Ils cessent comme ils ont commencé. C'est si brusque à vrai dire, que j'hésite à me réjouir. Est-ce fini? Vraiment fini?... N'est-ce qu'une interruption momentanée?... Non, je n'ose pas me réjouir encore. Et puis soudain la voix de nos aînés retentit:

— Debout!

Un soupir s'échappe de ma poitrine. C'est fini! Cette fois, c'est bien fini! Nous nous regardons; je regarde Kouyaté, les autres. Si la clarté était meilleure... Mais il suffit de la lueur du foyer: de grosses gouttes de sueur perlent encore sur nos fronts; pourtant la nuit est fraîche... Oui, nous avons eu peur! nous n'aurions pas pu dissimuler notre peur...

Un nouvel ordre a retenti, et nous nous sommes assis devant le feu. Nos aînés, à présent, entreprennent notre initiation; tout le reste de la nuit, ils vont nous enseigner les chants des incirconcis; et nous ne bougeons plus, nous reprenons les paroles après eux, l'air après eux; nous sommes là comme si nous étions à l'école, attentifs, pleinement attentifs et dociles.

A l'aube, notre instruction a pris fin. J'avais les jambes, les bras engourdis°; j'ai fait jouer mes articulations,° j'ai frictionné un moment mes jambes, mais le sang demeurait lent; à la vérité, j'étais rompu de fatigue et j'avais froid. Promenant le regard autour de moi, je n'ai plus compris comment j'avais pu tant trembler, la nuit; les premières lueurs de l'aube tombaient si légères, si rassurantes sur le fromager, sur la clairière; le ciel avait une telle pureté!... Qui eût cru, qui eût admis que, quelques heures plus tôt, une troupe de lions, conduite par Kondén Diara en chair et en os,° s'était rageusement démenée° dans ces hautes herbes et ces roseaux, séparée de nous seulement par un feu de bois qui, à l'heure qu'il est, achève de s'éteindre.° Personne ne l'eût cru, et j'eusse douté de mes oreilles et cru me réveiller d'un

---

engourdis: insensibles, immobiles
articulations: jonctions des membres (coude, genou)

en chair et en os: en personne
démenée: agitée
s'éteindre: mourir (feu)

cauchemar, si l'un ou l'autre de mes compagnons n'eût, par intervalles, jeté un regard encore soupçonneux sur les plus hautes herbes.

Mais quels étaient ces longs fils blancs qui tombaient, qui partaient plutôt du fromager et paraissaient inscrire sur le ciel la direction de la ville? Je n'eus pas le loisir de beaucoup me le demander: nos aînés nous regroupaient; et parce que nous dormions debout pour la plupart, le regroupement allait tant bien que mal,° n'allait pas sans grands cris ni sans rudesse. Finalement nous sommes repartis vers la ville en chantant nos nouveaux chants; et nous les chantions plus gaillardement° que je ne l'aurais imaginé: ainsi le cheval qui sent l'écurie° proche, tout à coup s'anime, quelque rendu° qu'il soit.

Parvenu aux premières concessions, la présence des longs fils blancs m'a de nouveau frappé: toutes les cases principales en portaient de ces fils à leur sommet.

— Tu vois les fils blancs? dis-je à Kouyaté.

— Je les vois. Il y a toujours de ces fils après la cérémonie de la clairière.

— Qui les noue?

Kouyaté souleva les épaules.

— C'est de là qu'ils viennent, dis-je en montrant au loin le fromager.

— Quelqu'un sera grimpé au sommet.

— Qui pourrait grimper sur un fromager? Réfléchis!

— Je ne sais pas!

— Est-ce que quelqu'un est capable d'embrasser un tronc de cette grosseur? dis-je. Et même s'il le pouvait, comment pourrait-il se glisser sur une écorce aussi hérissée° d'épines°? Ce que tu dis n'a pas de sens! Te figures-tu bien le trajet qu'il faudrait faire avant d'atteindre les premières branches?

— Pourquoi en saurais-je plus long que toi? dit Kouyaté.

— Mais moi, c'est la première fois que j'assiste à la cérémonie. Toi...

---

tant bien que mal: avec difficulté
gaillardement: vigoureusement
écurie: étable
rendu: fatigué

hérissée: couverte d'objets
  pointus
épines: parties dures et pointues
  des végétaux

Je n'achevai pas ma phrase; nous avions atteint la grande place de la ville, et je regardais avec étonnement les fromagers qui ombragent° le marché: eux aussi étaient garnis de ces mêmes fils blancs. Toutes les cases un peu importantes, tous les très grands arbres, en vérité, étaient ainsi reliés entre eux, et leur point de départ comme leur ralliement° était l'immense fromager de la clairière, le lieu sacré que ce fromager signalait.°

— Des hirondelles nouent ces fils, dit tout à coup Kouyaté.

— Des hirondelles? Tu es fou! dis-je. Les hirondelles ne volent pas la nuit.

J'interrogeai un de nos aînés qui marchait à proximité.

— C'est notre Chef à tous[55] qui les lie, dit-il. Notre Chef se transforme en hirondelle au cours de la nuit; il vole d'arbre en arbre et de case en case, et tous ces fils sont noués en moins de temps qu'il n'en faut pour le dire.

— Il vole d'arbre en arbre? dis-je. Il vole comme une hirondelle?

— Eh bien, oui! Il est une vraie hirondelle, il est rapide comme l'hirondelle. Tout le monde sait ça!

— Ne te l'avais-je pas bien dit? fit Kouyaté.

Je ne dis plus mot: la nuit de Kondén Diara était une étrange nuit, une nuit terrible et merveilleuse, une nuit qui passait l'entendement.°

Comme la veille, nous allions de concession en concession, précédés de tam-tams et de tambours, et nos compagnons nous quittaient au fur et à mesure qu'ils atteignaient leur logis. Quand nous passions devant une concession où l'un ou l'autre avait manqué de courage pour se joindre à nous, un chant de moquerie s'élevait de nos rangs.

Je regagnai ma concession, recru° de fatigue mais très satisfait de ma personne: j'avais participé à la cérémonie des lions! Si même

---

ombragent: couvrent de son ombre	**l'entendement**: la compréhension
ralliement: rassemblement	**recru**: épuisé
signalait: indiquait	

---

55 *notre Chef à tous*. Ici, le garçon fait référence à Allah, la divinité suprême.

je n'en avais pas mené large° à l'heure où Kondén Diara s'était déchaîné,° la chose ne regardait que moi: je pouvais la garder pour moi seul; et je passai glorieusement la porte de notre demeure.

La fête du Ramadan commençait, et j'aperçus dans la cour mes parents prêts à se rendre à la mosquée.

— Te voici enfin revenu! dit ma mère.

— Me voici! dis-je fièrement.

— Est-ce une heure pour rentrer! dit-elle en me serrant contre sa poitrine. La nuit est finie, et tu n'as seulement pas fermé l'œil.

— La cérémonie n'a pris fin qu'à l'aube, dis-je.

— Je le sais bien, dit-elle. Tous les hommes sont fous!

— Et les lions? dit mon père. Kondén Diara?

— Je les ai entendus, dis-je. Ils étaient tout près; ils étaient aussi près de moi que je le suis ici de vous; il y avait tout juste entre eux et nous la distance du feu!

— C'est insensé! dit ma mère. Va dormir: tu tombes de sommeil!

Elle se tourna vers mon père:

— Je me demande à quoi tout cela rime°! dit-elle.

— Eh bien c'est l'usage, dit mon père.

— Je n'aime pas cet usage! dit-elle. Des enfants ne devraient pas passer la nuit à veiller.°

— As-tu eu peur? me demanda mon père.

Devais-je avouer° que j'avais eu grande peur?

— Naturellement qu'il a eu peur! dit ma mère. Comment voudrais-tu qu'il n'ait pas eu peur?

— Il n'a eu qu'un peu peur, dit mon père.

— Va dormir! reprit ma mère. Si tu ne dors pas maintenant, tu t'endormiras durant la fête.[56]

---

je n'en avais pas mené large: je m'étais inquiété	s'agit
déchaîné: emporté avec violence	**veiller**: ne pas dormir (de la nuit)
à quoi tout cela rime: de quoi il	**avouer**: dire la vérité

---

56 *tu t'endormiras durant la fête.* Pendant le mois du Ramadan, chaque soir, après le coucher du soleil, on partage un grand dîner entre parents et amis. La fête dure longtemps et se termine assez tard.

J'allai m'étendre dans la case. J'entendais ma mère qui querellait°
mon père: elle trouvait stupide de courir des risques gratuits.°

Plus tard, j'ai su qui était Kondén Diara et j'ai su aussi que les
risques étaient inexistants, mais je ne l'ai appris qu'à l'heure où il
m'était permis de le savoir. Tant que° nous n'avons pas été circoncis,
tant que nous ne sommes pas venus à cette seconde vie qui est
notre vraie vie, on ne nous révèle rien, et nous n'arrivons à rien
surprendre.°

Ce n'est qu'après avoir participé plusieurs fois à la cérémonie
des lions, que nous commençons à vaguement entrevoir quelque
chose, mais nous respectons le secret: nous ne faisons part de° ce
que nous avons deviné qu'à ceux de nos compagnons qui ont une
même expérience; et l'essentiel nous échappe jusqu'au jour de notre
initiation à la vie d'homme.

Non, ce n'étaient pas de vrais lions qui rugissaient dans la
clairière, c'étaient nos aînés, tout bonnement nos aînés. Ils s'aident à
cet effet de petites planchettes renflées° au centre et à bords coupants,
à bords d'autant plus coupants que le renflement central aiguise
davantage le tranchant.° La planchette est de forme ellipsoïdale et
très petite; elle est trouée° sur un des côtés, pour permettre d'y passer
une ficelle.° Nos aînés la font tournoyer comme une fronde et, pour
en augmenter encore la giration,° tournoient en même temps qu'elle;
la planchette coupe l'air et produit un ronflement tout semblable au
rugissement du lion; les planchettes les plus petites imitent le cri des
lionceaux; les plus grandes, celui des lions.

C'est enfantin. Ce qui n'est pas enfantin, c'est l'effet produit
dans la nuit pour des oreilles non prévenues: le cœur se glace! Si ce
n'était la crainte, plus grande encore, de se retrouver égaré° dans la
brousse, isolé dans la brousse, l'effroi disperserait les enfants; c'est la
sorte de refuge que forment le tronc des fromagers et le feu de bois
allumé à proximité, qui maintient groupés les non-initiés.

---

querellait: faisait des reproches à
gratuits: ici, déraisonnables,
   pour rien
tant que: aussi longtemps que
surprendre: ici, découvrir
nous ne faisons part de: nous ne
   révélons

renflées: épaisses au milieu
tranchant: côté effilé
est trouée: a des cavités
ficelle: petite corde
giration: rotation
égaré: ici, perdu

Mais si le grognement de Kondén Diara est facilement explicable, la présence des longs fils blancs qui relient l'immense fromager de la clairière sacrée aux plus grands arbres et aux cases principales de la ville, l'est beaucoup moins. Je n'en ai, pour ma part, point obtenu une explication parfaite: à l'époque où j'aurais pu l'obtenir, en prenant place parmi les aînés qui dirigeaient la cérémonie, j'avais cessé d'habiter Kouroussa. Je sais seulement que ces fils sont de coton tissé, et qu'on se sert de perches° de bambou pour les nouer au sommet des cases; ce que j'ignore par contre, c'est la manière dont on les attache au sommet des fromagers.

Nos fromagers sont de très grands arbres, et on imagine difficilement des perches d'une vingtaine de mètres: celles-ci fléchiraient° nécessairement, quelque soin qu'on aurait pu apporter à les assembler. Par ailleurs, je ne vois pas comment on grimperait au sommet de ces arbres épineux. Il y a bien une sorte de ceinture qui aide à grimper: on noue la ceinture autour de l'arbre et on se place à l'intérieur, on passe la ceinture sous les reins, puis on s'élève par saccades° en prenant avec les pieds appui contre le tronc; mais cela ne se conçoit plus si l'arbre a un tronc de la dimension de nos énormes fromagers.

Et pourquoi ne se servirait-on pas bonnement de la fronde? Je ne sais pas. Un bon tireur à la fronde réussit des miracles. Peut-être est-ce à un miracle de cette espèce qu'il convient le plus naturellement d'attribuer l'incompréhensible présence des fils blancs au sommet des fromagers, mais je ne puis en décider.

Ce que je sais bien, c'est que nos aînés qui nouent ces fils, doivent se montrer on ne peut plus attentifs à ne point égarer les perches: il ne faut donner l'éveil° en aucune façon! Or il suffirait d'une perche abandonnée à pied d'œuvre pour peut-être mettre femmes ou enfants sur la voie du secret. C'est pourquoi, sitôt les fils noués, on n'a d'autre hâte que de remiser° perches et planchettes. Les cachettes habituelles sont le chaume des toits ou des endroits retirés de la brousse. Et ainsi rien ne transpire° de ces manifestations de la puissance de Kondén Diara.

---

perches: longues tiges
fléchiraient: plieraient
saccades: mouvements successifs
   irréguliers

donner l'éveil: attirer l'attention
remiser: mettre à sa place
rien ne transpire: rien n'est
   divulgué

Mais les hommes? Mais tous ceux qui savent?

Eh bien ils ne disent pas une parole, ils tiennent leur science strictement secrète. Non seulement ils laissent femmes et enfants dans l'incertitude ou dans la crainte, mais encore ils y ajoutent en les avertissant de tenir rigoureusement closes les portes des cases.

Je n'ignore pas qu'un tel comportement paraîtra étrange, mais il est parfaitement fondé. Si la cérémonie des lions a les caractères d'un jeu, si elle est pour une bonne part une mystification, elle est chose importante aussi: elle est une épreuve, un moyen d'aguerrir° et un rite qui est le prélude à un rite de passage, et cette fois c'est tout dire! Il va de soi que si le secret était éventé,° la cérémonie perdrait beaucoup de son prestige. Certes, l'enseignement qui succède aux rugissements demeurerait ce qu'il est, mais rien ne subsisterait de l'épreuve de la peur, rien de cette occasion donnée à chacun de surmonter sa peur et de se surmonter, rien non plus de la nécessaire préparation au douloureux rite de passage qu'est la circoncision. Mais au vrai qu'en subsiste-t-il à l'heure où j'écris? Le secret... Avons-nous encore des secrets!

8

Plus tard, j'ai vécu une épreuve autrement inquiétante que celle des lions, une épreuve vraiment menaçante cette fois et dont le jeu est totalement absent: la circoncision.

J'étais alors en dernière année du certificat d'études, j'étais enfin au nombre des grands, ces grands que nous avions tant abhorrés quand nous étions dans la petite classe, parce qu'ils nous extorquaient nourriture et argent et nous frappaient; et voici que nous les remplacions, et que les sévices que nous avions endurés étaient heureusement abolis.

Mais ce n'était pas le tout d'être un grand, il fallait l'être encore dans toute l'acception du mot, et pour cela naître à la vie d'homme.

---

aguerrir: habituer aux dangers   **éventé**: révélé

Or j'étais toujours un enfant: j'étais réputé n'avoir pas l'âge de raison! Parmi mes condisciples,° qui pour la plupart étaient circoncis, je demeurais un authentique enfant. Je suppose que j'étais un peu plus jeune qu'eux, ou étaient-ce mes séjours répétés à Tindican qui avaient retardé mon initiation? Je ne me souviens pas. Quoi qu'il en soit, j'avais l'âge, à présent, et il me fallait à mon tour renaître, à mon tour abandonner l'enfance et l'innocence, devenir un homme.

Je n'étais pas sans crainte devant ce passage de l'enfance à l'âge d'homme, j'étais à dire vrai fort angoissé, et mes compagnons d'épreuve ne l'étaient pas moins. Certes, le rite nous était familier, la partie visible de ce rite tout au moins, puisque, chaque année, nous avions vu les candidats à la circoncision danser sur la grande place de la ville; mais il y avait une part importante du rite, l'essentielle, qui demeurait secrète et dont nous n'avions qu'une notion extrêmement vague, sauf en ce qui regardait l'opération même que nous savions douloureuse.

Entre le rite public et le rite secret il y a une antinomie° complète. Le rite public est dédié à la joie. Il est l'occasion d'une fête, une très grande et très bruyante fête à laquelle la ville entière participe et qui s'étend sur plusieurs journées. Et c'est un peu comme si à renfort de° bruit et de mouvement, de réjouissances et de danses, l'on cherchait à nous faire oublier ce qu'il y a d'angoissant dans l'attente et de réellement pénible dans l'épreuve; mais l'angoisse ne se dissipe pas si aisément, si même elle faiblit par intervalles, et la douleur de l'excision° n'en demeure pas moins présente à l'esprit; d'autant plus présente que la fête n'est pas une fête comme les autres: bien que toute dédiée à la joie, elle revêt par moments une gravité qui est absente des autres, et une gravité qui se conçoit° puisque l'événement que la fête signale est le plus important de la vie, est très exactement le début d'une nouvelle vie; or, en dépit du bruit et du mouvement, du ruissellement° des rythmes et du tourbillon de la danse, chaque retour de cette gravité sonne comme un rappel de l'épreuve, rappelle le visage obscur du rite secret.

---

condisciples: camarades de
   classe
antinomie: contradiction
à renfort de: à l'aide de

excision: ici, circoncision
se conçoit: se comprend
ruissellement: courant

Mais quelle que soit l'angoisse et quelle que soit la certitude de la souffrance, personne pourtant ne songerait à se dérober à l'épreuve — pas plus et moins encore qu'on ne se dérobe à l'épreuve des lions — et pour ma part je n'y songeais aucunement: je voulais naître, renaître! Je savais parfaitement que je souffrirais, mais je voulais être un homme, et il ne semblait pas que rien fût trop pénible pour accéder au rang d'homme. Mes compagnons ne pensaient pas différemment: comme moi, ils étaient prêts à payer le prix du sang. Ce prix, nos aînés l'avaient payé avant nous; ceux qui naîtraient après nous, le paieraient à leur tour; pourquoi l'eussions-nous esquivé? La vie jaillissait du sang versé!

Cette année-là, je dansai une semaine au long, sept jours au long, sur la grande place de Kouroussa, la danse du « soli »[57] qui est la danse des futurs circoncis. Chaque après-midi, mes compagnons et moi nous nous dirigions vers le lieu de danse, coiffés d'un bonnet et vêtus d'un boubou qui nous descendait jusqu'aux chevilles,° un boubou plus long que ceux qu'on porte généralement et fendu° sur les flancs; le bonnet, un calot° plus exactement, était orné d'un pompon qui nous tombait sur le dos; et c'était notre premier bonnet d'homme! Les femmes et les jeunes filles accouraient sur le seuil° des concessions pour nous regarder passer, puis nous emboîtaient le pas, revêtues de leurs atours° de fête. Le tam-tam ronflait, et nous dansions sur la grande place jusqu'à n'en pouvoir plus; et plus nous avancions dans la semaine, plus les séances° de danse s'allongeaient, plus la foule° augmentait.

Mon boubou, comme celui de mes compagnons, était d'un ton brun qui tirait sur le rouge, un ton où le sang ne risque pas

---

chevilles: parties qui rattachent les pieds aux jambes	**atours**: ornements
fendu: ouvert en longueur	**séances**: sessions
calot: chapeau serré	**foule**: grand nombre de personnes
seuil: entrée	

---

57 *la danse du « soli », le « coba », le « fady fady »*. En langue malinkée, les trois danses, accompagnées de chants, que l'on exécute pendant la période des circoncisions. Les deux premières sont faites par les futurs circoncis (le « soli » n'est dansée que la veille de la circoncision), la troisième par les hommes de la communauté.

de laisser des traces trop distinctes. Il avait été spécialement tissé pour la circonstance, puis confié aux ordonnateurs° de la cérémonie. Le boubou à ce moment était blanc; c'étaient les ordonnateurs qui s'étaient occupés à le teindre° avec des écorces d'arbre, et qui l'avaient ensuite plongé dans l'eau boueuse d'une mare° de la brousse; le boubou avait trempé l'espace de plusieurs semaines: le temps nécessaire pour obtenir le ton souhaité peut-être, ou sinon pour quelque raison rituelle qui m'échappe. Le bonnet, hormis° le pompon qui était resté blanc, avait été teint de la même manière, traité de la même manière.

Nous dansions, je l'ai dit, à perdre souffle, mais nous n'étions pas seuls à danser: la ville entière dansait! On venait nous regarder, on venait en foule, toute la ville en vérité venait, car l'épreuve n'avait pas que pour nous une importance capitale, elle avait quasiment la même importance pour chacun puisqu'il n'était indifférent à personne que la ville, par une deuxième naissance qui était notre vraie naissance, s'accrût° d'une nouvelle fournée° de citoyens; et parce que toute réunion de danse a, chez nous, tendance à se propager, parce que chaque appel de tam-tam a un pouvoir presque irrésistible, les spectateurs se transformaient bientôt en danseurs: ils envahissaient l'aire et, sans toutefois se mêler à notre groupe, ils partageaient intimement notre ardeur, ils rivalisaient avec nous de frénésie, les hommes comme les femmes, les femmes comme les jeunes filles, bien que femmes et jeunes filles dansassent ici strictement de leur côté.

Tandis que je dansais, mon boubou fendu sur les flancs, fendu du haut en bas, découvrait largement le foulard° aux couleurs vives que je m'étais enroulé autour des reins. Je le savais et je ne faisais rien pour l'éviter: je faisais plutôt tout pour y contribuer. C'est que nous portions chacun un foulard semblable, plus ou moins coloré, plus ou moins riche, que nous tenions de notre amie en titre.° Celle-ci nous en avait fait cadeau pour la cérémonie et l'avait le plus souvent retiré de sa tête pour nous le donner. Comme le foulard ne peut passer

ordonnateurs: organisateurs	**s'accrût**: augmentât
teindre: colorer	**fournée**: ensemble, groupe
mare: petit lac	**foulard**: tissu léger, écharpe
hormis: à l'exception de	**en titre**: nommée

inaperçu, comme il est la seule note personnelle qui tranche sur°
l'uniforme commun, et que son dessin comme son coloris° le font
facilement identifier, il y a là une sorte de manifestation publique
d'une amitié — une amitié purement enfantine, il va de soi — que la
cérémonie en cours va peut-être rompre à jamais ou, le cas échéant,
transformer en quelque chose de moins innocent et de plus durable.
Or, pour peu que° notre amie attitrée° fût belle et par conséquent
convoitée,° nous nous déhanchions° avec excès pour mieux faire
flotter notre boubou et ainsi plus amplement dégager° notre foulard;
en même temps nous tendions l'oreille pour surprendre ce qu'on
disait de nous, et de notre amie et de notre chance, mais ce que notre
oreille percevait était peu de chose: la musique était assourdissante,°
l'animation extraordinaire et la foule trop dense aux abords° de
l'aire.

Il arrivait qu'un homme fendît cette foule et s'avançât vers nous.
C'était généralement un homme d'âge, et souvent un notable, qui
avait des liens d'amitié ou d'obligations avec la famille de l'un de
nous. L'homme faisait signe qu'il voulait parler, et les tam-tams
s'interrompaient un moment, la danse cessait un moment. Nous
nous approchions de lui. L'homme alors s'adressait d'une voix forte à
l'un ou l'autre d'entre nous.

— Toi, disait-il, écoute! Ta famille a toujours été amie de la
mienne; ton grand-père est l'ami de mon père, ton père est mon ami,
et toi, tu es l'ami de mon fils. Aujourd'hui, je viens publiquement
en porter témoignage.° Que tous ici sachent que nous sommes amis
et que nous le demeurerons! Et en signe de cette durable amitié, et
afin de montrer ma reconnaissance° pour les bons procédés dont
toujours ton père et ton grand-père ont usé à mon égard et à l'égard
des miens, je te fais don d'un bœuf à l'occasion de ta circoncision!

Tous, nous l'acclamions; l'assistance entière l'acclamait.
Beaucoup d'hommes d'âge, tous nos amis en vérité, s'avançaient

---

tranche sur: se distingue de	nous balancions
coloris: éclat, couleur	**dégager**: faire voir
pour peu que: pourvu que	**assourdissante**: trop forte
attitrée: exclusive	**aux abords**: dans les environs
convoitée: désirée	**porter témoignage**: attester
nous nous déhanchions: nous	**reconnaissance**: gratitude

ainsi pour annoncer les cadeaux qu'ils nous faisaient. Chacun offrait selon ses moyens et, la rivalité aidant, souvent même un peu au-delà de ses moyens. Si ce n'était un bœuf, c'était un sac de riz, ou de mil, ou de maïs.

C'est que la fête, la très grande fête de la circoncision ne va pas sans un très grand repas et sans de nombreux invités, un si grand repas qu'il y en a pour des jours et des jours, en dépit du nombre des invités, avant d'en voir le bout. Un tel repas est une dépense importante. Aussi quiconque est ami de la famille du futur circoncis, ou lié par la reconnaissance, met un point d'honneur à contribuer à la dépense, et il aide aussi bien celui qui a besoin d'aide que celui qui n'en a aucun besoin. C'est pourquoi, à chaque circoncision, il y a cette soudaine abondance de biens, cette abondance de bonnes choses.

Mais nous réjouissions-nous beaucoup de cette abondance? Nous ne nous en réjouissions pas sans arrière-pensée°: l'épreuve qui nous attendait n'était pas de celles qui aiguisent l'appétit. Non, la longueur de notre appétit ne serait pas bien importante quand, la circoncision faite, on nous convierait° à prendre notre part du festin; si nous ne le savions pas par expérience — si nous allions seulement en faire l'expérience! —, nous savions très bien que les nouveaux circoncis font plutôt triste mine.

Cette pensée nous ramenait brutalement à notre appréhension: nous acclamions le donateur, et du coup notre pensée revenait à l'épreuve qui nous attendait. Je l'ai dit: cette appréhension au milieu de l'excitation générale, et d'une excitation à laquelle par nos danses répétées nous participions au premier chef,° n'était pas le côté le moins paradoxal de ces journées. Ne dansions-nous que pour oublier ce que nous redoutions°? Je le croirais volontiers. Et à vrai dire, il y avait des moments où nous finissions par oublier; mais l'anxiété ne tardait pas à renaître: il y avait constamment de nouvelles occasions de lui redonner vie. Nos mères pouvaient multiplier les sacrifices à notre intention, et elles n'y manquaient pas, aucune n'y manquait, cela ne nous réconfortait° qu'à demi.

---

arrière-pensée: pensée   **redoutions**: craignions
   dissimulée   **réconfortait**: redonnait du
convierait: inviterait   courage
au premier chef: avant tout

L'une d'elles parfois, ou quelque autre parent très proche, se mêlait à la danse et souvent, en dansant, brandissait l'insigne de notre condition°; c'était généralement une houe° — la condition paysanne en Guinée est de loin la plus commune — pour témoigner que le futur circoncis était bon cultivateur.

Il y eut ainsi un moment où je vis apparaître la seconde épouse de mon père,[58] un cahier et un stylo dans la main. J'avoue que je n'y pris guère plaisir et n'en retirai aucun réconfort, mais plutôt de la confusion, bien que je comprisse parfaitement que ma seconde mère ne faisait que sacrifier à la coutume et dans la meilleure intention de la terre, puisque cahier et stylo étaient les insignes d'une occupation qui, à ses yeux, passait celles du cultivateur ou de l'artisan.

Ma mère fut infiniment plus discrète: elle se contenta de m'observer de loin, et même je remarquai qu'elle se dissimulait dans la foule. Je suis sûr qu'elle était pour le moins aussi inquiète que moi, encore qu'elle apportât tous ses soins à n'en rien laisser paraître. Mais généralement l'effervescence était telle, je veux dire: si communicative, que nous demeurions seuls avec le poids de notre inquiétude.

Ajouterai-je que nous mangions vite et mal? Il va de soi: tout était à la danse et aux préparatifs de la fête. Nous rentrions fourbus et dormions d'un sommeil de plomb.° Le matin, nous ne pouvions nous arracher à notre lit: nous faisions la grasse matinée,° nous nous levions quelques minutes avant que le tam-tam nous appelât. Qu'importait dès lors que les repas fussent négligés? A peine nous restait-il le temps de manger! Il fallait vite, vite se laver, vite endosser notre boubou, coiffer notre bonnet, courir à la grande place, danser! Et danser davantage chaque jour, car nous dansions, toute la ville dansait, à présent; après-midi et soir — le soir, à la lueur des torches; et la veille de l'épreuve, la ville dansa la journée entière, la nuit entière!

---

condition: ici, métier	profondément
houe: outil de jardinage	**faisions la grasse matinée:**
d'un sommeil de plomb: très	restons tard au lit

---

58 *la seconde épouse de mon père*. C'est le premier indice du statut polygame de cette famille. Les musulmans ont le droit de prendre jusqu'à quatre femmes. Le père de Laye a deux femmes, ainsi que son oncle Mamadou de Conakry.

Ce dernier jour, nous l'avons vécu dans une étrange fièvre. Les hommes qui conduisent cette initiation, après nous avoir rasé la tête, nous avaient rassemblés dans une case à l'écart des concessions. Cette case, spacieuse, allait être désormais notre demeure; la cour où elle se dressait, spacieuse elle aussi, était clôturée d'osiers si strictement entrelacés qu'aucun regard n'aurait pu y pénétrer.

Quand nous sommes entrés dans la case, nous avons vu nos boubous et nos calots étalés à même le sol. Au cours de la nuit, les boubous avaient été cousus° sur les côtés, sauf un bref espace pour donner passage aux bras, mais de façon à cacher absolument nos flancs. Quant aux calots, ils s'étaient transformés en bonnets démesurément° hauts: il avait suffi de redresser et de fixer sur une armature° d'osier le tissu primitivement° rabattu° à l'intérieur. Nous nous sommes glissés dans nos boubous, et nous avons eu un peu l'air d'être enfermés dans des fourreaux°; nous paraissions maintenant plus minces encore que nous ne l'étions. Lorsque après cela nous avons mis nos bonnets qui n'en finissaient plus,° nous nous sommes regardés un moment; si les circonstances avaient été autres, nous eussions sans doute pouffé de rire: nous ressemblions à des bambous, nous en avions la hauteur et la maigreur.

— Promenez-vous un instant dans la cour, nous ont dit les hommes; il faut vous accoutumer à votre boubou cousu.

Nous avons été faire quelques pas, mais il ne fallait pas les faire trop grands: la couture° ne le permettait pas; l'étoffe se tendait, et les jambes butaient° contre le pourtour°; nous avions les jambes comme entravées.°

Nous sommes revenus dans la case, nous nous sommes assis sur les nattes et nous y sommes demeurés sous la surveillance des hommes. Nous bavardions entre nous de choses et d'autres, dissimulant le plus que nous pouvions notre inquiétude; mais comment aurions-

---

cousus: refermés (avec du fil)	**qui n'en finissaient plus**: d'une
démesurément: excessivement	extrême longueur
armature: structure intérieure	**couture**: partie cousue
primitivement: à l'origine	**butaient**: se heurtaient
rabattu: replié	**le pourtour**: les limites
fourreaux: tubes	**entravées**: resserrées

nous pu effacer° de notre pensée la cérémonie du lendemain? Notre anxiété transparaissait° au travers de nos paroles.

Les hommes, près de nous, n'ignoraient pas cet état d'esprit; chaque fois que, malgré notre volonté, nous laissions échapper quelque chose de notre trouble, ils s'efforçaient honnêtement de nous rassurer, fort différents en cela des grands qui conduisent la cérémonie des lions et qui n'ont d'autre souci que d'effrayer.°

— Mais n'ayez donc pas peur! disaient-ils. Tous les hommes sont passés par là. Voyez-vous qu'il leur en soit advenu° du mal? Il ne vous en adviendra pas non plus. Maintenant que vous allez devenir des hommes, conduisez-vous en hommes: chassez la crainte loin de vous! Un homme n'a peur de rien.

Mais, justement, nous étions encore des enfants; toute cette dernière journée et toute cette dernière nuit, nous serions toujours des enfants. Je l'ai dit: nous n'étions même pas censés° avoir l'âge de raison![59] Et si cet âge vient tard, s'il est en vérité tardif, notre âge d'homme ne laissera pas de paraître un peu bien prématuré. Nous étions toujours des enfants. Demain... Mais mieux valait penser à autre chose, penser par exemple à toute la ville réunie sur la grande place et dansant joyeusement. Mais nous? N'allions-nous pas bientôt nous joindre à la danse?

Non! Cette fois, nous allions danser seuls; nous allions danser, et les autres nous regarderaient: nous ne devions plus nous mêler aux autres à présent; nos mères à présent ne pourraient même plus nous parler, moins encore nous toucher. Et nous sommes sortis de la case, enserrés° dans nos longs fourreaux et le chef° surmonté° de notre immense bonnet.

Aussitôt que nous sommes apparus sur la grande place, les hommes sont accourus. Nous avancions en file indienne entre deux haies° d'hommes. Le père de Kouyaté, vénérable vieillard à la barbe

---

effacer: faire disparaître	**enserrés**: enfermés
transparaissait: se montrait	**chef**: ici, tête
effrayer: faire peur (à)	**surmonté**: couvert
advenu: arrivé	**haies**: ici, rangées
censés: supposés	

---

59 *l'âge de raison*. L'âge auquel les enfants sont censés être conscients de leurs actes et de leurs conséquences.

blanche et à cheveux blancs, a fendu la haie et s'est placé à notre tête: c'est à lui qu'il appartenait de nous montrer comment se danse le « coba », une danse réservée, comme celle du « soli », aux futurs circoncis, mais qui n'est dansée que la veille de la circoncision. Le père de Kouyaté, par privilège d'ancienneté et par l'effet de sa bonne renommée, avait seul le droit d'entonner° le chant qui accompagne le « coba ».

Je marchais derrière lui, et il m'a dit de poser mes mains sur ses épaules; après quoi, chacun de nous a placé les mains sur les épaules de celui qui le précédait. Quand notre file indienne s'est ainsi trouvée comme soudée, les tam-tams et les tambours se sont brusquement tus, et tout le monde s'est tu, tout est devenu muet et immobile. Le père de Kouyaté alors a redressé sa haute taille, il a jeté le regard autour de lui — il y avait quelque chose d'impérieux et de noble en lui! — et, comme un ordre, il a lancé très haut le chant du « coba »:

— *Coba! Aye coba, lama!*

Aussitôt les tam-tams et les tambours ont sonné avec force, et tous nous avons repris la phrase:

— *Coba! Aye coba, lama!*

Nous marchions, comme le père de Kouyaté, les jambes écartées, aussi écartées que le permettait notre boubou, et à pas très lents naturellement. Et en prononçant la phrase, nous tournions, comme l'avait fait le père de Kouyaté, la tête à gauche, puis à droite; et notre bonnet allongeait curieusement ce mouvement de la tête.

— *Coba! Aye coba, lama!*

Nous avons commencé de faire le tour de la place. Les hommes se rangeaient à mesure que nous avancions; et quand le dernier des nôtres était passé, ils allaient se reformer en groupe un peu au-delà et de nouveau se rangeaient pour nous donner passage. Et parce que nous marchions lentement et les jambes écartées, notre démarche° était un peu celle du canard.

— *Coba! Aye coba, lama!*

La haie que les hommes formaient sur notre passage, était épaisse, était compacte. Les femmes, derrière, ne devaient guère voir que nos hauts bonnets, et les enfants n'en apercevaient évidemment

---

entonner: chanter   **démarche**: façon de marcher

pas davantage: les années précédentes, je n'avais fait qu'entrevoir le sommet des bonnets. Mais il suffisait: le « coba » est affaire d'homme. Les femmes... Non, les femmes ici n'avaient pas voix.

— *Coba! Aye coba, lama!*

Nous avons fini par rejoindre l'endroit où nous avions commencé notre danse. Le père de Kouyaté alors s'est arrêté, les tam-tams et les tambours se sont tus, et nous sommes repartis vers notre case. A peine avions-nous disparu, que la danse et les cris ont repris sur la place.

Trois fois dans la journée, nous sommes ainsi apparus sur la grande place pour danser le « coba »; et dans la nuit, trois fois encore, à la clarté des torches; et chaque fois les hommes nous ont enfermés dans leur vivante haie. Nous n'avons pas dormi, et personne n'a dormi; la ville n'a pas fermé l'œil: elle a dansé toute la nuit! Quand nous sommes sortis de notre case pour la sixième fois, l'aube approchait.

— *Coba! Aye coba, lama!*

Nos bonnets continuaient de marquer le rythme, nos boubous continuaient de se tendre sur nos jambes écartées, mais notre fatigue perçait et nos yeux brillaient fiévreusement, notre anxiété grandissait. Si le tam-tam ne nous avait pas soutenus, entraînés... Mais le tam-tam nous soutenait, le tam-tam nous entraînait! Et nous avancions, nous obéissions, la tête étrangement vide, vidée par la fatigue, étrangement pleine aussi, pleine du sort qui allait être le nôtre.

— *Coba! Aye coba, lama!*

Quand nous avons achevé notre tour, l'aube blanchissait° la grande place. Nous n'avons pas regagné notre case, cette fois; nous sommes partis aussitôt dans la brousse, loin, là où notre tranquillité ne risquait pas d'être interrompue. Sur la place, la fête a cessé: les gens ont regagné leurs demeures. Quelques hommes pourtant nous ont suivis. Les autres attendront, dans leurs cases, les coups de feu° qui doivent annoncer à tous qu'un homme de plus, un Malinké de plus est né.[60]

---

blanchissait: éclaircissait	**coups de feu**: détonations

---

60 *un Malinké de plus est né.* Le rite de la circoncision se vit comme la deuxième naissance du garçon; au fond c'est sa véritable naissance à la communauté.

Nous avons atteint une aire circulaire parfaitement désherbée.°
Tout autour, les herbes montaient très haut, plus haut que tête
d'homme; l'endroit était le plus retiré qu'on pût souhaiter. On nous
a alignés, chacun devant une pierre. A l'autre bout de l'aire, les
hommes nous faisaient face. Et nous nous sommes dévêtus.°

J'avais peur, affreusement peur, mais je portais toute mon
attention à n'en rien témoigner: tous ces hommes devant nous,
qui nous observaient, ne devaient pas s'apercevoir de ma peur.
Mes compagnons ne se montraient pas moins braves, et il était
indispensable qu'il en fût ainsi: parmi ces hommes qui nous faisaient
face, se trouvaient peut-être notre beau-père futur, un parent futur;
ce n'était pas l'heure de perdre la face!

Soudain l'opérateur est apparu. La veille, nous l'avions entrevu,
lorsqu'il avait fait sa danse sur la grande place. Cette fois encore, je
ne ferai que l'entrevoir: je m'étais à peine aperçu de sa présence, qu'il
s'est trouvé devant moi.

Ai-je eu peur? Je veux dire: ai-je eu plus particulièrement
peur, ai-je eu à ce moment un surcroît de peur, puisque la peur me
talonnait° depuis que j'étais parvenu sur l'aire? Je n'ai pas eu le temps
d'avoir peur: j'ai senti comme une brûlure,° et j'ai fermé les yeux une
fraction de seconde. Je ne crois pas que j'aie crié. Non, je ne dois
pas avoir crié: je n'ai sûrement pas eu le temps non plus de crier!
Quand j'ai rouvert les yeux, l'opérateur était penché sur mon voisin.
En quelques secondes, la douzaine d'enfants que nous étions cette
année-là, sont devenus des hommes; l'opérateur m'a fait passer d'un
état à l'autre, à une rapidité que je ne puis exprimer.

Plus tard, j'ai su qu'il était de la famille des Dâman, la famille
de ma mère. Sa renommée était grande, et à juste titre°: aux fêtes
importantes, il lui était arrivé de circoncire plusieurs centaines
d'enfants en moins d'une heure; cette rapidité qui écourtait°
l'angoisse, était fort appréciée. Aussi tous les parents, tous les parents
qui le pouvaient, recouraient-ils à lui comme au plus habile; il

---

désherbée: d'où l'herbe a été
   arrachée
dévêtus: déshabillés
talonnait: poursuivait de près

brûlure: sensation de forte
   chaleur
à juste titre: avec raison
écourtait: raccourcissait

était leur hôte° d'un soir et l'hôte des notabilités,° puis regagnait la campagne où il habitait.

Sitôt l'opération faite, les fusils sont partis.° Nos mères, nos parents, dans leur concession, ont perçu les détonations. Et tandis qu'on nous fait asseoir sur la pierre devant laquelle nous nous tenions, des messagers s'élancent, se ruent° à travers la brousse pour aller annoncer l'heureuse nouvelle. Ils ont couru d'une traite,° le front, la poitrine, les bras inondés de sueur, et parvenus à la concession, à peine peuvent-ils reprendre souffle, à peine peuvent-ils délivrer leur message devant la famille accourue.

— Vraiment votre fils a été très brave! crient-ils enfin à la mère du circoncis.

Et de fait nous avions tous été très braves, nous avions tous très attentivement dissimulé notre peur. Mais peut-être étions-nous moins braves à présent: l'hémorragie qui suit l'opération est abondante, est longue; elle est inquiétante: tout ce sang perdu! Je regardais mon sang couler et j'avais le cœur étreint.° Je pensais: « Est-ce que mon corps va entièrement se vider de son sang? » Et je levais un regard implorant sur notre guérisseur, le « séma ».[61]

— Le sang doit couler, dit le « séma ». S'il ne coulait pas...

Il n'acheva pas sa phrase: il observait la plaie.° Quand il vit que le sang enfin s'épaississait un peu, il me donna les premiers soins.° Puis il passa aux autres.

Le sang finalement tarit,° et on nous revêtit de notre long boubou; ce serait, hormis une chemise très courte, notre seul vêtement durant toutes les semaines de convalescence qui allaient suivre. Nous nous tenions maladroitement sur nos jambes, la tête vague et le cœur

---

leur hôte: leur invité	**d'une traite:** sans s'arrêter
notabilités: personnes de haut rang	**étreint:** serré
les fusils sont partis: les armes à feu ont été détonées	**plaie:** blessure ouverte
se ruent: se précipitent	**premiers soins:** traitements médicaux d'urgence
	tarit: sécha

---

61 *notre guérisseur, le « séma »*. Terme malinké. Celui qui exerce des traitements et soins médicaux traditionnels. Le guérisseur malinké est aussi chargé d'initier les nouveaux circoncis aux règles de conduite masculines de la communauté.

comme près de la nausée. Parmi les hommes qui avaient assisté à l'opération, j'en aperçus plusieurs, apitoyés° par notre misérable état, qui se détournaient pour cacher leurs larmes.

A la ville, nos parents faisaient fête au messager, le comblaient de cadeaux; et les réjouissances aussitôt reprenaient: ne fallait-il pas se réjouir de l'heureuse issue° de l'épreuve, se réjouir de notre nouvelle naissance? Déjà amis et voisins se pressaient à l'intérieur des concessions des nouveaux circoncis, et commençaient à danser en notre honneur le « fady fady », la danse de bravoure, en attendant qu'un festin gargantuesque[62] les réunit autour des plats.

De ce festin, bien sûr, nous allions recevoir notre large part. Les hommes, les jeunes hommes qui avaient conduit toute la cérémonie et qui étaient en même temps nos surveillants, mais aussi à présent, d'une certaine façon, nos serviteurs, sont allés chercher cette part.

Hélas! nous avions perdu trop de sang, vu trop de sang — il nous semblait en sentir encore l'odeur fade! — et nous avions un peu de fièvre: nous frissonnions° par intervalles. Nous n'avons eu pour la succulente platée qu'un œil morne: elle ne nous tentait aucunement et même elle nous levait plutôt le cœur.° De cette abondance extraordinaire de mets° réunis pour la fête, réunis à notre intention, nous n'aurons qu'une part dérisoire: nous regarderons les plats, nous en respirerons le fumet,° nous en prendrons quelques bouchées, puis nous détournerons la tête, et durant assez de jours pour que cette abondance s'épuise et que revienne le menu quotidien.

A la tombée de la nuit, nous avons repris le chemin de la ville, escortés des jeunes hommes et de notre guérisseur. Nous marchions avec beaucoup de prudence: il ne fallait pas que le boubou frôlât° notre plaie, mais parfois, en dépit de nos précautions, il la frôlait et

---

apitoyés: émus, touchés
issue: terminaison, fin
frissonnions: tremblions de
   froid
nous levait... le cœur: nous

donnait la nausée
mets: plats
fumet: odeur d'un plat qui cuit
frôlât: touchât légèrement

---

62 *gargantuesque*. Enorme — le terme se rapporte à la gourmandise réputée du géant Gargantua, protagoniste de *La vie inestimable du grand Gargantua* (1534), de l'écrivain français François Rabelais (v. 1494-1553).

nous arrachait un gémissement; et nous nous arrêtions un instant, le visage crispé° par la douleur; les jeunes hommes nous soutenaient. Nous avons mis un temps extraordinairement long pour rejoindre notre case. Quand enfin nous y sommes parvenus, nous étions à bout de forces. Nous nous sommes aussitôt étendus sur les nattes. Nous attendions le sommeil, mais le sommeil était long à venir: la fièvre le chassait. Nos regards erraient° tristement sur les parois de la case. A l'idée que nous allions vivre là, tant que notre convalescence durerait — et elle durerait des semaines! — dans la compagnie de ces jeunes hommes et de notre guérisseur, une sorte de désespoir nous prenait. Des hommes! Oui, nous étions enfin des hommes, mais que le prix en était élevé!... Nous nous sommes finalement endormis. Le lendemain, notre fièvre était tombée, et nous avons ri de nos sombres pensées de la veille.

Certes, notre existence dans la case n'était pas celle que nous menions dans nos concessions, mais elle n'avait rien d'insupportable et elle avait ses joies, encore que la surveillance fût constante et la discipline assez stricte, mais sage, mais raisonnée,° avec le seul souci d'éviter ce qui aurait pu retarder notre convalescence.

Si nous étions surveillés jour et nuit, et plus étroitement encore de nuit que de jour, c'est que nous ne devions nous étendre ni sur le flanc ni sur le ventre: nous devions, tant que notre blessure ne serait pas cicatrisée,° uniquement nous coucher sur le dos, et bien entendu, il nous était absolument interdit de croiser les jambes. Il va de soi que, durant notre sommeil, nous maintenions difficilement la position permise, mais les jeunes hommes intervenaient aussitôt: ils rectifiaient notre position et ils le faisaient le plus délicatement qu'ils pouvaient, afin de ne pas briser° notre repos; ils se relayaient° pour que pas une seconde nous n'échappions à leur surveillance.

Mais peut-être ferais-je mieux de parler de leurs « soins » que de leur « surveillance »; ils étaient bien plus des gardes-malades° que des surveillants. Dans la journée, lorsque fatigués de demeurer étendus ou assis sur nos nattes, nous demandions à nous lever, ils

---

crispé: contracté
erraient: allaient au hasard
raisonnée: bien adaptée
cicatrisée: fermée (blessure)

briser: interrompre
se relayaient: se remplaçaient
gardes-malades: infirmiers

nous portaient aide; au moindre pas en vérité que nous faisions, ils
nous soutenaient. Ils allaient chercher nos repas, ils transmettaient
de nos nouvelles et en rapportaient. Leur service n'était nullement
une sinécure°; nous usions et parfois, je crois bien, nous abusions de
leur complaisance,° mais ils ne rechignaient pas: ils mettaient une
incessante gentillesse à nous servir.

Notre guérisseur montrait moins d'indulgence. Sans doute
il donnait ses soins avec un entier dévouement, mais avec pas mal
d'autorité aussi, quoique sans rudesse; seulement il n'aimait pas
qu'on fît la grimace lorsqu'il lavait notre plaie.

— Vous n'êtes plus des enfants, disait-il. Prenez sur vous!°

Et il fallait bien que nous prenions sur nous, si nous ne voulions
pas passer pour d'irrémédiables pleurnicheurs. Nous prenions donc
sur nous deux fois par jour, car notre guérisseur lavait notre plaie
une première fois le matin, et une deuxième fois le soir. Il employait
pour cela une eau où macéraient° certaines écorces et, tout en lavant
la plaie, il prononçait les incantations qui guérissent. C'était lui aussi
qui assumait la charge de nous enseigner et de nous initier.

Après une première semaine entièrement passée dans la solitude
de la case, et dont la monotonie n'avait été interrompue que par les
quelques visites que mon père m'avait faites, nous avons recouvré°
une liberté de marche suffisante pour entreprendre quelques courtes
promenades en brousse, sous la conduite de notre guérisseur.

Tant que nous demeurions aux environs immédiats de la ville,
les jeunes hommes nous précédaient. Ils marchaient en éclaireurs°
afin que si quelque femme vînt à se trouver sur notre chemin, ils
l'avertissent à temps de s'éloigner. Nous ne devions en effet point
rencontrer de femmes, nous ne devions voir de femmes sous aucun
prétexte, même pas notre mère, tant que notre plaie ne serait pas
convenablement cicatrisée. L'interdit tend simplement à ne pas
contrecarrer la cicatrisation; je ne crois pas qu'il faille chercher des
explications plus lointaines.

---

sinécure: emploi payé, mais très   **macéraient**: marinaient
  facile   **recouvré**: retrouvé
complaisance: amabilité   **éclaireurs**: ceux qui vont en
Prenez sur vous!: Soyez   reconnaissance
  courageux!

L'enseignement que nous recevions en brousse, loin des oreilles indiscrètes, n'avait rien de très mystérieux; rien, je pense, que d'autres oreilles que les nôtres n'auraient pu entendre. Ces leçons, les mêmes que celles qui furent données à tous ceux qui nous ont précédés, se résumaient à la ligne de conduite qu'un homme doit tenir dans la vie: être franc absolument, acquérir les vertus qui en toutes circonstances font l'honnête homme, remplir nos devoirs envers Dieu, envers nos parents, envers les notables, envers le prochain.° Et cependant nous ne devions rien communiquer de ce qui nous était dit, ni aux femmes ni aux non-initiés; pas plus que nous ne devions rien dévoiler des rites secrets de la circoncision. La coutume est telle. Les femmes non plus ne répètent rien des rites de l'excision.[63]

Pour le cas où, plus tard, un non-initié eût cherché à surprendre ce qui avait été enseigné, et se fût fait à cette intention passer pour un initié, on nous informait des moyens de le démasquer. Le plus simple, mais non le moins laborieux de ces moyens, consiste en des phrases avec refrains sifflés. Il y a quantité de ces refrains, il y en a suffisamment pour que l'imposteur, fût-il parvenu par extraordinaire à en retenir deux ou trois, se voie néanmoins dépisté° au quatrième ou au dixième, sinon au vingtième! Toujours longs, toujours compliqués, ces refrains sont impossibles à répéter, si on ne vous les a abondamment serinés,° si on ne les a patiemment appris.

Le fait est qu'il faut une longue patience pour les apprendre, une mémoire exercée pour les retenir. Il nous arrivait de nous en apercevoir: lorsque notre guérisseur nous jugeait par trop rebelles à son enseignement — et en vérité nous n'étions pas toujours attentifs —, il nous rappelait vivement à la discipline; il se servait pour cela du pompon qui pendait à notre bonnet: il nous en cinglait° le dos! Cela paraîtra anodin; mais si le pompon est volumineux, s'il est largement garni de coton, le noyau qu'on place au centre est dur, et il tombe rudement!

---

le prochain: l'autre, le voisin   **serinés**: répétés sans cesse
dépisté: découvert   **cinglait**: fouettait

---

63 *l'excision*. Circoncision féminine pratiquée par certains peuples du continent africain et ailleurs dans le monde.

La troisième semaine, on m'a permis de voir ma mère. Quand un des jeunes hommes est venu me dire que ma mère était devant la porte, je me suis précipité.

— Holà! pas si vite! m'a-t-il dit en me prenant la main. Attends-moi!

— Oui, mais viens vite!

Trois semaines! Jamais encore nous n'étions restés séparés un si long espace de temps. Quand je partais en vacances pour Tindican, je demeurais rarement plus de dix ou quinze jours absent, et ce n'était pas une absence qu'on aurait pu comparer à celle qui nous séparait présentement.

— Eh bien! tu viens? dis-je.

Je trépignais° d'impatience.

— Ecoute! dit le jeune homme. Ecoute-moi d'abord! Tu vas voir ta mère, il t'est permis de la voir, mais tu dois la voir du seuil de l'enceinte°: tu ne peux pas franchir l'enceinte!

— Je resterai sur le seuil, dis-je. Mais laisse-moi aller!

Et je secouais sa main.

— Nous irons ensemble, dit-il.

Il n'avait pas lâché ma main, et nous sommes sortis ensemble de la case. La porte de l'enceinte était entrouverte.° Sur le seuil, plusieurs des jeunes hommes étaient assis; ils me firent signe de ne pas aller au-delà. Je franchis d'un pas rapide les quelques mètres qui me séparaient de la porte, et brusquement je vis ma mère! Elle se tenait dans la poussière du chemin, à quelques pas de l'enceinte: elle non plus ne devait pas s'approcher davantage.

— Mère! ai-je crié. Mère!

Et j'eus tout à coup la gorge serrée. Etait-ce parce que je ne pouvais m'approcher plus près, parce que je ne pouvais serrer ma mère dans mes bras? Etait-ce parce que tant de jours déjà nous séparaient, parce que beaucoup de jours devaient nous séparer encore? Je ne sais pas. Je sais seulement que je ne pouvais que crier: « Mère », et qu'à ma joie de la revoir, un brusque, un étrange abattement° avait succédé. Ou devais-je attribuer cette instabilité à la transformation qui s'était faite

---

trépignais: frappais des pieds   **abattement**: faiblesse,
enceinte: ici, espace clos   diminution des forces
entrouverte: à moitié ouverte

en moi? Quand j'avais quitté ma mère, j'étais toujours un enfant. A présent... Mais étais-je vraiment un homme, à présent? Etais-je déjà un homme?... J'étais un homme! Oui, j'étais un homme! A présent, il y avait cette distance entre ma mère et moi: l'homme! C'était une distance infiniment plus grande que les quelques mètres qui nous séparaient.

— Mère! ai-je de nouveau crié.

Mais je l'avais crié faiblement cette fois, comme une plainte et comme pour moi-même, misérablement.

— Eh bien, je suis là! a dit ma mère. Je suis venue te voir.

— Oui, tu es venue me voir!

Et je passai subitement de l'abattement à la joie.

De quoi m'embarrassais-je? Ma mère était là! Elle était devant moi! En deux enjambées j'aurais pu la rejoindre; je l'eusse assurément rejointe, s'il n'y avait eu cette défense absurde de franchir le seuil de l'enceinte.

— Je suis contente de te voir! a poursuivi ma mère.

Et elle a souri. J'ai aussitôt compris pourquoi elle souriait. Elle était venue, un peu inquiète, vaguement inquiète. Bien qu'on lui apportât de mes nouvelles, bien que mon père lui en rapportât, et que ces nouvelles fussent bonnes, elle était demeurée un peu inquiète: qu'est-ce qui l'assurait qu'on lui disait toute la vérité? Mais maintenant elle avait jugé par elle-même, elle avait reconnu à ma mine que ma convalescence était réellement en bonne voie, et elle était vraiment contente.

— Je suis vraiment très contente! a-t-elle dit.

Néanmoins elle n'a rien ajouté: il suffisait de cette allusion lointaine. On ne doit pas parler ouvertement de guérison, moins encore de notre guérison: cela n'est pas prudent, cela risque de déchaîner des forces hostiles.

— Je t'ai apporté des noix de kola, a dit ma mère.

Et elle a ouvert le petit cabas° qu'elle tenait à la main, elle m'a montré les noix. Un des jeunes hommes qui étaient assis sur le seuil, est allé les prendre et me les a remises.

— Merci, mère!

---

cabas: sac

— Maintenant je vais rentrer, a-t-elle dit.
— Dis bonjour à mon père, dis bonjour à tous!
— Oui, je le ferai.
— A très bientôt, mère!
— A très bientôt, a-t-elle répondu.

Sa voix tremblait un peu. Je suis rentré aussitôt. L'entrevue n'avait pas duré deux minutes, mais c'était tout ce qui nous était permis; et tout le temps, il y avait eu entre nous cet espace que nous ne devions pas franchir. Pauvre chère maman! Elle ne m'avait seulement pas serré contre sa poitrine! Pourtant je suis sûr qu'elle s'était éloignée, très droite, très digne; elle se tenait toujours très droite, et parce qu'elle se tenait si droite, elle paraissait plus grande qu'elle n'était; et elle marchait toujours très dignement: sa démarche était naturellement digne. Il me semblait la voir marcher dans le chemin, la robe tombant noblement, le pagne[64] bien ajusté, les cheveux soigneusement nattés° et ramenés au niveau de la nuque.° Comme ces trois semaines avaient dû lui paraître longues!

Je me suis un peu promené dans la cour, avant de regagner la case: j'étais triste, de nouveau j'étais triste. Avais-je perdu, en même temps que l'enfance, mon insouciance°? J'ai rejoint mes compagnons, j'ai partagé les noix; leur amertume° si plaisante généralement, si fraîche au palais° quand, après, on va boire au canari, n'était plus que pure amertume.

Certes mon père, lui, venait souvent; il pouvait me faire visite aussi souvent qu'il le voulait; mais nous nous disions très peu de choses: ces visites, au milieu de mes compagnons et des jeunes hommes, étaient sans véritable intimité; nos paroles couraient ici, couraient là, nos paroles s'égaraient, et nous serions bientôt demeurés sans plus rien nous dire, si les jeunes hommes, si mes compagnons n'avaient finalement pris part à notre conversation.

---

nattés: tressés, entrelacés
  (cheveux)
nuque: partie postérieure du cou
insouciance: manque

d'inquiétude
amertume: saveur amère
palais: ici, paroi supérieure de la
  bouche

---

64 *le pagne.* Sorte de jupe faite d'une étoffe de couleurs vives, et drapée autour de la taille.

La quatrième semaine s'est passée plus librement. Les plaies étaient pour la plupart cicatrisées ou en telle voie qu'il n'y avait plus danger d'en voir la guérison s'interrompre. La fin de la semaine nous a trouvés parfaitement valides.° Les jeunes hommes ont rabattu nos hauts bonnets et décousu nos boubous. Nous portions à présent les larges pantalons des hommes et nous étions, il va sans dire, impatients de nous montrer: nous sommes allés nous promener dans la ville, très fiers, immensément fiers de notre nouvel accoutrement, et parlant haut comme si déjà nous ne monopolisions pas suffisamment les regards.

Nous demeurions toutefois en groupe, et c'est en groupe aussi que nous avons entrepris la tournée° des diverses concessions auxquelles nous appartenions. A chaque visite on nous faisait fête, et nous, nous faisions large honneur° au festin qui nous attendait; maintenant que nous étions en pleine convalescence — plusieurs avaient dépassé déjà le stade de la convalescence; je l'avais, pour ma part, bel et bien° dépassé —, nous avions les dents merveilleusement longues.°

Quand un incirconcis s'approchait un peu trop près de notre joyeuse bande, nous nous saisissions de lui et le fouettions par jeu avec nos pompons. Tout contact pourtant nous demeurait encore interdit avec les jeunes filles, et c'était une défense qu'aucun de nous n'eût enfreint: nous étions sévèrement avertis que si quelque femme nous voyait intimement, nous courions le risque de rester à jamais stériles. Fanta que je rencontrai, me fit discrètement signe de loin; je lui répondis de la même manière, par un simple battement des paupières. L'aimais-je toujours? Je ne savais pas. Nous avions été si retranchés du monde,° nous étions devenus si différents de ce que nous avions été, bien qu'un mois à peine se fût écoulé° entre notre enfance et notre âge d'homme, si indifférents à ce que nous avions été, que je ne savais plus très bien où j'en étais. « Le temps, pensais-je, le temps m'apportera un nouvel équilibre. » Mais quelle sorte d'équilibre? Je me l'imaginais mal.

---

valides: sains, rétablis
tournée: visite
faisions large honneur:
   mangions avec plaisir
bel et bien: réellement

avions les dents... longues:
   avions bon appétit
retranchés du monde: isolés
écoulé: passé

L'heure vint finalement où le guérisseur nous jugea tout à fait rétablis et nous rendit à nos parents. Ce retour n'était pas absolu, mais il le fut exceptionnellement pour moi: j'étais écolier et je ne pouvais plus longtemps me joindre aux excursions que mes compagnons entreprenaient dans les villes et les villages avoisinants°; je ne pouvais davantage partager leurs travaux dans les champs de notre guérisseur, en retour des soins que nous avions reçus. Mes parents firent ce qui était nécessaire pour m'en dispenser.

Quand je regagnai définitivement ma concession, toute la famille m'attendait. Mes parents me serrèrent fortement dans leurs bras, ma mère particulièrement comme si elle avait voulu secrètement affirmer que j'étais toujours son fils, que ma seconde naissance n'enlevait point ma qualité de fils. Mon père nous considéra un moment, puis il me dit comme à regret:

— Voici désormais ta case, mon petit.

La case faisait face à la case de ma mère.

— Oui, dit ma mère, à présent tu dormiras là; mais, tu vois, je reste à portée de ta voix.

J'ouvris la porte de la case: sur le lit, mes vêtements étaient étalés. Je m'approchai et les pris un à un, puis les reposai doucement; c'étaient des vêtements d'homme! Oui, la case faisait face à la case de ma mère, je restais à portée de la voix de ma mère, mais les vêtements, sur le lit, étaient des vêtements d'homme! J'étais un homme!

— Es-tu satisfait' de tes nouveaux vêtements? demanda ma mère.

Satisfait? Oui, j'étais satisfait: il allait de soi que je fusse satisfait. Enfin je crois bien que j'étais satisfait. C'étaient de beaux vêtements, c'étaient... Je me tournai vers ma mère: elle me souriait tristement...

---

avoisinants: des environs

9

J'avais quinze ans, quand je partis pour Conakry. J'allais y suivre l'enseignement technique à l'école Georges Poiret, devenue depuis le Collège technique.[65]

Je quittais mes parents pour la deuxième fois. Je les avais quittés une première fois aussitôt après mon certificat d'études, pour servir d'interprète à un officier qui était venu faire des relevés de terrain° dans notre région et en direction du Soudan. Cette fois, je prenais un congé° beaucoup plus sérieux.

Depuis une semaine, ma mère accumulait les provisions. Conakry est à quelque 600 kilomètres de Kouroussa et, pour ma mère, c'était une terre inconnue, sinon inexplorée, où Dieu seul savait si l'on mange à sa faim. Et c'est pourquoi les couscous, les viandes, les poissons, les ignames,° le riz, les patates s'entassaient. Une semaine plus tôt déjà, ma mère avait entamé la tournée des marabouts[66] les plus réputés, les consultant sur mon avenir et multipliant les sacrifices. Elle avait fait immoler° un bœuf à la mémoire de son père et invoqué l'assistance de ses ancêtres, afin que le bonheur m'accompagnât dans un voyage qui, à ses yeux, était un peu comme un départ chez les sauvages; le fait que Conakry est la capitale de la Guinée, ne faisait qu'accentuer le caractère d'étrangeté du lieu où je me rendrais.

---

relevés de terrain: plans topographiques	**ignames**: tubercules comestibles tropicaux
prenais un congé: partais pour un temps	**immoler**: sacrifier

---

65 *l'école Georges Poiret, devenue depuis le Collège technique.* L'école où Laye s'inscrit offre une formation technique (artisanale ou industrielle) à des élèves de 13 à 18 ans, à la différence d'un lycée classique (tel le collège Camille Guy, voir note 80).

66 *la tournée des marabouts.* Ils peuvent aussi être guérisseurs, devins, magiciens, voyants... Cette désignation relève de l'islam nord-africain où le *marabout* est un religieux mystique vénéré pour sa vie sainte. Ainsi, le croyant malinké (en cas, la mère de Laye) demande aux marabouts d'intercéder à la fois pour Allah et pour les génies animistes.

La veille de mon départ, un magnifique festin réunit dans notre concession marabouts et féticheurs,[67] notables et amis et, à dire vrai, quiconque se donnait la peine de franchir le seuil, car il ne fallait, dans l'esprit de ma mère, éloigner personne; il fallait tout au contraire que des représentants de toutes les classes de la société assistassent au festin, afin que la bénédiction qui m'accompagnerait fût complète. Telle était d'ailleurs l'intention dans laquelle les marabouts avaient ordonné cette dépense de victuailles.° Et ainsi chacun, après s'être rassasié,° me bénissait,° disait en me serrant la main:

— Que la chance te favorise! Que tes études soient bonnes! Et que Dieu te protège!

Les marabouts, eux, usaient de formules plus longues. Ils commençaient par réciter quelques textes du Coran adaptés à la circonstance; puis, leurs invocations achevées, ils prononçaient le nom d'Allah; immédiatement après, ils me bénissaient.

Je passai une triste nuit. J'étais très énervé,° un peu angoissé aussi, et je me réveillai plusieurs fois. Une fois, il me sembla entendre des gémissements. Je pensai aussitôt à ma mère. Je me levai et allai à sa case: ma mère remuait sur sa couche et se lamentait sourdement. Peut-être aurais-je dû me montrer, tenter de la consoler, mais j'ignorais comment elle m'accueillerait: peut-être n'aurait-elle pas été autrement satisfaite d'avoir été surprise à se lamenter; et je me retirai, le cœur serré. Est-ce que la vie était ainsi faite, qu'on ne pût rien entreprendre sans payer tribut aux larmes?

Ma mère me réveilla à l'aube, et je me levai sans qu'elle dût insister. Je vis qu'elle avait les traits tirés,° mais elle prenait sur elle, et je ne dis rien: je fis comme si son calme apparent me donnait

---

victuailles: nourriture
après s'être rassasié: après avoir bien mangé
bénissait: appelait la protection
de Dieu
énervé: irrité
les traits tirés: le visage fatigué

---

67 *féticheurs.* Un fétiche — dans le contexte animiste — est un objet ou animal auquel sont attribuées des propriétés magiques bénéfiques. Les féticheurs sont des guérisseurs ou devins qui savent faire agir les fétiches et donc remplissent des fonctions religieuses importantes. Les mots *fétiche/féticheur* dérivent du portugais; les langues africaines ont des noms plus précis pour désigner ces rôles, par exemple, le « séma » malinké (Chapitre 8).

réellement le change° sur sa peine. Mes bagages étaient en tas dans la case. Soigneusement calée° et placée en évidence, une bouteille y était jointe.

— Qu'y a-t-il dans cette bouteille? dis-je.

— Ne la casse pas! dit ma mère.

— J'y ferai attention.

— Fais-y grande attention! Chaque matin, avant d'entrer en classe, tu prendras une petite gorgée de cette bouteille.

— Est-ce l'eau destinée à développer l'intelligence? dis-je.

— Celle-là même! Et il n'en peut exister de plus efficace: elle vient de Kankan![68]

J'avais déjà bu de cette eau: mon professeur m'en avait fait boire, quand j'avais passé mon certificat d'études. C'est une eau magique qui a nombre de pouvoirs et en particulier celui de développer le cerveau. Le breuvage° est curieusement composé: nos marabouts ont des planchettes sur lesquelles ils écrivent des prières tirées du Coran; lorsqu'ils ont fini d'écrire le texte, ils l'effacent en lavant la planchette; l'eau de ce lavage est précieusement recueillie et, additionnée de miel,° elle forme l'essentiel du breuvage. Acheté dans la ville de Kankan, qui est une ville très musulmane et la plus sainte° de nos villes, et manifestement° acheté à haut prix, le breuvage devait être particulièrement agissant.° Mon père, pour sa part, m'avait remis, la veille, une petite corne de bouc° renfermant des talismans;[69] et je devais porter continuellement sur moi cette corne qui me défendrait° contre les mauvais esprits.

---

me donnait... le change: arrivait à me cacher ses intentions	**sainte**: sacrée
calée: immobilisée	**manifestement**: évidemment
breuvage: boisson	**agissant**: efficace
miel: produit sucré fait du nectar par les abeilles	**bouc**: mâle de la chèvre
	défendrait: ici, protégerait

---

68 *Kankan*. Ville et préfecture de la Haute-Guinée, deuxième ville de Guinée après Conakry et tête de ligne du chemin de fer. Avec sa Grande Mosquée et ses marabouts légendaires, Kankan est le centre spirituel de l'ethnie malinkée. La ville a aussi joué un rôle significatif du temps de l'ancien Empire du Mali.

69 *talismans*. Objets préparés rituellement pour leur conférer une action magique ou protectrice.

— Cours vite faire tes adieux maintenant! dit ma mère.

J'allai dire au revoir aux vieilles gens de notre concession et des concessions voisines, et j'avais le cœur gros. Ces hommes, ces femmes, je les connaissais depuis ma plus tendre enfance, depuis toujours je les avais vus à la place même où je les voyais, et aussi j'en avais vu disparaître°: ma grand-mère paternelle avait disparu! Et reverrais-je tous ceux auxquels je disais à présent adieu? Frappé de cette incertitude, ce fut comme si soudain je prenais congé de mon passé même. Mais n'était-ce pas un peu cela? Ne quittais-je pas ici toute une partie de mon passé?

Quand je revins près de ma mère et que je l'aperçus en larmes devant mes bagages, je me mis à pleurer à mon tour. Je me jetai dans ses bras et je l'étreignis.

— Mère! criai-je.

Je l'entendais sangloter,° je sentais sa poitrine douloureusement se soulever.

— Mère, ne pleure pas! dis-je. Ne pleure pas!

Mais je n'arrivais pas moi-même à refréner° mes larmes et je la suppliai° de ne pas m'accompagner à la gare, car il me semblait qu'alors je ne pourrais jamais m'arracher à ses bras. Elle me fit signe qu'elle y consentait. Nous nous étreignîmes une dernière fois, et je m'éloignai presque en courant. Mes sœurs, mes frères, les apprentis se chargèrent des bagages.

Mon père m'avait rapidement rejoint et il m'avait pris la main, comme du temps où j'étais encore enfant. Je ralentis le pas: j'étais sans courage, je sanglotais éperdument.

— Père! fis-je.

— Je t'écoute, dit-il.

— Est-il vrai que je pars?

— Que ferais-tu d'autre? Tu sais bien que tu dois partir.

— Oui, dis-je.

Et je me remis à sangloter.

— Allons! allons! mon petit, dit-il. N'es-tu pas un grand garçon?

---

disparaître: ici, mourir   **refréner:** retenir
sangloter: pleurer   **suppliai:** priai
  spasmodiquement

Mais sa présence même, sa tendresse même — et davantage encore maintenant qu'il me tenait la main — m'enlevaient le peu de courage qui me restait, et il le comprit.

— Je n'irai pas plus loin, dit-il. Nous allons nous dire adieu ici: il ne convient pas que nous fondions en larmes à la gare, en présence de tes amis; et puis je ne veux pas laisser ta mère seule en ce moment: ta mère a beaucoup de peine! J'en ai beaucoup aussi. Nous avons tous beaucoup de peine, mais nous devons nous montrer courageux. Sois courageux! Mes frères, là-bas, s'occuperont de toi. Mais travaille bien! Travaille comme tu travaillais ici. Nous avons consenti° pour toi des sacrifices; il ne faut point qu'ils demeurent sans résultat. Tu m'entends?

— Oui, fis-je.

Il demeura silencieux un moment, puis reprit:

— Vois-tu, je n'ai pas eu comme toi un père qui veillait sur moi; au moins ne l'ai-je pas eu très longtemps: à douze ans, j'étais orphelin°; et j'ai dû faire seul mon chemin. Ce n'était pas un chemin facile! Les oncles auxquels on m'avait confié, m'ont traité plus en esclave qu'en neveu. Ce n'est pas pourtant que je leur sois resté longtemps à charge°: presque tout de suite ils m'ont placé chez les Syriens;[70] j'y étais simple domestique, et tout ce que je gagnais, je le remettais fidèlement à mes oncles, mais mes gains° mêmes ne désarmèrent° jamais leur rudesse ni leur avidité.° J'ai dû beaucoup travailler pour me faire ma situation. Toi... Mais en voilà assez. Saisis ta chance! Et fais-moi honneur! Je ne te demande rien de plus. Le feras-tu?

— Je le ferai, père.

— Bien! bien... Allons! sois brave, petit. Va!...

— Père!

---

consenti: ici, accordé
orphelin: enfant dont un ou les
  deux parents sont morts
à charge: une responsabilité
  financière

mes gains: l'argent que je
  gagnais
désarmèrent: détendirent,
  adoucirent
avidité: ici, avarice

---

70 *les Syriens.* Le père du narrateur parle des commerçants immigrés résidant en Guinée et qui viennent de diverses régions du Moyen-Orient. Il ne s'agit donc pas uniquement de Syriens.

Il me serra contre lui; il ne m'avait jamais serré si étroitement contre lui.

— Va! petit, va!

Il desserra° brusquement son étreinte et partit très vite — sans doute ne voulait-il point me montrer ses larmes —, et je poursuivis ma route vers la gare. L'aînée de mes sœurs, mes frères, Sidafa et les plus jeunes apprentis m'escortaient avec mes bagages. A mesure que nous avancions, des amis se joignaient à nous; Fanta aussi rejoignit notre groupe. Et c'était un peu comme si de nouveau j'avais été sur le chemin de l'école: tous mes compagnons étaient là, et même notre bande n'avait jamais été plus nombreuse. Et de fait, n'étais-je pas sur le chemin de l'école?

— Fanta, dis-je, nous sommes sur le chemin de l'école.

Mais elle ne me répondit que par un pâle sourire, et mes paroles n'eurent pas d'autre écho. J'étais en vérité sur le chemin de l'école, mais j'étais seul; déjà j'étais seul! Nous n'avions jamais été plus nombreux, et jamais je n'avais été si seul. Bien que ma part fût sans doute la plus lourde, nous portions tous le poids de la séparation: à peine échangions-nous quelque rare parole. Et nous fûmes sur le quai de la gare, attendant le train, sans nous être quasiment rien dit; mais qu'eussions-nous dit que nous ne ressentions chacun? Tout allait sans le dire.

Plusieurs griots étaient venus saluer mon départ. Je ne fus pas plus tôt sur le quai, qu'ils m'assaillirent de flatteries. « Déjà tu es aussi savant que les Blancs! chantaient-ils. Tu es véritablement comme les Blancs! A Conakry, tu t'assoieras parmi les plus illustres! » De tels excès étaient assurément plus faits pour me confondre° que pour chatouiller° ma vanité. Au vrai, que savais-je? Ma science° était bien courte encore! Et ce que je savais, d'autres aussi le savaient: mes compagnons qui m'entouraient, en savaient autant que moi! J'aurais voulu demander aux griots de se taire ou tout au moins de modérer leurs louanges,° mais c'eût été aller contre les usages, et je me tins coi. Leurs flatteries d'ailleurs n'étaient peut-être pas tout à fait inutiles: elles me faisaient penser à prendre mes études fort au sérieux, et il est

---

desserra: lâcha   **ma science:** mes connaissances
confondre: troubler   **louanges:** flatteries
chatouiller: flatter

vrai que je les avais toujours prises fort au sérieux; mais tout ce que chantaient les griots à présent, je me voyais désormais contraint de le réaliser° un jour, si je ne voulais pas à mon retour, à chaque retour, avoir l'air d'un âne.°

Ces flatteries eurent encore un effet supplémentaire: celui de me distraire du chagrin où j'étais plongé. J'en avais souri — j'avais commencé par en sourire avant d'en ressentir de la confusion —, mais si mes compagnons en avaient également perçu le ridicule, et ils l'avaient nécessairement perçu, rien néanmoins n'en affleurait° sur leurs traits; sans doute sommes-nous si habitués aux hyperboles° des griots, que nous n'y accordons plus attention. Mais Fanta? Non, Fanta avait dû prendre ces flatteries pour argent comptant. Fanta... Fanta ne songeait pas à sourire: elle avait les yeux embués.° Chère Fanta!...
Je jetai, en désespoir de cause,° un regard à ma sœur: celle-ci pour sûr avait du éprouver° mes sentiments: elle éprouvait toujours mes sentiments; mais je la vis simplement préoccupée par mes bagages: elle m'avait déjà plusieurs fois recommandé d'y veiller et elle profita de la rencontre de nos regards pour me le répéter.

— Sois sans crainte, dis-je. J'y veillerai.

— Te rappelles-tu leur nombre? dit-elle.

— Certainement!

— Bon! Alors ne les égare pas. Souviens-toi que tu passes ta première nuit à Mamou:[71] le train s'arrête, la nuit, à Mamou.

— Suis-je un enfant auquel il faut tout expliquer?

— Non, mais tu ne sais pas comment sont les gens là où tu vas. Garde tes bagages à portée et, de temps en temps, compte-les. Tu me comprends: aie l'œil dessus!

— Oui, dis-je.

---

réaliser: accomplir	**embués**: qui retenait des larmes
âne: animal à longues oreilles, voisin du cheval	**en désespoir de cause**: en dernier ressort
affleurait: apparaissait	**éprouver**: ressentir
hyperboles: exagérations	

---

71 *Mamou.* A mi-chemin entre Kouroussa et Conakry, Mamou est l'entrée du Fouta-Djalon (voir note 73) et se trouve au centre religieux de l'ethnie *peul* (appelée aussi *pulaar, foula, foulani* ou *foulbé*, voir note 72).

— Et ne donne pas ta confiance au premier venu°! Tu m'entends?

— Je t'entends!

Mais il y avait un moment déjà que j'avais cessé de l'entendre et cessé de sourire des hyperboles des griots: ma peine m'était brusquement revenue! Mes jeunes frères avaient glissé leurs petites mains dans les miennes, et je pensais à la tendre chaleur de leurs mains; je pensais aussi que le train n'allait plus tarder, et qu'il me faudrait lâcher leurs mains et me séparer de cette chaleur, me séparer de cette douceur; et je craignais de voir déboucher le train, je souhaitais que le train eût du retard: parfois il avait du retard; peut-être aujourd'hui aussi aurait-il du retard? Je regardai l'heure, et il avait du retard! Il avait du retard!... Mais il déboucha tout à coup, et je dus lâcher les mains, quitter cette douceur et avoir l'impression de tout quitter!

Dans le brouhaha° du départ, il me sembla que je ne voyais que mes frères: ils étaient ici, ils étaient là, et comme éperdus, mais se faufilant° néanmoins chaque fois au premier rang; et mes regards inlassablement les cherchaient, inlassablement revenaient sur eux. Les aimais-je donc tant? Je ne sais pas. Il m'arrivait souvent de les négliger: quand je partais pour l'école, les plus petits dormaient encore ou bien on les baignait, et quand je rentrais de l'école, je n'avais pas toujours grand temps à leur donner; mais maintenant je ne regardais qu'eux. Etait-ce leur chaleur qui imprégnait encore mes mains et me rappelait que mon père, tout à l'heure, m'avait pris la main? Oui, peut-être; peut-être cette dernière chaleur qui était celle de la case natale.°

On me passa mes bagages par la fenêtre, et je les éparpillai° autour de moi; ma sœur sans doute me fit une dernière recommandation aussi vaine que les précédentes; et chacun certainement eut une parole gentille, Fanta sûrement aussi, Sidafa aussi; mais dans cet envolement° de mains et d'écharpes° qui salua le départ du train, je ne vis vraiment que mes frères qui couraient le long du quai, le long du train, en me

---

au premier venu: au premier
   inconnu (que tu rencontreras)
brouhaha: chaos
se faufilant: se glissant
natale: où je suis né

éparpillai: dispersai
envolement: envol (d'un oiseau
   qui quitte le sol)
écharpes: foulards

criant adieu. Là où le quai finit, ma sœur et Fanta les rejoignirent. Je regardai mes frères agiter leur béret, ma sœur et Fanta agiter leur foulard, et puis soudain je les perdis de vue; je les perdis de vue bien avant que l'éloignement du train m'y eût contraint: mais c'est qu'une brume° soudain les enveloppa, c'est que les larmes brouillèrent° ma vue... Longtemps je demeurai dans mon coin de compartiment, comme prostré,° mes bagages répandus autour de moi, avec cette dernière vision dans les yeux: mes jeunes frères, ma sœur, Fanta...

Vers midi, le train atteignit Dabola. J'avais finalement rangé mes bagages et je les avais comptés; et je commençais à reprendre un peu intérêt aux choses et aux gens. J'entendis parler le peul: Dabola est à l'entrée du pays peul.[72] La grande plaine où j'avais vécu jusque-là, cette plaine si riche, si pauvre aussi, si avare parfois avec son sol brûlé, mais d'un visage si familier, si amical, cédait la place aux premières pentes° du Fouta-Djallon.[73]

Le train repartit vers Mamou, et bientôt les hautes falaises° du massif° apparurent. Elles barraient l'horizon, et le train partait à leur conquête°; mais c'était une conquête très lente, presque désespérée,° si lente et si désespérée qu'il arrivait que le train dépassât à peine le pas d'homme. Ce pays nouveau pour moi, trop nouveau pour moi, trop tourmenté,° me déconcertait plus qu'il ne m'enchantait; sa beauté m'échappait.

---

brume: vapeur, brouillard
brouillèrent: rendirent trouble
prostré: abattu
pentes: terrains inclinés
falaises: pentes verticales en
   montagne

massif: terrain montagneux
à leur conquête: à leur
   découverte
désespérée: sans espoir
tourmenté: ici, qui a des
   irrégularités brusques

---

72 *Dabola... l'entrée du pays peul.* Les *Peuls* constituent le groupe ethnique numériquement le plus important de Guinée (40% en 1955), suivis des Malinkés (35%) et des Soussous. C'est un peuple nomade dispersé partout en Afrique de l'Ouest. Ils ont été islamisés tôt et ont apporté l'islam en Guinée vers le XVIème siècle.

73 *Fouta-Djalon* ou *Fouta-Djallon*. Veut dire « le domaine du Peul », nom de l'ethnie majoritaire de la région. Le *Fouta-Djalon* couvre un tiers de la Guinée. Arrivant de la savane, Laye y ressent de fortes différences: avec son air frais, son altitude, ses forêts de pins, ses cascades et torrents, cette région est surnommée « la Suisse de l'Afrique de l'Ouest ».

J'arrivai à Mamou un peu avant la fin du jour. Comme le train ne repart de cette ville que le lendemain, les voyageurs passent la nuit où cela se trouve,° à l'hôtel ou chez des amis. Un ancien apprenti de mon père, averti de mon passage, me donna l'hospitalité pour la nuit. Cet apprenti se montra on ne peut plus aimable en paroles; en fait — mais peut-être ne se souvint-il pas de l'opposition des climats — il me logea dans une case obscure, juchée° sur une colline,° où j'eus tout loisir — plus de loisir que je n'en souhaitais! — d'éprouver les nuits froides et l'air sec du Fouta-Djallon. La montagne décidément ne me disait rien°!

Le lendemain, je repris le train, et un revirement° se fit en moi: était-ce l'accoutumance déjà? je ne sais, mais mon opinion sur la montagne se modifia brusquement et à telle enseigne que, de Mamou à Kindia, je ne quittai pas la fenêtre une seconde. Je regardais, et cette fois avec ravissement,° se succéder cimes° et précipices, torrents et chutes d'eau,° pentes boisées° et vallées profondes. L'eau jaillissait partout, donnait vie à tout. Le spectacle était admirable, un peu terrifiant aussi quand le train s'approchait par trop° des précipices. Et parce que l'air était d'une extraordinaire pureté, tout se voyait dans le moindre détail. C'était une terre heureuse ou qui paraissait heureuse. D'innombrables troupeaux paissaient,° et les bergers° nous saluaient au passage.

A l'arrêt de Kindia, je cessai d'entendre parler le peul: on parlait le soussou,[74] qui est le dialecte qu'on parle également à Conakry. Je

où cela se trouve: où possible
juchée: perchée
colline: petite élévation
ne me disait rien: ne me plaisait pas
revirement: changement d'opinion
ravissement: joie, passion
cimes: sommets

chutes d'eau: cascades
boisées: plantées d'arbres
s'approchait par trop: allait trop près
paissaient: mangeaient de l'herbe (paître)
bergers: ceux qui gardent les moutons

74 *Kindia... on parlait le soussou.* La population de Conakry se compose de toutes les ethnies de Guinée. Le *soussou* est pourtant la langue parlée à Conakry (Guinée maritime ou Basse-Guinée). A l'arrivée des Peuls, les Soussous, installés dans le territoire depuis le IXème siècle, ont été repoussés sur la côte. Là ils ont très tôt établi des contacts commerciaux avec l'Europe.

prêtai l'oreille un moment, mais presque tout m'échappa, des paroles qu'on échangeait.

Nous descendions à présent vers la côte° et vers Conakry, et le train roulait, roulait, autant il s'était essoufflé à escalader° le massif, autant il le dévalait° joyeusement. Mais le paysage n'était plus le même qu'entre Mamou et Kindia, le pittoresque n'était plus le même: c'était ici une terre moins mouvementée, moins âpre° et déjà domestiquée, où de grandes étendues symétriquement plantées de bananiers et de palmiers se suivaient avec monotonie. La chaleur aussi était lourde, et toujours plus lourde à mesure que nous nous rapprochions des terres basses et de la côte, et qu'elle gagnait en humidité; et l'air naturellement avait beaucoup perdu de sa transparence.

A la nuit tombée, la presqu'île de Conakry[75] se découvrit, vivement illuminée. Je l'aperçus de loin comme une grande fleur claire posée sur les flots; sa tige la retenait au rivage.° L'eau à l'entour° luisait doucement, luisait comme le ciel; mais le ciel n'a pas ce frémissement! Presque tout de suite, la fleur se mit à grandir, et l'eau recula, l'eau un moment encore se maintint des deux côtés de la tige, puis disparut. Nous nous rapprochions maintenant rapidement. Quand nous fûmes dans la lumière même de la presqu'île et au cœur de la fleur, le train s'arrêta.

Un homme de haute taille et qui imposait, vint au-devant de moi. Je ne l'avais jamais vu — ou, si je l'avais vu, c'était dans un âge trop tendre pour m'en souvenir —, mais à la manière dont il me dévisageait,° je devinai qu'il était le frère de mon père.

— Etes-vous mon oncle Mamadou? dis-je.

---

côte: ici, bord de la mer	**au rivage**: au bord de la mer
escalader: monter	**à l'entour**: qui l'entourait
dévalait: descendait	**dévisageait**: regardait de haut
âpre: rude, violente	en bas

---

75 *la presqu'île de Conakry.* Capitale et port principal, la ville s'est développée vers 1900 sur un long promontoire étroit s'avançant dans l'océan Atlantique, vers le sud-ouest. Le centre-ville se trouve tout au bout, sur une île reliée aujourd'hui à la presqu'île par une digue. (Quand Laye y est arrivé en 1943, on passait de la presqu'île de Kaloum à l'île de Tombo en empruntant un pont.)

— Oui, dit-il, et toi, tu es mon neveu Laye. Je t'ai aussitôt reconnu: tu es le vivant portrait de ta mère! Vraiment, je n'aurais pas pu ne pas te reconnaître. Et, dis-moi comment va-t-elle, ta mère? Et comment va ton père?... Mais viens! nous aurons tout loisir de parler de cela. Ce qui compte pour l'instant, c'est que tu dînes et puis que tu te reposes. Alors suis-moi, et tu trouveras ton dîner prêt et ta chambre préparée.

Cette nuit fut la première que je passai dans une maison européenne. Etait-ce le manque d'habitude, était-ce la chaleur humide de la ville ou la fatigue de deux journées de train, je dormis mal. C'était pourtant une maison très confortable que celle de mon oncle, et la chambre où je dormais était très suffisamment vaste, le lit assurément moelleux,° plus moelleux qu'aucun de ceux sur lesquels je m'étais jusque-là étendu; au surplus j'avais été très amicalement accueilli, accueilli comme un fils pourrait l'être; il n'empêche: je regrettais Kouroussa, je regrettais ma case! Ma pensée demeurait toute tournée vers Kouroussa: je revoyais ma mère, mon père, je revoyais mes frères et mes sœurs, je revoyais mes amis. J'étais à Conakry et je n'étais pas tout à fait à Conakry: j'étais toujours à Kouroussa; et je n'étais plus à Kouroussa! J'étais ici et j'étais là; j'étais déchiré. Et je me sentais très seul, en dépit de l'accueil affectueux que j'avais reçu.

— Alors, me dit mon oncle, quand je me présentai le lendemain devant lui, as-tu bien dormi?

— Oui, dis-je.

— Non, dit-il; peut-être n'as-tu pas très bien dormi. Le changement aura été un peu brusque. Mais tout cela n'est qu'affaire d'habitude. Tu reposeras déjà beaucoup mieux, la nuit prochaine. Tu ne crois pas?

— Je le crois.

— Bon. Et aujourd'hui, que comptes-tu faire?

— Je ne sais pas. Ne dois-je pas rendre visite à l'école?

— Nous ferons cette visite demain et nous la ferons ensemble. Aujourd'hui, tu vas visiter la ville. Profite de ton dernier jour de vacances! Es-tu d'accord?

— Oui, mon oncle.

---

moelleux: doux et agréable

Je visitai la ville. Elle différait fort de Kouroussa. Les avenues y étaient tirées au cordeau° et se coupaient à angle droit. Des manguiers° les bordaient° et par endroits formaient charmille°; leur ombre épaisse était partout la bienvenue, car la chaleur était accablante non qu'elle fût beaucoup plus forte qu'à Kouroussa — peut-être même était-elle moins forte —, mais saturée de vapeur d'eau à un point inimaginable. Les maisons s'entouraient toutes de fleurs et de feuillage; beaucoup étaient comme perdues dans la verdure, noyées dans° un jaillissement effréné° de verdure. Et puis je vis la mer!

Je la vis brusquement au bout d'une avenue et je demeurai un long moment à regarder son étendue, à regarder les vagues se suivre et se poursuivre, et finalement se briser contre les roches rouges du rivage. Au loin, des îles apparaissaient, très vertes en dépit de la buée° qui les environnait. Il me sembla que c'était le spectacle le plus étonnant qu'on pût voir; du train et de nuit, je n'avais fait que l'entrevoir; je ne m'étais pas fait une notion juste de l'immensité de la mer et moins encore de son mouvement, de la sorte de fascination qui naît de son infatigable mouvement; à présent j'avais le spectacle sous les yeux et je m'en arrachai difficilement.

— Eh bien, comment as-tu trouvé la ville? me dit mon oncle à mon retour.

— Superbe! dis-je.

— Oui, dit-il, bien qu'un peu chaude si j'en juge par l'état de tes vêtements. Tu es en nage°! Va te changer. Il faudra te changer ici plusieurs fois par jour. Mais ne traîne pas: le repas doit être prêt, et tes tantes sont certainement impatientes de le servir.

Mon oncle habitait la maison avec ses deux femmes, mes tantes Awa et N'Gady, et un frère cadet, mon oncle Sékou. Mes tantes, comme mes oncles, avaient chacune son logement particulier[76] et

---

tirées au cordeau: arrangées impeccablement	**charmille**: allée
manguiers: arbres tropicaux produisant les mangues	**noyées dans**: recouvertes de
	effréné: déchaîné
bordaient: occupaient le bord	**buée**: vapeur, brume
	en nage: trempé de sueur

---

76 *Mes tantes... avaient chacune son logement particulier.* La maison de l'oncle à Conakry ressemble à la concession familiale rurale du fait que chacune des deux femmes, avec ses enfants, a son appartement (« sa case »), ainsi que le jeune oncle célibataire et, bien sûr, le chef de famille.

elles l'occupaient avec leurs enfants.

Mes tantes Awa et N'Gady se prirent d'affection pour moi dès le premier soir et demeurèrent dans ce sentiment au point que, bientôt, elles ne firent plus de différence entre leurs propres enfants et moi-même. Quant aux enfants, plus jeunes de beaucoup, on ne leur apprit pas que je n'étais que leur cousin: ils me crurent leur frère aîné et de fait me traitèrent d'emblée comme tel; la journée n'était pas à sa fin, qu'ils se pressaient contre moi et grimpaient sur mes genoux! Plus tard, quand l'habitude fut prise de passer tous mes jours de congé° chez mon oncle, ils en vinrent même à guetter° mon arrivée: ils ne m'avaient pas plus tôt entendu ou aperçu qu'ils accouraient; et s'il arrivait qu'occupés par leurs jeux, ils n'accourussent pas aussitôt, mes tantes les rabrouaient°: « Comment! disaient-elles. Voici une semaine que vous n'avez vu votre grand frère et vous ne courez pas lui dire bonjour? » Oui, très réellement mes deux tantes s'ingénièrent° à remplacer ma mère et elles persévérèrent durant tout le temps de mon séjour. Elles poussèrent même l'indulgence jusqu'à ne jamais me reprocher une maladresse,° si bien qu'il m'arriva d'en demeurer tout confus.° Elles étaient foncièrement bonnes et d'humeur enjouée,° et je ne fus pas long à constater qu'entre elles, elles s'entendaient on ne peut mieux. En vérité je vécus là au sein d'une famille fort unie et dont toute criaillerie° demeurait résolument bannie. Je pense que l'autorité, très souple au reste et quasi secrète, de mon oncle Mamadou fondait° cette paix et cette union.

Mon oncle Mamadou était un peu plus jeune que mon père; il était grand et fort, toujours correctement vêtu, calme et digne; c'était un homme qui d'emblée imposait. Comme mon père, il était né à Kouroussa, mais l'avait quittée de bonne heure; il y avait été écolier, puis, comme je le faisais maintenant, il était venu poursuivre

---

jours de congé: ici, dimanches et jours de fête	leurs ressources
guetter: ici, attendre avec impatience	**maladresse**: défaut, erreur
rabrouaient: traitaient avec rudesse	**confus**: embarrassé, gêné
s'ingénièrent: utilisèrent toutes	**enjouée**: gaie, aimable
	criaillerie: querelle
	fondait: était à la base de (fonder)

ses études à Conakry et en avait achevé le cycle à l'Ecole normale de Goré.[77] Je ne crois pas qu'il soit demeuré longtemps instituteur: très vite le commerce l'avait attiré. Quand j'arrivai à Conakry, il était chef comptable° dans un établissement français. J'ai fait petit à petit sa connaissance et plus j'ai appris à le connaître, plus je l'ai aimé et respecté.

Il était musulman, et je pourrais dire: comme nous le sommes tous; mais il l'était de fait beaucoup plus que nous ne le sommes généralement: son observance du Coran était sans défaillance.°[78] Il ne fumait pas, ne buvait pas, et son honnêteté était scrupuleuse. Il ne portait de vêtements européens que pour se rendre à son travail; sitôt rentré, il se déshabillait, passait un boubou qu'il exigeait immaculé, et disait ses prières. A sa sortie de l'Ecole normale, il avait entrepris l'étude de l'arabe; il l'avait appris à fond,° et seul néanmoins, s'aidant de livres bilingues et d'un dictionnaire; à présent il le parlait avec la même aisance que le français, sans pour cela en faire aucunement parade,° car seule une meilleure connaissance de la religion l'avait incité à l'apprendre: ce qui l'avait guidé, c'était l'immense désir de lire couramment le Coran dans le texte. Le Coran dirigeait sa vie! Jamais je n'ai vu mon oncle en colère, jamais je ne l'ai vu entrer en discussion° avec ses femmes; je l'ai toujours vu calme, maître de lui et infiniment patient. A Conakry, on avait grande considération pour lui, et il suffisait que je me réclamasse° de ma parenté,° pour qu'une part de son prestige rejaillît sur moi. A mes yeux, il faisait figure de saint.

Mon oncle Sékou, le plus jeune de mes oncles paternels, n'avait pas cette intransigeance.° D'une certaine façon, il était plus

comptable: personne qui tient les comptes dans une entreprise	**faire... parade**: attirer l'attention
	entrer en discussion: se quereller
défaillance: défaut, faiblesse	**me réclamasse de**: invoquasse
à fond: entièrement	**parenté**: famille
	intransigeance: rigueur

77 *l'Ecole normale de Goré.* L'école normale prépare les étudiants à l'enseignement dans les écoles primaires. L'oncle a fait ses études à Goré (préfecture de Boffa) à 40 km au nord de Conakry.

78 *son observance du Coran était sans défaillance.* Ceci nous signale les différents niveaux d'observance de l'islam, au moins parmi les Malinkés. L'oncle Mamadou habite la capitale; son observance est plus orthodoxe que celle que connaît Laye, qui la trouve pourtant admirable.

proche de moi: sa jeunesse le rapprochait de moi. Il y avait en lui une exubérance qui me plaisait fort, et qui se traduisait par une grande abondance de paroles. Sitôt qu'il commençait à parler, mon oncle Sékou devenait intarissable.° Je l'écoutais volontiers — tout le monde l'écoutait volontiers — car rien de ce qu'il disait n'était insignifiant, et il le disait avec une merveilleuse éloquence. J'ajoute que son exubérance n'allait pas sans qualités profondes et que ces qualités étaient sensiblement° les mêmes que celles de mon oncle Mamadou. A l'époque où je l'ai connu, il n'était pas encore marié: fiancé seulement, ce qui était un motif de plus de le rapprocher de moi. Il était employé au chemin de fer Conakry-Niger. Lui aussi fut toujours parfait à mon égard, et parce que l'âge mettait moins de distance entre nous, il fut plus pour moi un frère aîné qu'un oncle.

Le lendemain et mon dernier jour de vacances épuisé,° mon onde Mamadou me conduisit à ma nouvelle école.

— Travaille ferme à présent, me dit-il, et Dieu te protégera. Dimanche, tu me conteras tes premières impressions.

Dans la cour, où l'on me donna les premières indications, au dortoir,[79] ou j'allai ranger mes vêtements, je trouvai des élèves venus comme moi de Haute-Guinée, et nous fîmes connaissance; je ne me sentis pas seul. Un peu plus tard, nous entrâmes en classe. Nous étions, anciens et nouveaux, réunis dans une même grande salle. Je me préparai à mettre les bouchées doubles,° songeant à tirer déjà quelque parti de° l'enseignement qu'on donnerait aux anciens, tout en m'en tenant évidemment au mien propre; mais presque aussitôt je m'aperçus qu'on ne faisait pas grande différence entre anciens et nouveaux: il semblait plutôt qu'on s'apprêtait à répéter aux anciens, pour la deuxième, voire° pour la troisième fois, le cours qu'on leur avait seriné dès la première année. « Enfin, on verra bien! » pensai-je; mais j'étais néanmoins

---

intarissable: inépuisable
sensiblement: ici, presque. à peu
  près
épuisé: ici, terminé
mettre les bouchées doubles:
  aller plus vite

tirer... parti de: profiter de
voire: même
ne me paraissait pas de bon
  augure: ne promettait rien de
  bon

---

79 *au dortoir.* Les élèves du collège habitent dans les dortoirs de l'école; ils ne quittent le campus que le dimanche et les jours de congé.

troublé; le procédé ne me paraissait pas de bon augure.°

Pour commencer, on nous dicta un texte très simple. Quand le maître corrigea les copies, j'eus peine à comprendre qu'elles pussent fourmiller° de tant de fautes. C'était, je l'ai dit, un texte très simple, sans surprises, où pas un de mes compagnons de Kouroussa n'eût trouvé occasion de trébucher.° Après, on nous donna un problème à résoudre; nous fûmes très exactement deux à trouver la solution! J'en demeurai atterré°: était-ce là l'école où j'accéderais à un niveau supérieur? Il me sembla que je retournais plusieurs années en arrière, que j'étais assis encore dans une des petites classes de Kouroussa. Mais c'était bien cela: la semaine s'écoula sans que j'eusse rien appris. Le dimanche, je m'en plaignis vivement à mon oncle:

— Rien! je n'ai rien appris, mon oncle! Tout ce qu'on nous a enseigné, je le savais depuis longtemps. Est-ce la peine vraiment d'aller à cette école? Autant regagner Kouroussa tout de suite!

— Non, dit mon oncle; non! Attends un peu!

— Il n'y a rien à attendre! J'ai bien vu qu'il n'y avait rien à attendre!

— Allons! ne sois pas si impatient! Es-tu toujours si impatient? Cette école où tu es, peut-être bien est-elle à un niveau trop bas pour ce qui regarde l'enseignement général, mais elle peut te donner une formation pratique que tu ne trouveras pas ailleurs. N'as-tu pas travaillé dans les ateliers?

Je lui montrai mes mains: elles étaient zébrées d'éraflures,° et les pointes des doigts me brûlaient.

— Mais je ne veux pas devenir un ouvrier! dis-je.

— Pourquoi le deviendrais-tu?

— Je ne veux pas qu'on me méprise°!

Aux yeux de l'opinion, il y avait une différence énorme entre les élèves de notre école et ceux du collège Camille Guy. Nous, on nous tenait simplement pour de futurs ouvriers; certes, nous ne

---

fourmiller: se trouver en grand nombre
trébucher: être arrêté par une difficulté

atterré: stupéfait
éraflures: blessures superficielles
me méprise: se moque de moi
manœuvres: travailleurs manuels

serions pas des manœuvres,° mais nous deviendrions tout au plus des contremaîtres°; jamais, comme les élèves du collège Camille Guy, nous n'avions accès aux écoles de Dakar.[80]

— Ecoute-moi attentivement, dit mon oncle. Tous les élèves venant de Kouroussa ont toujours dédaigné° l'école technique, toujours ils ont rêvé d'une carrière de gratte-papier.° Est-ce une telle carrière que tu ambitionnes? Une carrière où vous serez perpétuellement treize à la douzaine?[81] Si réellement ton choix s'est fixé sur une telle carrière, change d'école. Mais dis-toi bien ceci, retiens bien ceci: si j'avais vingt ans de moins, si j'avais mes études à refaire, je n'eusse point été à l'Ecole normale; non! j'aurais appris un bon métier dans une école professionnelle: un bon métier m'eût conduit autrement loin!

— Mais alors, dis-je, j'aurais aussi bien pu ne pas quitter la forge paternelle!

— Tu aurais pu ne pas la quitter. Mais, dis-moi, n'as-tu jamais eu l'ambition de la dépasser?

Or, j'avais cette ambition; mais ce n'était pas en devenant un travailleur manuel que je la réaliserais; pas plus que l'opinion commune, je n'avais de considération pour de tels travailleurs.

— Mais qui te parle de travailleur manuel? dit mon oncle. Un technicien n'est pas nécessairement un manuel et, en tout cas, il n'est pas que cela: c'est un homme qui dirige et qui sait, le cas échéant, mettre la main à la pâte.° Or les hommes qui dirigent des entreprises, ne savent pas tous mettre la main à la pâte, et ta supériorité sera

---

contremaîtres: chefs d'une équipe d'ouvriers	de bureau
dédaigné: méprisé	**mettre la main à la pâte**
gratte-papier (familier): employé	(familier): travailler soi-même

---

80 *collège Camille Guy... écoles de Dakar.* Le collège Camille Guy offre un programme « classique » menant à l'université (qui était à l'époque à Dakar [Sénégal]) ou bien à un emploi de bureau. (Aujourd'hui les *collèges* français servent tous les élèves jusqu'à 15 ans; ensuite, les *lycées* techniques ou classiques aboutissent soit au C.A.P. [voir note 86] soit au baccalauréat [pré-universitaire]).

81 *treize à la douzaine.* C'est-à-dire, treize objets donnés pour douze payés. L'oncle ne tient pas les employés de bureau en très grande estime; lui est pourtant chef comptable dans une entreprise française.

là justement. Crois-moi: demeure où tu es! Je vais d'ailleurs t'apprendre une chose que tu ignores encore: ton école est en voie de réorganisation. Tu y verras sous peu de grands changements, et l'enseignement général n'y sera plus inférieur à celui du collège Camille Guy.

Est-ce que les arguments de mon oncle finirent par me convaincre? Pas pleinement peut-être. Mais mon oncle Sékou et mes tantes même joignirent leurs instances° aux siennes, et je demeurai donc à l'école technique.

Quatre jours sur six je travaillais dans les ateliers, limant° des bouts de ferraille° ou rabotant° des planches sous la direction d'un moniteur. C'était un travail apparemment facile et nullement ennuyeux, moins facile pourtant qu'il n'y paraissait à première vue, parce que le manque d'habitude, d'abord, et les longues heures que nous passions debout devant l'établi,° ensuite, finissaient par le rendre pénible. Je ne sais comment — ou était-ce d'être demeuré trop longtemps debout? était-ce quelque inflammation causée par les échardes° de métal et de bois? — mes pieds enflèrent° et j'attrapai un ulcère.° Je crois qu'à Kouroussa le mal eût été bénin,° je crois même qu'il ne se fût seulement pas déclaré, mais ici, dans ce climat brûlant et sursaturé d'eau, ce climat auquel le corps n'avait pas eu le temps de s'adapter, l'ulcère gagna rapidement du champ,° et on m'hospitalisa.

J'eus tout de suite le moral° très bas. La nourriture plus que spartiate° qu'on distribuait dans cet hôpital par ailleurs magnifique, n'était pas précisément faite pour beaucoup relever ce moral. Mais sitôt que mes tantes apprirent ce qui m'était arrivé, elles vinrent chaque jour m'apporter mes repas; mes oncles également me firent visite et me tinrent compagnie. Sans eux, sans elles, j'eusse été vraiment misérable, vraiment abandonné, dans cette ville dont l'esprit m'était

---

instances: demandes
limant: polissant, réduisant
ferraille: pièces de métal
rabotant: frottant, aplanissant
　　(du bois)
établi: ici, table de travail
échardes: petits fragments

enflèrent: grossirent
ulcère: lésion de la peau
bénin: sans conséquence grave
gagna... du champ: avança
le moral: l'état d'esprit
spartiate: austère

étranger, le climat hostile, et dont le dialecte m'échappait presque entièrement: autour de moi, on ne parlait que le soussou, et je suis Malinké, hormis le français, je ne parle que le malinké.[82]

Et puis je trouvais stupide de demeurer couché à me tourner les pouces,° à respirer l'air gluant, à transpirer° jour et nuit; je trouvais plus stupide encore de n'être même pas à l'école, de souffrir cet air accablant et cette immobilité sans profit. Que faisais-je, sinon lamentablement perdre mon temps? Or, l'ulcère ne se guérissait pas! Il n'empirait pas,° mais il ne s'améliorait pas non plus: il demeurait au même point...

L'année scolaire s'écoula lentement, très lentement; au vrai, elle me parut interminable, aussi interminable que les longues pluies qui frappaient, des jours durant, parfois des semaines durant, la tôle ondulée des toits; aussi interminable que ma guérison! Puis, par une bizarrerie que je n'explique pas, la fin de cette année scolaire coïncida avec mon rétablissement.° Mais il n'était que temps: j'étouffais! je bouillonnais° d'impatience!... Je repartis pour Kouroussa comme vers une terre promise!

---

me tourner les pouces: être inoccupé	**n'empirait pas:** ne s'aggravait pas
transpirer: exhaler de la sueur	**rétablissement:** guérison
	bouillonnais: m'agitais

---

82 *hormis le français, je ne parle que le malinké.* Le narrateur nous dit en effet que les groupes ethniques guinéens n'ont pas de langue africaine en commun. Le français s'utilise encore aujourd'hui dans les secteurs éducatifs, commerciaux et administratifs.

10

Quand je revins à Conakry en octobre, après les vacances, la réorganisation dont mon oncle m'avait parlé battait son plein°: l'école était méconnaissable.° De nouvelles salles avaient été construites, un nouveau directeur avait été nommé, et des professeurs vinrent de France. Je reçus bientôt un enseignement technique irréprochable et un enseignement général très suffisamment approfondi. Je n'avais plus rien à envier aux élèves du collège Camille Guy; je recevais en somme° le même enseignement qu'eux et, de surcroît, un enseignement technique et pratique dont ils ne bénéficiaient pas. Les anciens élèves avaient disparu: le chemin de fer Conakry-Niger les avait engagés° en bloc. Et ainsi tout commença, tout commença à partir de nous, élèves de première année. Mon oncle Mamadou ne s'était pas trompé° et il ne m'avait pas leurré.° J'apprenais, je m'acharnais et j'eus mon nom, chaque trimestre, au tableau d'honneur. Mon oncle exultait.

C'est cette année-là, cette première année-là puisque la précédente ne comptait plus, que je nouai amitié avec Marie.

Quand il m'arrive de penser à cette amitié, et j'y pense souvent, j'y rêve souvent — j'y rêve toujours! —, il me semble qu'il n'y eut rien, dans le cours de ces années, qui la surpassât, rien, dans ces années d'exil, qui me tînt le cœur plus chaud. Et ce n'était pas, je l'ai dit, que je manquais d'affection: mes tantes, mes oncles me portèrent alors une entière affection; mais j'étais dans cet âge où le cœur n'est satisfait qu'il n'ait trouvé un objet à chérir et où il ne tolère de l'inventer qu'en l'absence de toute contrainte, hormis la sienne, plus puissante, plus impérieuse que toutes. Mais n'est-on pas toujours un peu dans cet âge, n'est-on pas toujours un peu dévoré par cette fringale? Oui, a-t-on jamais le cœur vraiment paisible?...

---

battait son plein: était à son maximum	**engagés**: recrutés comme employés
méconnaissable: entièrement transformée	**ne s'était pas trompé**: n'avait pas eu tort
en somme: en bref	**leurré**: dupé

Marie était élève de l'école primaire supérieure des jeunes filles. Son père, avant d'étudier la médecine et de s'établir à Beyla,[83] avait été le compagnon d'études de mon oncle Mamadou, et ils étaient demeurés fort liés, si bien que Marie passait tous ses dimanches dans la famille de mon oncle, retrouvant là, comme moi, la chaleur d'un foyer.° Elle était métisse,[84] très claire de teint,° presque blanche en vérité, et très belle, sûrement la plus belle des jeunes filles de l'école primaire supérieure; à mes yeux, elle était belle comme une fée°! Elle était douce et avenante,° et de la plus admirable égalité d'humeur. Et puis elle avait la chevelure° exceptionnellement longue; ses nattes lui tombaient jusqu'aux reins.

Le dimanche, elle arrivait tôt chez mon oncle; plus tôt que moi généralement, qui flânais dans les rues. Aussitôt arrivée, elle faisait le tour de la maisonnée° et saluait chacun; après quoi elle s'installait habituellement chez ma tante Awa: elle posait sa serviette,° quittait son vêtement européen pour endosser la tunique guinéenne qui laisse meilleure liberté aux mouvements, et aidait tante Awa au ménage. Mes tantes l'aimaient beaucoup, la mettaient sur le même pied que moi, mais la taquinaient° volontiers à mon sujet:

— Eh bien, Marie, disaient-elles, qu'as-tu fait de ton mari?

— Je n'ai pas encore de mari, disait Marie.

— Vraiment? disait tante N'Gady. Je croyais que notre neveu était ton mari.

— Mais je n'ai pas l'âge! disait Marie.

— Et quand tu auras l'âge? reprenait tante N'Gady.

Mais Marie alors se contentait de sourire.

---

un foyer: ici, une famille	**maisonnée**: habitants d'une
teint: couleur de la peau	maison
fée: être surnaturel	**serviette**: ici, sac à livres
avenante: aimable, gracieuse	**taquinaient**: s'amusaient (aux
chevelure: ensemble des cheveux	dépens d'un autre)

---

83 *Beyla.* Ville et préfecture du sud-est de la Haute-Guinée, dans une région montagneuse et boisée, dite la Guinée forestière.

84 *métisse.* Une personne issue de l'union de deux personnes de couleur de peau différente. On observe ici l'estime qu'a le narrateur pour la beauté de Marie. La femme de Camara Laye, Marie Lorifo est métisse; un de ses grands-pères était corse.

— Sourire n'est pas répondre, disait tante Awa. Ne peux-tu nous donner une réponse plus claire?

— Je n'ai rien répondu, tante Awa!

— C'est bien ce que je te reproche! Quand j'avais ton âge, j'étais moins secrète.

— Suis-je secrète, tante? Parle-moi de toi, quand tu avais mon âge; jolie comme tu l'es, tu ensorcelais° sûrement tout le canton!

— Voyez-vous la futée°! s'écriait tante Awa. Je lui parle d'elle, et elle me parle de moi! Et non contente, elle me parle de mes prétendus succès! Est-ce que toutes les filles qui fréquentent l'école primaire supérieure sont aussi rusées° que toi?

Mes tantes s'étaient très tôt aperçues de notre amitié et elles y consentaient; mais ce n'est pas assez dire: elles y poussaient! Elles nous aimaient également et elles eussent voulu sans tenir compte de notre jeunesse, que nous nous fiancions, mais elles demandaient plus, infiniment plus que notre timidité ne permettait.

Quand j'arrivais de l'école, moi aussi je commençais par faire le tour de la maison, m'arrêtant un moment chez chacun pour dire bonjour et échanger quelques paroles, et m'attardant souvent chez mon oncle Mamadou, qui aimait connaître par le détail ce que j'avais appris et contrôler° ce que j'avais fait. Aussi lorsque j'entrais chez tante Awa, celle-ci m'accueillait-elle invariablement par ces paroles:

— Voici que tu as encore fait attendre Mme Camara numéro 3!

Mme Camara numéro 3, c'était le nom qu'elle donnait à Marie; tante Awa était Mme Camara numéro 1, et tante N'Gady portait le numéro 2. Je prenais la plaisanterie du meilleur côté et m'inclinais devant Marie.

— Bonjour madame Camara numéro 3, disais-je.

— Bonjour, Laye, répondait-elle.

Et nous nous serrions la main. Mais tante Awa nous jugeait trop peu expansifs° et elle soupirait.

— Quels lourdauds° vous faites! disait-elle. Ma parole, je n'ai jamais rencontré de tels lourdauds!

---

ensorcelais: séduisais
futée: malicieuse, maligne
rusées: habiles, trompeuses
contrôler: ici, vérifier

expansifs: démonstratifs, exubérants
lourdauds: maladroits

Je m'esquivais sans répondre: je n'avais pas l'esprit de repartie° de Marie, et tante Awa m'eût rapidement embarrassé. Je recommençais mes visites, mes cousins sur les talons° ou accrochés où ça se trouvait, les plus petits dans mes bras ou sur mes épaules. Je m'asseyais finalement là où cela me chantait,° dans le jardin le plus souvent, car la petite troupe qui m'entourait était alors particulièrement bruyante, et je jouais avec mes cousins, en attendant qu'on m'apportât à manger.

C'est que j'arrivais chaque fois le ventre creux, effroyablement creux, d'abord parce que j'avais naturellement bon appétit et ensuite parce que je n'avais rien mangé encore depuis le matin: un jour de sortie,° c'eût été péché° de toucher à la tambouille° de l'école; aussi je n'y touchais pas, jugeant qu'il suffisait amplement des six autres jours de la semaine! Mes tantes qui, ces jours-là, soignaient° spécialement leur cuisine, eussent voulu que je partageasse le repas de Marie; mais le pouvais-je? Non, je ne me le serais pas permis, et je ne crois pas non plus que Marie le désirât: nous aurions certainement eu honte de manger l'un en face de l'autre. Telle était en vérité notre pudeur° — incompréhensible et presque offusquante aux yeux de mes tantes, mais que Marie et moi ne mettions même pas en discussion — et tel notre respect des règles. Nous ne commencions à penser à nous rejoindre, qu'après le repas.

C'était presque toujours chez mon oncle Sékou que nous nous installions alors: sa chambre était la plus calme de la maison, non que mon oncle Sékou se privât° de parler — j'ai dit qu'il avait de prodigieux moyens d'orateur! —, mais n'étant pas marié, il sortait beaucoup; et nous demeurions seuls!

Mon oncle nous laissait son phono et ses disques, et Marie et moi dansions. Nous dansions avec infiniment de retenue,° mais il va de soi: ce n'est pas la coutume chez nous de s'enlacer°; on danse face à face, sans se toucher; tout au plus se donne-t-on la main, et

---

l'esprit de repartie: la capacité de répliquer sur le moment
sur les talons: suivant de près
me chantait: me plaisait
sortie: congé
péché: transgression
tambouille (familier): cuisine médiocre

soignaient: ici, apportaient plus de soin à
pudeur: modestie
se privât: s'empêchât
retenue: réserve
s'enlacer: se prendre dans les bras

pas toujours. Dois-je ajouter que rien ne convenait° mieux à notre timidité? Il va de soi aussi. Mais eussions-nous dansé si la coutume avait été de s'enlacer? Je ne sais trop. Il me semble que nous nous fussions abstenus, et bien que nous eussions, comme tous les Africains, la danse dans le sang.

Et puis nous ne faisions pas que danser: Marie tirait ses cahiers de son cartable et réclamait mon aide. C'était l'occasion — ma meilleure occasion, croyais-je! — de manifester mes talents, et je n'y manquais point, j'expliquais tout, je ne passais pas un détail.

— Tu vois, disais-je, tu cherches d'abord le quotient de... Marie! est-ce que tu m'écoutes?

— Je t'écoute!

— Alors retiens bien: pour commencer tu cherches...

Mais Marie écoutait peu, très peu; peut-être même n'écoutait-elle pas du tout; il suffisait qu'elle vît la solution s'inscrire sous le problème que, sans moi, elle eût renoncé à résoudre; le reste la préoccupait peu: les détails, les pourquoi, les comment, le ton pédant que sans doute je prenais, tout cela glissait sur elle; et elle demeurait les yeux vagues. A quoi pouvait-elle bien rêver? Je ne sais pas. Peut-être devrais-je dire: je ne savais pas en ce temps-là. Si j'y songe aujourd'hui, je me demande si ce n'était pas à notre amitié qu'elle rêvait; et je me trompe peut-être. Peut-être! Mais je vois bien qu'il faut ici m'expliquer.

Marie m'aimait, et je l'aimais, mais nous ne donnions pas à notre sentiment le doux, le redoutable nom d'amour. Et peut-être n'était-ce pas non plus exactement de l'amour, bien que ce fût cela aussi. Qu'était-ce? Au juste qu'était-ce? C'était assurément une grande chose, une noble chose: une merveilleuse tendresse et un immense bonheur. Je veux dire un bonheur sans mélange, un pur bonheur, ce bonheur-là même que le désir ne trouble pas encore. Oui, le bonheur plus que l'amour peut-être, et bien que le bonheur n'aille pas sans l'amour, bien que je ne pusse tenir la main de Marie sans frémir, bien que je ne pusse sentir ses cheveux m'effleurer sans secrètement m'émouvoir.° En vérité, un bonheur et une chaleur! Mais peut-être est-ce cela justement l'amour. Et certainement c'était l'amour

---

convenait: s'accordait   **m'émouvoir**: ressentir une
                                            émotion

comme des enfants le ressentent; et nous étions encore des enfants!
Officiellement j'étais devenu un homme: j'étais initié; mais suffit-il?
Et même suffit-il de se comporter en homme? C'est l'âge seulement
qui fait l'homme, et je n'avais pas l'âge... Marie avait-elle de notre amitié une conception autre? Je ne le
pense pas. Etait-elle plus avertie que je ne l'étais? Souvent les jeunes
filles sont plus averties, mais je ne crois pas que Marie le fût plus
que moi, et sa retenue même — notre commune retenue — me
persuaderait plutôt du contraire, encore qu'autour d'elle il y eût un
déchaînement° de passions dont elle devait bien avoir quelque notion.
Mais, au fait, en avait-elle notion? Je ne sais pas. Je ne sais plus si son
attitude était consciente ou si elle était purement instinctive, mais je
sais, je me souviens que Marie demeurait sourde à ce déchaînement.

C'est que je n'étais pas seul à aimer Marie, bien que je fusse seul
peut-être à l'aimer avec cette innocence: au vrai, tous mes compagnons
aimaient Marie! Quand las d'écouter des disques, las de danser et
nos devoirs terminés, nous partions nous promener et que je prenais
Marie sur le cadre de ma bicyclette, les jeunes gars° de Conakry et plus
spécialement mes compagnons d'école et les collégiens de Camille
Guy nous regardaient passer avec des regards d'envie. Tous eussent
voulu avoir Marie pour compagne de promenade, mais Marie n'avait
point d'yeux pour eux, elle n'en avait que pour moi.

Je ne me le rappelle pas par vantardise,° encore qu'à l'époque
je fusse assez fiérot° de ma chance; non, je m'en souviens avec une
poignante douceur, je m'en souviens et j'y rêve, j'y rêve avec une
mélancolie inexprimable, parce qu'il y eut là un moment de ma
jeunesse, un dernier et fragile moment où ma jeunesse s'embrasait°
d'un feu que je ne devais plus retrouver et qui, maintenant, a le
charme doux-amer des choses à jamais enfuies.

Je roulais généralement vers la corniche.[85] Là, nous nous
asseyions et regardions la mer. J'aimais regarder la mer. Quant à
mon arrivée à Conakry, j'avais fait le tour de la ville et que j'avais

---

déchaînement: explosion	**fiérot** (familier): fier, orgueilleux
gars (familier): garçons	**s'embrasait**: s'illuminait
vantardise: orgueil	

---

85 *la corniche*. Une route qui domine une falaise et qui la longe en
    surplombant la mer.

brusquement découvert la mer, j'avais été d'emblée conquis. Cette grande plaine... Oui, peut-être cette plaine liquide me rappelait-elle une autre plaine; la grande plaine de Haute-Guinée où j'avais vécu... Je ne sais pas. Mais même à supposer que l'attrait qu'exerçait la mer sur mon esprit eût faibli depuis ma première découverte, je ne serais pas moins revenu la contempler, revenu m'asseoir sur la corniche, car Marie aussi n'aimait rien tant que de s'asseoir ici et de regarder la mer, de la regarder jusqu'à n'en pouvoir plus.

La mer est très belle, très chatoyante,° quand on la regarde de la corniche: elle est glauque° sur les bords, mariant le bleu du ciel au vert lustré° des cocotiers et des palmiers de la côte, et frangée° d'écume,° frangée déjà d'irisations°; au-delà elle est comme entièrement nacrée.° Les îlots° à cocotiers qu'on aperçoit au loin dans une lumière légèrement voilée, vaporeuse, ont une tonalité si douce, si délicate, qu'on en a l'âme comme transportée. Et puis il vient du large° une brise qui, bien que faible, ne rompt pas moins la chaleur d'étuve° de la ville.

— On respire! disais-je. Enfin, on respire!

— Oui, disait Marie.

— Tu vois ces îlots, là-bas? Je parie qu'°on y doit mieux respirer encore que sur la corniche.

— Sûrement! disait Marie.

— Tu n'aimerais pas y aller?

— Où? disait-elle. Dans les îlots? Mais il y a la mer!

— Eh bien! naturellement il y a la mer.

— Mais personne ne va dans ces îlots: ce sont des îlots perdus!

— Les pêcheurs° y vont. Nous prendrions une barque° et une demi-heure plus tard nous aborderions.°

— Une barque? disait Marie.

Et du regard elle évaluait la violence des vagues qui venaient

---

chatoyante: à reflets changeants
glauque: d'un vert tirant sur le bleu
lustré: brillant
frangée: bordée
écume: mousse blanche
irisations: reflets colorés
nacrée: couleur de l'intérieur d'une coquille

îlots: petites îles
du large: de la haute mer
étuve: sauna
je parie que: je suis sûr que
pêcheurs: ceux qui prennent les poissons
barque: bateau
aborderions: arriverions au rivage

briser contre les rochers rouges du rivage.

— Je n'aimerais pas entrer dans une barque, disait-elle. Tu ne vois pas comme la mer est forte?

Oui, la mer était forte, elle brisait fortement contre la côte. Une barque était une chose bien fragile pour l'aventurer° contre cette force. Les pêcheurs n'hésitaient pas, mais nous n'étions pas des pêcheurs. Il aurait fallu comme eux connaître la manœuvre,° connaître les endroits où la mer est la moins forte et comment elle se laisse apprivoiser°; et je ne savais rien de la mer! Je m'étais bien aventuré sur le Niger, mais la mer avait une autre puissance. Le Niger coulait avec une force paisible; il était paisible; il ne se fâchait° un peu qu'en temps de crue. La mer, elle, n'était jamais paisible: elle n'interrompait pas de se dresser avec une force rebelle.

— Nous pourrions demander à des pêcheurs de nous y conduire, disais-je.

— Pourquoi le leur demander? disait Marie. Tu n'as pas besoin d'eux pour y aller, tu n'as même pas besoin de barque: il te suffit de regarder! Si tu regardes les îlots longtemps, si tu peux en regarder un sans ciller,° le regarder assez longtemps pour le voir trembler, c'est comme si tu avais abordé: tu es dans l'îlot!

— Tu crois?

— Ecoute! Tu peux même entendre le passage de la brise dans les cocotiers; tu peux entendre le frémissement des cocotiers.

Mais c'était au-dessus de nous, c'était au sommet des cocotiers plantés en bordure de la côte que la brise passait, c'étaient seulement les palmes de nos cocotiers qui frémissaient. Et l'enchantement brusquement cessait: nous éclations de rire.

De quoi parlions-nous encore? De l'école évidemment: nous échangions les derniers potins° de nos écoles; peut-être aussi évoquions-nous des souvenirs, peut-être parlais-je de Kouroussa et de mes séjours à Tindican. Mais encore? Je ne sais pas, je ne sais plus. Sans doute ne nous cachions-nous rien, sauf notre amitié, sauf nos cœurs; nos cœurs

aventurer: exposer à des risques
la manœuvre: ici, la conduite
   d'un véhicule
apprivoiser: domestiquer (un
   animal)

se fâchait: se mettait en colère
ciller: fermer et rouvrir
   rapidement les yeux
potins (familier): bavardage

qui étaient comme les îlots que nous regardions frémir au loin dans une lumière voilée: nous pouvions nous y transporter par la pensée, nous ne devions pas les aborder par la parole. Notre amitié était en nous, enfouie au plus profond de nous. Il fallait qu'elle demeurât secrète: une parole, une seule parole peut-être l'eût effarouchée; une parole aussi l'eût presque immanquablement° transformée, et nous n'attendions point qu'elle se transformât: nous l'aimions telle qu'elle était. Il pourra sembler ainsi qu'il y avait tout et rien entre nous; mais non! il y avait tout, et il n'y avait pas rien: personne n'a jamais été si proche de mon cœur que Marie, personne ne vivait dans mon cœur comme Marie!

La nuit maintenant approchait, et nous rentrions. « La fin du jour déjà? » pensais-je en pédalant. Oui, déjà ce dimanche tirait à sa fin! Le temps, durant la semaine, était comme immobile; le dimanche, il courait d'une traite du matin à la nuit; il n'arrêtait pas de courir! Il courait aussi rapidement les dimanches de pluie, quand nous demeurions enfermés au logis, que les dimanches de soleil; et le rideau° de pluie, ce terrible rideau de pluie de Conakry, si lassant, si interminable quand il s'abaissait° devant les fenêtres de l'école, restait clair quand j'étais près de Marie...

Ainsi passèrent ces années. J'étais loin de mes parents, loin de Kouroussa, loin de ma grande plaine natale, et je pensais beaucoup à mes parents, je pensais souvent à Kouroussa, je pensais à Tindican, mais je passais néanmoins chaque dimanche en famille, une famille où chacun m'aimait, où j'aimais chacun — et Marie me donnait son amitié! J'étais au loin, je n'étais pas malheureux.

A l'issue de la troisième année, je me présentai au certificat d'aptitude professionnelle.[86] On nous avertit qu'une moyenne° de six dixièmes serait exigée pour les épreuves° techniques et classiques, et que les ingénieurs résidant à Conakry formeraient le jury. Puis

---

immanquablement: inévitablement **le rideau:** ici, un écran **s'abaissait:** descendait	**moyenne:** somme des quantités divisée par leur nombre **épreuves:** ici, examens

---

86　*certificat d'aptitude professionnelle.* Le C.A.P. est un certificat sur concours et qui ne s'obtient pas facilement. Sur les élèves de la promotion de Laye, seuls quatorze candidats ont été invités à se présenter à l'examen. Sur ce nombre, la moitié a été admis.

l'école désigna les quatorze candidats qui paraissaient les plus aptes à se présenter, et je fus heureusement du nombre.

Je voulais absolument passer mon certificat. J'avais bûché ferme° durant trois ans; je n'avais jamais perdu de vue la promesse que j'avais faite à mon père, et pas davantage celle que je m'étais faite à moi-même; constamment je m'étais maintenu parmi les trois premiers, et j'avais quelque raison d'espérer qu'il n'en irait pas autrement à l'examen. Néanmoins j'écrivis à ma mère afin qu'elle fît visite aux marabouts et obtînt leur aide. Dois-je en déduire° que j'étais spécialement superstitieux à l'époque? Je ne le pense pas. J'étais très simplement, j'étais tout simplement un croyant; je croyais que rien ne s'obtient sans l'aide de Dieu, et que si la volonté de Dieu est depuis toujours déterminée, elle ne l'est point en dehors de nous-même; je veux dire: sans que nos démarches, bien que non moins prévues, n'aient, en une certaine manière, pesé sur cette volonté; et je croyais que les marabouts seraient mes intercesseurs° naturels.[87]

Mes tantes, de leur côté, firent des sacrifices et offrirent des noix de kola aux diverses personnes que leur désignèrent les marabouts consultés. Je les vis fort anxieuses de mon sort; je ne crois pas qu'elles le furent moins que ma mère même. Marie l'était davantage encore si possible: elle était assez indifférente à ses propres études, mais je ne sais vraiment à quelles extrémités elle se fût portée si, dans le journal officiel de la Guinée, elle n'eût point vu figurer mon nom parmi les candidats admis. J'appris par mes tantes qu'elle aussi avait fait visite aux marabouts, et je crois bien que cela me toucha plus que tout.

Enfin l'examen vint! Il dura trois jours; trois jours d'angoisse. Mais il faut croire que les marabouts me furent de bonne aide: je fus reçu premier sur les sept candidats admis.

❧❧❧❧❧

j'avais bûché ferme (familier): j'avais étudié sans relâche **déduire**: conclure	**intercesseurs**: ceux qui intercèdent en faveur d'un autre

---

87 *mes intercesseurs naturels.* Laye est un excellent élève; cela ne l'empêche pas de croire que la divinité excerce une forte influence sur les résultats de ses examens.

11

Chaque fois que je revenais passer mes vacances à Kouroussa, je trouvais ma case fraîchement repeinte à l'argile blanche,[88] et ma mère impatiente de me faire admirer les améliorations que d'année en année elle y apportait.

Au début, ma case avait été une case comme toutes les autres. Et puis, petit à petit, elle avait revêtu un aspect qui la rapprochait de l'Europe. Je dis bien « qui la rapprochait » et je vois bien que ce rapprochement demeurait lointain, mais je n'y étais pas moins sensible,° et non pas tellement pour le supplément de confort que j'y trouvais, que pour la preuve immédiate, immédiatement tangible, de l'immense amour que ma mère me portait. Oui, je passais à Conakry la majeure partie de l'année, mais je ne demeurais pas moins son préféré: je le voyais; et je n'avais pas besoin de le voir: je le savais! Mais je le voyais de surcroît.

— Eh bien, qu'en dis-tu? disait ma mère.

— C'est magnifique! disais-je.

Et je l'étreignais fortement; ma mère n'en demandait pas plus. Mais de fait c'était magnifique, et je me doutais bien de l'ingéniosité que ma mère avait dépensée, de la peine qu'elle s'était donnée, pour inventer — en partant des matériaux les plus simples — ces modestes équivalents des habiletés mécaniques de l'Europe.

La pièce° principale, celle qui d'emblée tirait l'œil, c'était le divan-lit. D'abord, cela avait été, comme pour la case, un lit pareil à tous les lits de la Haute-Guinée: un lit maçonné,° fait de briques séchées. Puis les briques du milieu avaient disparu, ne laissant subsister que deux supports, un à la tête et un au pied; et un assemblage de planches avait remplacé les briques enlevées. Sur ce châlit° improvisé, mais qui ne manquait pas d'élasticité, ma mère avait finalement posé un matelas°

---

sensible (à): touché (par)	**châlit:** support de lit
la pièce: ici, l'élément	**matelas:** couche sur laquelle on
maçonné: en brique	dort

---

88 *à l'argile blanche.* L'argile, ou terre glaise, peut être utilisée comme peinture pour refaire les murs de la case. En Afrique elle est souvent appliquée à la main.

rembourré° de paille° de riz. Tel quel, c'était à présent un lit confortable et assez vaste pour qu'on s'y étendît à trois, sinon à quatre.

Mais quelque vaste qu'il fût, à peine mon divan-lit suffisait-il à recevoir tous les amis, les innombrables amis et aussi les innombrables amies qui, à la soirée ou certains soirs tout au moins, me faisaient visite. Le divan étant le seul siège° que je pouvais offrir, on s'y entassait comme on pouvait, chacun se creusant sa place, et les derniers arrivés s'insérant dans les dernières failles.° Je ne me souviens plus comment, ainsi encaqués,° nous trouvions malgré tout le moyen de gratter° de la guitare, ni comment nos amies gonflaient° leurs poumons pour chanter, mais le fait est que nous jouions de la guitare et que nous chantions, et qu'on pouvait nous entendre de loin.

Je ne sais si ma mère goûtait° beaucoup ces réunions; je croirais plutôt qu'elle les goûtait peu, mais qu'elle les tolérait, se disant qu'à ce prix tout au moins je ne quittais pas la concession pour courir Dieu sait où. Mon père, lui, trouvait nos réunions fort naturelles. Comme je ne le voyais guère dans la journée, occupé que j'étais à aller chez l'un, à aller chez l'autre, quand je n'étais pas au loin en excursion, il venait frapper à ma porte. Je criais: « Entrez! » et il entrait, disait bonsoir à chacun et me demandait comment j'avais passé la journée. Il disait quelques mots encore, puis se retirait. Il comprenait que si sa présence nous était agréable — et elle l'était réellement —, elle était en même temps fort intimidante pour une assemblée aussi jeune, aussi turbulente que la nôtre.

Il n'en allait pas du tout de même pour ma mère. Sa case était proche de la mienne, et les portes se regardaient; ma mère n'avait qu'un pas à faire et elle était chez moi; ce pas, elle le faisait sans donner l'éveil° et, parvenue à ma porte, elle ne frappait pas: elle entrait! Brusquement elle était devant nous, sans qu'on eût seulement entendu grincer° la porte, à examiner chacun avant de saluer personne.

---

rembourré: rempli (un coussin)
paille: tiges sèches
siège: meuble fait pour s'asseoir
failles: ici, espaces libres
encaqués: entassés (comme des sardines en boîte)
gratter: ici, jouer de

gonflaient: agrandissaient
goûtait: ici, prenait plaisir à
sans donner l'éveil: sans m'avertir
grincer: crier (son d'une porte qui ouvre, par ex.)

Oh! ce n'étaient pas les visages de mes amis qui retenaient son regard: les amis, cela me regardait°; c'était sans importance. Non, c'étaient uniquement mes amies que ma mère dévisageait, et elle avait tôt fait de repérer° les visages qui ne lui plaisaient pas! J'avoue que, dans le nombre, il y avait parfois des jeunes filles aux allures° un peu libres, à la réputation un peu entamée.° Mais pouvais-je les renvoyer? Et puis le désirais-je? Si elles étaient un peu plus délurées° qu'il n'était nécessaire, elles étaient généralement les plus divertissantes. Mais ma mère en jugeait autrement et elle n'y allait pas par quatre chemins°:

— Toi, disait-elle, que fais-tu ici? Ta place n'est pas chez mon fils. Rentre chez toi! Si je t'aperçois encore, j'en toucherai un mot à ta mère. Te voilà avertie!

Si alors la jeune fille ne déguerpissait pas° assez vite à son gré — ou si elle n'arrivait pas à se dégager assez vite de l'entassement du divan —, ma mère la soulevait par le bras et lui ouvrait la porte.

— Va! disait-elle; va! Rentre chez toi!

Et avec les mains elle faisait le simulacre de disperser° une volaille trop audacieuse. Après quoi seulement, elle disait bonsoir à chacun.

Je n'aimais pas beaucoup cela, je ne l'aimais même pas du tout: le bruit° de ces algarades° se répandait; et quand j'invitais une amie à me faire visite, je recevais trop souvent pour réponse:

— Et si ta mère m'aperçoit?

— Eh bien, elle ne te mangera pas!

— Non, mais elle se mettra à crier et elle me mettra à la porte!

Et j'étais là, devant la jeune fille, à me demander: « Est-il vrai que ma mère la mettrait à la porte? Y a-t-il des motifs pour qu'elle la mette vraiment à la porte? » Et je ne savais pas toujours: je vivais à Conakry la plus grande partie de l'année et je ne savais pas dans

---

cela me regardait: c'était mon affaire
repérer: découvrir
allures: manières
entamée: ici, endommagée
délurées: libres, pleines de vivacité

n'y allait pas par quatre chemins: allait droit au but
ne déguerpissait pas: ne partait pas
faisait le simulacre de disperser: faisait comme si elle dispersait
bruit: ici, rumeur
algarades: scènes

le détail ce qui défrayait la chronique° de Kouroussa. Je ne pouvais pourtant pas dire à la jeune fille: « As-tu eu des aventures qui ont fait du bruit? Et si tu en as eu, crois-tu que la rumeur en soit parvenue à ma mère? » Et je m'irritais.

J'avais le sang plus chaud, avec l'âge, et je n'avais pas que des amitiés — ou des amours — timides; je n'avais pas que Marie ou que Fanta, encore que j'eusse d'abord Marie et d'abord Fanta. Mais Marie était en vacances à Beyla, chez son père; et Fanta était mon amie en titre: je la respectais; et quand bien même j'eusse voulu passer outre,° et je ne le voulais pas, l'usage m'eût ordonné de la respecter. Le reste... Le reste était sans lendemain, mais ce reste néanmoins existait. Est-ce que ma mère ne pouvait pas comprendre que j'avais le sang plus chaud?

Mais elle ne le comprenait que trop! Souvent elle se relevait en pleine nuit et venait s'assurer que j'étais bien seul. Elle faisait généralement sa ronde vers minuit; elle frottait une allumette et elle éclairait mon divan-lit. Quand il m'arrivait d'être encore éveillé, je feignais° de dormir; puis, comme si la lueur de l'allumette m'eût gêné, je simulais une sorte de réveil en sursaut.°

— Qu'est-ce qui se passe? disais-je.
— Tu dors? demandait ma mère.
— Oui, je dormais. Pourquoi me réveilles-tu?
— Bon! rendors-toi!
— Mais comment veux-tu que je dorme si tu viens m'éveiller?
— Ne t'énerve pas, disait-elle, dors!

Mais d'être tenu si court° ne m'allait que tout juste,° et je m'en plaignais à Kouyaté et à Check Omar, qui étaient alors mes confidents.

— Ne suis-je pas assez grand garçon? disais-je. On m'a jugé assez grand garçon pour m'attribuer une case personnelle, mais en quoi une case est-elle encore personnelle si l'on doit y entrer librement de jour et de nuit?

— C'est le signe que ta mère t'aime bien, disaient-ils. Tu ne vas pas te plaindre parce que ta mère t'aime bien?

---

défrayait la chronique: scandalisait le public
passer outre: aller plus loin
feignais: faisais semblant

en sursaut: brusque
être tenu si court: être contraint
tout juste: presque pas

— Non, disais-je.

Mais je pensais que cette affection aurait pu être moins exclusive et moins tyrannique, et je voyais bien que Check et Kouyaté avaient plus de liberté qu'on ne m'en laissait.

— Ne réfléchis pas tant, disait Kouyaté. Prends ta guitare!

J'allais décrocher ma guitare — Kouyaté m'avait appris à en jouer — et, le soir, au lieu de demeurer dans ma case, nous partions nous promener par les rues de la ville, grattant, Kouyaté et moi, de la guitare, Check du banjo, et chantant tous trois. Les jeunes filles, souvent déjà couchées à l'heure où nous passions devant leur concession, se réveillaient et tendaient l'oreille. Celles qui étaient de nos amies, nous reconnaissaient à nos voix; et elles se levaient, elles s'habillaient prestement,° puis accouraient nous rejoindre. Partis à trois, nous étions bientôt six et dix, et parfois quinze à réveiller les échos des rues endormies.

Kouyaté et Check avaient été mes condisciples à l'école primaire de Kouroussa. Ils étaient, l'un et l'autre, d'esprit prompt et curieusement doués pour les mathématiques. Je les revois encore, alors que notre maître achevait à peine de nous dicter un problème, se lever tous les deux et aller remettre leur copie. Cette surprenante rapidité nous émerveillait tous et aussi nous décourageait un peu, me décourageait peut-être particulièrement, bien que j'eusse ma revanche° en français. Dès ce temps-là néanmoins — ou à cause de cette émulation° — il y avait eu de l'amitié entre nous, mais une amitié comme peuvent en concevoir de tout jeunes écoliers: pas toujours très stable et sans beaucoup d'avenir.

Notre grande amitié n'avait vraiment commencé qu'à l'époque où j'étais parti pour Conakry, et où, de leur côté, Kouyaté et Check étaient allés poursuivre leurs études, l'un à l'Ecole normale de Popodra, l'autre à l'Ecole normale de Dakar.[89] Nous avions alors

---

prestement: rapidement   **émulation:** esprit de compétition
j'eusse ma revanche: j'eusse
   repris de l'avantage

---

89 *Popodra... Dakar.* Les deux copains de Laye ont pu, eux aussi, quitter
   Kouroussa afin de poursuivre leurs études, l'un à Popodra, dans la région
   guinéenne du Fouta-Djalon, et l'autre à Dakar, la capitale sénégalaise.

échangé de nombreuses et longues lettres, où nous décrivions notre vie de collégien et comparions les matières qu'on nous enseignait.

Puis, le temps des vacances venu, nous nous étions retrouvés à Kouroussa et nous étions très vite devenus inséparables.

Cette amitié, nos parents ne l'avaient pas d'abord regardée d'un trop bon œil: ou bien nous disparaissions des journées entières, négligeant l'heure des repas et les repas eux-mêmes, ou bien nous ne quittions pas la concession, si bien qu'à l'heure du repas surgissaient° deux invités sur lesquels on ne comptait pas. Il y avait là assurément un peu de sans-gêne.°[90] Mais ce mécontentement avait été de courte durée: nos parents eurent tôt fait de s'apercevoir que si nous disparaissions deux jours sur trois, les invités, eux, n'apparaissaient que tous les trois jours; et ils avaient compris le très équitable et très judicieux roulement° que nous avions établi sans les consulter.

— Et tu n'aurais pas pu m'en parler? m'avait dit ma mère. Tu n'aurais pas pu m'avertir pour que je soigne plus particulièrement la cuisine, ce jour-là?

— Non, avais-je répondu. Notre désir précisément était qu'on ne se mît pas spécialement en frais° pour nous: nous voulions manger le plat quotidien.

Lorsque aux grandes vacances qui se placèrent à l'issue de la troisième année scolaire de Kouyaté et de Check — et à la fin de ma deuxième année, puisque j'avais perdu un an à l'hôpital —, je retrouvai mes deux amis, ils avaient conquis leur brevet d'instituteur[91] et attendaient leur nomination à un poste. Si leur réussite ne me surprit pas, si elle répondait à ce que j'étais en droit d'attendre d'eux, elle ne me fit pas moins un immense plaisir, et je les félicitai

---

surgissaient: apparaissaient
sans-gêne: manque de politesse
roulement: ici, succession

qu'on ne se mît pas... en frais: qu'on ne se donnât pas trop de peine

---

90 *un peu de sans-gêne.* Voir le chapitre 5, pour la description du repas en famille comme rite sacré. Ici, le comportement des adolescents, qui viennent de rentrer de leur école, révèle une révolte et une liberté individuelle naissantes.

91 *brevet d'instituteur.* Le *brevet* est accordé, après examen, par l'Etat et confère le droit de chercher un poste d'enseignant dans une école primaire.

chaleureusement. Quand je leur demandai des nouvelles de leur santé, Check me répondit qu'il était fatigué.

— J'ai beaucoup travaillé, me dit-il, et à présent je m'en ressens: je suis surmené.°

Mais n'était-il que surmené? Il avait mauvais teint et il avait les traits tirés. A quelques jours de là, je profitai d'un moment où j'étais seul avec Kouyaté pour lui demander s'il croyait à un simple surmenage.°

— Non, me dit Kouyaté, Check est malade. Il est sans appétit et il maigrit, et malgré cela son ventre enfle.

— Ne devrions-nous pas l'avertir?

— Je ne sais pas, dit Kouyaté. Je crois qu'il s'en est lui-même aperçu.

— Ne fait-il rien pour se guérir?

— Je ne crois pas. Il ne souffre pas et il se dit sans doute que cela passera.

— Et si cela s'aggravait?

Nous ne savions comment faire; nous ne voulions pas inquiéter Check et pourtant nous sentions bien qu'il fallait faire quelque chose.

— Je vais en parler à ma mère, dis-je.

Mais quand je lui en parlai, elle m'arrêta au premier mot.

— Check Omar est vraiment malade, dit-elle. Voici plusieurs jours que je l'observe. Je crois bien que je vais alerter sa mère.

— Oui, vas-y, dis-je, car il ne fait rien pour se soigner.

La mère de Check fit ce qu'on a toujours fait en la circonstance: elle consulta des guérisseurs.[92] Ceux-ci ordonnèrent des massages et des tisanes.° Mais ces remèdes n'agirent guère: le ventre continua d'enfler, et le teint demeura gris. Check, lui, ne s'alarmait pas:

— Je ne souffre pas, disait-il. Je n'ai pas grand appétit, mais je ne ressens aucune douleur. Cela partira sans doute comme c'est venu.

---

surmené: fatigué à l'excès résultent d'un excès d'activité
surmenage: troubles qui **tisanes:** thés calmants

---

92 *elle consulta des guérisseurs*. A Conakry, lorsque Laye tombe malade, il est tout de suite hospitalisé; tandis qu'au village, on consulte d'abord le guérisseur.

Je ne sais si Check avait grande confiance dans les guérisseurs, je croirais plutôt qu'il en avait peu: nous avions maintenant passé trop d'années à l'école, pour avoir encore en eux une confiance excessive. Pourtant tous nos guérisseurs ne sont pas de simples charlatans°: beaucoup détiennent des secrets et guérissent réellement; et cela, Check certainement ne l'ignorait pas. Mais il avait aussi dû se rendre compte que cette fois, leurs remèdes n'agissaient pas, et c'est pourquoi il avait dit: « Cela partira sans doute comme c'est venu », comptant plus sur le temps que sur les tisanes et les massages. Ses paroles nous rassurèrent quelques jours, puis elles cessèrent brutalement de nous rassurer, car Check commença réellement à souffrir: il avait des crises à présent et il pleurait de mal.°

— Ecoute! lui dit Kouyaté. Les guérisseurs ne t'ont été d'aucune aide; viens avec nous au dispensaire!

Nous y allâmes. Le médecin ausculta° Check et l'hospitalisa. Il ne dit pas de quel mal° il souffrait, mais nous savions maintenant que c'était un mal sérieux, et Check aussi le savait. Est-ce que le médecin blanc réussirait là où nos guérisseurs avaient échoué°? Le mal ne se laisse pas toujours vaincre°; et nous étions remplis d'angoisse. Nous nous relayions au chevet de Check et nous regardions notre malheureux ami se tordre° sur le lit; son ventre, ballonné et dur, était glacé comme une chose déjà morte. Quand les crises augmentaient, nous courions, affolés, chez le médecin: « Venez, docteur!... Venez vite!... » Mais aucun médicament n'opérait; et nous, nous pouvions tout juste prendre les mains de Check et les serrer, les serrer fortement pour qu'il se sentît moins seul en face de son mal, et dire « Allons! Check... Allons! Prends courage! Cela va passer... »

Nous sommes demeurés au chevet de Check toute la semaine, sa mère, ses frères, ma mère et celle de Kouyaté. Puis, sur la fin de la semaine, Check a brusquement cessé de souffrir, et nous avons dit aux autres d'aller se reposer: Check, à présent, dormait calmement, et il ne fallait pas risquer de l'éveiller. Nous l'avons regardé dormir,

---

charlatans: médecins imposteurs
mal: ici, douleur
ausculta: examina à l'aide d'un
   stéthoscope
mal: ici, maladie

avaient échoué: n'avaient pas
   réussi
vaincre: conquérir
se tordre: se plier en deux

et un grand espoir naissait en nous: sa figure était si amaigrie qu'on voyait toute l'ossature° se dessiner, mais ses traits n'étaient plus crispés, et il semblait que ses lèvres souriaient. Puis, petit à petit, la douleur est revenue, les lèvres ont cessé de sourire, et Check s'est réveillé. Il a commencé de nous dicter ses dernières volontés, il a dit comment nous devions partager ses livres et à qui nous devions donner son banjo. Sa parole maintenant allait en s'éteignant,° et nous ne saisissions pas toujours la fin des mots. Puis il nous a encore dit adieu. Quand il s'est tu, il n'était plus loin de minuit. Alors, comme l'horloge du dispensaire terminait de sonner les douze coups, il est mort...

Il me semble revivre ces jours et ces nuits, et je crois n'en avoir pas connu de plus misérables. J'errais ici, j'errais là; nous errions, Kouyaté et moi, comme absents, l'esprit tout occupé de Check. Tant et tant de jours heureux... et puis tout qui s'achevait! « Check!... » pensais-je, pensions-nous, et nous devions nous contraindre pour ne pas crier son nom à voix haute. Mais son ombre, son ombre seule, nous accompagnait... Et quand nous parvenions à le voir d'une manière un peu plus précise — et nous ne devions pas le voir non plus d'une manière trop précise —, c'était au centre de sa concession, étendu sur un brancard,° étendu sous son linceul,° prêt à être porté en terre; ou c'était en terre même, au fond de la fosse,° allongé et la tête un peu surélevée, attendant qu'on posât le couvercle de planches, puis les feuilles, le grand amoncellement° de feuilles, et la terre enfin, la terre si lourde...

« Check!... Check!... » Mais je ne devais pas l'appeler à voix haute: on ne doit pas appeler les morts à voix haute![93] Et puis, la nuit, c'était

---

l'ossature: la structure des os
allait en s'éteignant: affaiblissait peu à peu
brancard: appareil servant à porter un malade

linceul: étoffe qui enveloppe un mort
fosse: trou creusé pour enterrer un mort
amoncellement: tas

---

93 *on ne doit pas appeler les morts à voix haute!* Voir aussi, plus loin, en parlant de « l'ombre » de Check, « nous la redoutions presque autant que nous l'aimions ». Les morts, parmi les Malinkés, sont vénérés, mais ils sont aussi à craindre; dans l'au-delà même les parents et amis chéris pourraient se transformer en mauvais esprits.

malgré tout comme si je l'eusse appelé à voix haute: brusquement, il était devant moi! Et je me réveillais, le corps inondé de sueur; je prenais peur, Kouyaté prenait peur, car si nous aimions l'ombre de Check, si son ombre était tout ce qui nous demeurait, nous la redoutions presque autant que nous l'aimions, et nous n'osions plus dormir seuls, nous n'osions plus affronter nos rêves seuls...

Quand je songe aujourd'hui à ces jours lointains, je ne sais plus très bien ce qui m'effrayait tant, mais c'est sans doute que je ne pense plus à la mort comme j'y pensais alors: je pense plus simplement. Je songe à ces jours, et très simplement je pense que Check nous a précédés sur le chemin de Dieu, et que nous prenons tous un jour ce chemin qui n'est pas plus effrayant que l'autre, qui certainement est moins effrayant que l'autre... L'autre?... L'autre, oui: le chemin de la vie, celui que nous abordons en naissant, et qui n'est jamais que le chemin momentané° de notre exil...

෧෮෧෮෧෮

12

L'année où je regagnai Kouroussa, mon certificat d'aptitude professionnelle dans ma poche et, j'en fais l'aveu,° un peu bien gonflé° de mon succès, je fus évidemment reçu à bras ouverts; reçu comme je l'étais à chaque fin d'année scolaire à vrai dire: avec les mêmes transports,° la même chaleureuse affection; s'il s'y ajoutait, cette année-ci, une fierté absente des précédentes et si, sur le parcours de la gare à notre concession, les marques d'accueil avaient été plus enthousiastes, ce n'était pas moins le même amour, la même amitié qui dictait° tout. Mais tandis que mes parents me pressaient sur leur cœur, tandis que ma mère se réjouissait peut-être plus de mon retour que du diplôme conquis, je n'avais pas trop bonne conscience, et spécialement vis-à-vis de ma mère.

---

momentané: temporaire   **transports**: ici, enthousiasmes
j'en fais l'aveu: je le déclare   **dictait**: ici, dirigeait, guidait
gonflé: ici, plein d'orgueil

C'est qu'avant mon départ de Conakry, le directeur de l'école m'avait fait appeler et m'avait demandé si je voulais aller en France pour y achever mes études. J'avais répondu oui d'emblée — tout content, j'avais répondu oui! — mais je l'avais dit sans consulter mes parents, sans consulter ma mère. Mes oncles, à Conakry, m'avaient dit que c'était une chance unique et que je n'eusse pas mérité de respirer si je ne l'avais aussitôt acceptée. Mais qu'allaient dire mes parents, et ma mère plus particulièrement? Je ne me sentais aucunement rassuré. J'attendis que nos effusions se fussent un peu calmées, et puis je m'écriai, — je m'écriai comme si la nouvelle devait ravir° tout le monde:

— Et ce n'est pas tout: le directeur se propose de m'envoyer en France!

— En France? dit ma mère.

Et je vis son visage se fermer.

— Oui. Une bourse me sera attribuée; il n'y aura aucun frais pour vous.

— Il s'agit bien de frais!° dit ma mère. Quoi! tu nous quitterais encore?

— Mais je ne sais pas, dis-je.

Et je vis bien — et déjà je me doutais bien — que je m'étais fort avancé,° fort imprudemment avancé en répondant « oui » au directeur.

— Tu ne partiras pas! dit ma mère.

— Non, dis-je. Mais ce ne serait pas pour plus d'une année.

— Une année? dit mon père. Une année, ce n'est pas tellement long.

— Comment? dit vivement ma mère. Une année, ce n'est pas long? Voilà quatre ans que notre fils n'est plus jamais près de nous, sauf pour les vacances, et toi, tu trouves qu'une année ce n'est pas long?

— Eh bien... commença mon père.

— Non! non! dit ma mère. Notre fils ne partira pas! Qu'il n'en soit plus question!

---

ravir: enthousiasmer
Il s'agit bien de frais!: Les frais n'ont aucune importance!

je m'étais... avancé: je m'étais hasardé

— Bon, dit mon père; n'en parlons plus. Aussi bien cette journée est-elle la journée de son retour et de son succès: réjouissons-nous! On parlera de tout cela plus tard.

Nous n'en dîmes pas davantage, car les gens commençaient d'affluer° dans la concession, pressés de me fêter.°

Tard dans la soirée, quand tout le monde fut couché, j'allai rejoindre mon père sous la véranda de sa case: le directeur m'avait dit qu'il lui fallait, avant de faire aucune démarche,° le consentement officiel de mon père et que ce consentement devrait lui parvenir dans le plus bref délai.°

— Père, dis-je, quand le directeur m'a proposé de partir en France, j'ai dit oui.

— Ah! tu avais déjà accepté?

— J'ai répondu oui spontanément. Je n'ai pas réfléchi, à ce moment, à ce que mère et toi en penseriez.

— Tu as donc bien envie d'aller là-bas? dit-il.

— Oui, dis-je. Mon oncle Mamadou m'a dit que c'était une chance unique.

— Tu aurais pu aller à Dakar; ton oncle Mamadou est allé à Dakar.

— Ce ne serait pas la même chose.

— Non, ce ne serait pas la même chose... Mais comment annoncer cela à ta mère?

— Alors tu acceptes que je parte? m'écriai-je.

— Oui... oui, j'accepte. Pour toi, j'accepte. Mais tu m'entends: pour toi, pour ton bien!

Et il se tut un moment.

— Vois-tu, reprit-il, c'est une chose à laquelle j'ai souvent pensé. J'y ai pensé dans le calme de la nuit et dans le bruit de l'enclume. Je savais bien qu'un jour tu nous quitterais: le jour où tu as pour la première fois mis le pied à l'école, je le savais. Je t'ai vu étudier avec tant de plaisir, tant de passion... Oui, depuis ce jour-là, je sais; et petit à petit, je me suis résigné.

---

affluer: arriver en grand nombre
fêter: accueillir avec joie
démarche: ici, tentative pour

obtenir quelque chose
dans le plus bref délai: aussitôt que possible

— Père! dis-je.

— Chacun suit son destin, mon petit; les hommes n'y peuvent rien changer. Tes oncles aussi ont étudié. Moi — mais je te l'ai déjà dit: je te l'ai dit, si tu te souviens quand tu es parti pour Conakry — moi, je n'ai pas eu leur chance et moins encore la tienne... Mais maintenant que cette chance est devant toi, je veux que tu la saisisses; tu as su saisir la précédente, saisis celle-ci aussi, saisis-la bien! Il reste dans notre pays tant de choses à faire... Oui, je veux que tu ailles en France; je le veux aujourd'hui autant que toi-même: on aura besoin ici sous peu d'hommes comme toi...[94] Puisses-tu ne pas nous quitter pour trop longtemps!...

Nous demeurâmes un long bout de temps sous la véranda, sans mot dire et à regarder la nuit; et puis soudain mon père dit d'une voix cassée°:

— Promets-moi qu'un jour tu reviendras?

— Je reviendrai! dis-je.

— Ces pays lointains... dit-il lentement.

Il laissa sa phrase inachevée; il continuait de regarder la nuit. Je le voyais, à la lueur de la lampe-tempête, regarder comme un point dans la nuit, et il fronçait les sourcils comme s'il était mécontent ou inquiet de ce qu'il y découvrait.

— Que regardes-tu? dis-je.

— Garde-toi de jamais tromper° personne, dit-il; sois droit dans ta pensée et dans tes actes; et Dieu demeurera avec toi.

Puis il eut comme un geste de découragement et il cessa de regarder la nuit.

Le lendemain, j'écrivis au directeur que mon père acceptait. Et je tins la chose secrète pour tous, je n'en fis la confidence qu'à Kouyaté. Puis je voyageai dans la région. J'avais reçu un libre parcours° et

---

cassée: brisée
tromper: mentir à, duper

libre parcours: ici, carte d'abonnement (pour le train)

---

94 *on aura besoin ici sous peu d'hommes comme toi...* En 1946 Camara Laye reçoit une bourse qui lui permet de poursuivre des études techniques en France. Ici, le père prévoit l'avenir de la Guinée: la Deuxième guerre mondiale vient de finir; des progrès se font déjà voir en Afrique de l'Ouest. Remarquez que le père ne parle pas forcément de l'indépendance guinéenne, qui ne surviendra qu'en 1958; ce roman est sorti en 1953.

je prenais le train aussi souvent que je voulais. Je visitai les villes proches; j'allai à Kankan qui est notre ville sainte. Quand je revins, mon père me montra la lettre que le directeur du collège technique lui avait envoyée. Le directeur confirmait mon départ et désignait l'école de France où j'entrerais; l'école était à Argenteuil.[95]

— Tu sais où se trouve Argenteuil? dit mon père.

— Non, dis-je, mais je vais voir.

J'allai chercher mon dictionnaire et je vis qu'Argenteuil n'était qu'à quelques kilomètres de Paris.

— C'est à côté de Paris, dis-je.

Et je me mis à rêver à Paris: il y avait tant d'années qu'on me parlait de Paris! Puis ma pensée revint brusquement à ma mère.

— Est-ce que ma mère sait déjà? dis-je.

— Non, dit-il. Nous irons ensemble le lui annoncer.

— Tu ne voudrais pas le lui dire seul?

— Seul? Non, petit. Nous ne serons pas trop de deux! Tu peux m'en croire.

Et nous fûmes trouver ma mère. Elle broyait° le mil pour le repas du soir. Mon père demeura un long moment à regarder le pilon tomber dans le mortier: il ne savait trop par où commencer; il savait que la décision qu'il apportait ferait de la peine à ma mère, et il avait, lui-même, le cœur lourd; et il était là à regarder le pilon sans rien dire; et moi, je n'osais pas lever les yeux. Mais ma mère ne fut pas longue à pressentir° la nouvelle: elle n'eut qu'à nous regarder et elle comprit tout ou presque tout.

— Que me voulez-vous? dit-elle. Vous voyez bien que je suis occupée!

Et elle accéléra la cadence du pilon.

— Ne va pas si vite, dit mon père. Tu te fatigues.

— Tu ne vas pas m'apprendre à piler le mil? dit-elle.

Et puis soudain elle reprit avec force:

— Si c'est pour le départ du petit en France, inutile de m'en parler, c'est non!

---

broyait: écrasait, pilait (dans un   **pressentir**: prévoir
   mortier)

---

95 *Argenteuil*. Ville du Val d'Oise à 14 km au nord-ouest de Paris; c'est un centre résidentiel et industriel spécialisé en aéronautique.

— Justement, dit mon père. Tu parles sans savoir: tu ne sais pas ce qu'un tel départ représente pour lui.

— Je n'ai pas envie de le savoir! dit-elle.

Et brusquement elle lâcha le pilon et fit un pas vers nous.

— N'aurai-je donc jamais la paix? dit-elle. Hier, c'était une école à Conakry; aujourd'hui, c'est une école en France; demain... Mais que sera-ce demain? C'est chaque jour une lubie° nouvelle pour me priver de° mon fils!... Ne te rappelles-tu déjà plus comme le petit a été malade à Conakry? Mais toi, cela ne te suffit pas: il faut à présent que tu l'envoies en France! Es-tu fou? Ou veux-tu me faire devenir folle? Mais sûrement je finirai par devenir folle!... Et toi, dit-elle en s'adressant à moi, tu n'es qu'un ingrat! Tous les prétextes te sont bons pour fuir ta mère! Seulement, cette fois, cela ne va plus se passer comme tu l'imagines: tu resteras ici! Ta place est ici!... Mais à quoi pensent-ils dans ton école? Est-ce qu'ils se figurent que je vais vivre ma vie entière loin de mon fils? Mourir loin de mon fils? Ils n'ont donc pas de mère, ces gens-là? Mais naturellement ils n'en ont pas: ils ne seraient pas partis si loin de chez eux s'ils en avaient une!

Et elle tourna le regard vers le ciel, elle s'adressa au ciel:

— Tant d'années déjà, il y a tant d'années déjà qu'ils me l'ont pris! dit-elle. Et voici maintenant qu'ils veulent l'emmener chez eux!...

Et puis elle baissa le regard, de nouveau elle regarda mon père:

— Qui permettrait cela? Tu n'as donc pas de cœur?

— Femme! femme! dit mon père. Ne sais-tu pas que c'est pour son bien?

— Son bien? Son bien est de rester près de moi! N'est-il pas assez savant comme il est?

— Mère... commençai-je.

Mais elle m'interrompit violemment:

— Toi, tais-toi! Tu n'es encore qu'un gamin° de rien du tout! Que veux-tu aller faire si loin? Sais-tu seulement comment on vit là-bas?... Non, tu n'en sais rien! Et, dis-moi, qui prendra soin de toi? Qui réparera tes vêtements? Qui te préparera tes repas?

---

lubie: caprice, fantaisie   **gamin:** garçon, gosse
me priver de: me prendre

— Voyons, dit mon père, sois raisonnable: les Blancs ne meurent pas de faim!

— Alors tu ne vois pas, pauvre insensé, tu n'as pas encore observé qu'ils ne mangent pas comme nous? Cet enfant tombera malade; voilà ce qui arrivera! Et moi alors, que ferai-je? Que deviendrai-je? Ah! j'avais un fils, et voici que je n'ai plus de fils!

Je m'approchai d'elle, je la serrai contre moi.

— Eloigne-toi! cria-t-elle. Tu n'es plus mon fils!

Mais elle ne me repoussait pas: elle pleurait et elle me serrait étroitement contre elle.

— Tu ne vas pas m'abandonner, n'est-ce pas? Dis-moi que tu ne m'abandonneras pas?

Mais à présent elle savait que je partirais et qu'elle ne pourrait pas empêcher mon départ, que rien ne pourrait l'empêcher; sans doute l'avait-elle compris dès que nous étions venus à elle: oui, elle avait dû voir cet engrenage° qui, de l'école de Kouroussa, conduisait à Conakry et aboutissait° à la France; et durant tout le temps qu'elle avait parlé et qu'elle avait lutté,° elle avait dû regarder tourner l'engrenage: cette roue°-ci et cette roue-là d'abord, et puis cette troisième, et puis d'autres roues encore, beaucoup d'autres roues peut-être que personne ne voyait. Et qu'eût-on fait pour empêcher cet engrenage de tourner? On ne pouvait que le regarder tourner, regarder le destin tourner: mon destin était que je parte! Et elle dirigea sa colère — mais déjà ce n'étaient plus que des lambeaux° de colère — contre ceux qui, dans son esprit, m'enlevaient à elle une fois de plus:

— Ce sont des gens que rien jamais ne satisfait, dit-elle. Ils veulent tout! Ils ne peuvent pas voir une chose sans la vouloir.

— Tu ne dois pas les maudire,° [96] dis-je.

— Non, dit-elle amèrement, je ne les maudirai pas.

---

engrenage: mécanisme qui transmet la rotation	denté d'un engrenage
aboutissait: terminait	**lambeaux**: petits morceaux déchirés
lutté: combattu	**maudire**: vouer au malheur
roue: ici, élément circulaire et	

---

96 *Tu ne dois pas les maudire.* Le fils ne connaît que trop bien les pouvoirs quasi magiques que détient sa mère; il essaie de l'empêcher de s'en servir dans ce cas.

Et elle se trouva enfin à bout de colère; elle renversa la tête contre mon épaule et elle sanglota bruyamment. Mon père s'était retiré.° Et moi, je serrais ma mère contre moi, j'essuyais ses larmes, je disais... que disais-je? Tout et n'importe quoi, mais c'était sans importance: je ne crois pas que ma mère comprît rien de ce que je disais; le son seul de ma voix lui parvenait, et il suffisait: ses sanglots petit à petit s'apaisaient,° s'espaçaient...

C'est ainsi que se décida mon voyage, c'est ainsi qu'un jour je pris l'avion pour la France. Oh! ce fut un affreux déchirement! Je n'aime pas m'en souvenir. J'entends encore ma mère se lamenter, je vois mon père qui ne peut retenir ses larmes, je vois mes sœurs, mes frères... Non, je n'aime pas me rappeler ce que fut ce départ: je me trouvai comme arraché à moi-même!

A Conakry, le directeur de l'école m'avertit que l'avion me déposerait à Orly.[97]

— D'Orly, dit-il, on vous conduira à Paris, à la gare des Invalides; là, vous prendrez le métro jusqu'à la gare Saint-Lazare, où vous trouverez votre train pour Argenteuil.

Il déplia devant moi un plan du métro et me montra le chemin que j'aurais à faire sous terre. Mais je ne comprenais rien à ce plan, et l'idée même de métro me demeurait obscure.

— Est-ce bien compris? me demanda le directeur.

— Oui, dis-je.

Et je ne comprenais toujours pas.

— Emportez le plan avec vous.

Je le glissai dans ma poche. Le directeur m'observa un moment.

— Vous n'avez rien de trop sur vous, dit-il.

Je portais des culottes de toile° blanche et une chemisette à col ouvert, qui me laissait les bras nus; aux pieds, j'avais des chaussures découvertes et des chaussettes blanches.

— Il faudra vous vêtir plus chaudement là-bas: en cette saison, les journées sont déjà froides.

---

s'était retiré: nous avait quittés **toile**: tissu de coton
s'apaisaient: se tranquillisaient

---

97 *Orly.* Cet aéroport dans le Val de Marne à 16 km au sud-est de Paris sert — jusqu'à ce jour — la plupart des vols venant du continent africain.

Je partis pour l'aéroport avec Marie et mes oncles; Marie qui m'accompagnerait jusqu'à Dakar[98] où elle allait poursuivre ses études. Marie! Je montai avec elle dans l'avion et je pleurais, nous pleurions tous. Puis l'hélice° se mit à tourner, au loin mes oncles agitèrent la main une dernière fois, et la terre de Guinée commença à fuir, à fuir...

— Tu es content de partir? me demanda Marie, quand l'avion ne fut plus loin de Dakar.

— Je ne sais pas, dis-je. Je ne crois pas.

Et quand l'avion se posa à Dakar, Marie me dit:

— Tu reviendras?

Elle avait le visage baigné de larmes.

— Oui, dis-je; oui.

Et je fis encore oui de la tête, quand je me renfonçai dans mon fauteuil,° tout au fond du fauteuil, parce que je ne voulais pas qu'on vît mes larmes. « Sûrement, je reviendrai! » Je demeurai longtemps sans bouger, les bras croisés, étroitement croisés pour mieux comprimer ma poitrine...

Plus tard, je sentis une épaisseur sous ma main: le plan du métro gonflait ma poche.

---

hélice: appareil de propulsion à   **fauteuil**: ici, siège dans un avion
    bras qui tournent

---

98 *Marie qui m'accompagnerait jusqu'à Dakar...* Laye va faire escale à Dakar
    pour ensuite reprendre l'avion pour Paris.

Activités

Mise en train

1. Donnez des exemples des rites de passage de la société où vous vivez. Quels rites et traditions font partie de votre vie quotidienne? Y a-t-il des rites ou traditions qui sont en train de disparaître?

2. Avez-vous eu l'occasion d'observer et de comprendre une autre culture? Si oui, laquelle?

3. Citez des exemples de pays où les maisons sont différentes de la vôtre. Dans quelle mesure peut-on connaître quelqu'un d'après sa maison?

4. Trouvez-vous que le serpent soit un bel animal? Pourquoi ou pourquoi pas? Avez-vous des associations positives ou négatives avec le serpent? Est-ce que cela dépend du type de serpent? Quel animal préférez-vous?

5. Quel est votre premier souvenir d'un danger? Avez-vous été protégé(e) par un(e) parent(e) ou ami(e)?

6. Quelle valeur accordez-vous à l'éducation? Quel aspect de l'éducation vous semble le plus important? Pourquoi?

7. De quoi dépend le choix de métier à votre avis? Aimeriez-vous exercer le même métier qu'un de vos parents?

8. Pour quelle raison pourriez-vous quitter votre pays pour vivre à l'étranger?

L'épigraphe

1. A qui *L'enfant noir* est-il dédié et pourquoi?
2. Quelle est la forme de la dédicace?
3. Comment l'auteur décrit-il sa mère?
4. Quels rôles a-t-elle joués dans la vie du narrateur?
5. Qu'est-ce qui indique que ce poème a été destiné à être récité ou chanté?

Chapitre 1

Choix multiple

1. Dans le premier paragraphe le narrateur *n*'entend *pas*...
   A. la voix de son père
   B. la voix de sa mère
   C. le bruit de l'enclume
   D. le tam-tam

2. Dans la première scène du livre, le narrateur, qui a cinq ou six ans, essaie d'enfoncer un roseau dans la gueule
   A. d'un chien
   B. d'un chat
   C. d'un serpent
   D. d'un lion

3. La case personnelle du père du narrateur était
   A. carrée et elle avait une véranda tout autour
   B. ronde avec un toit de chaume
   C. éclairée par quatre petites fenêtres
   D. divisée en trois pièces

4. Les murs de la case sont
   A. en terre battue
   B. en bois
   C. en ciment
   D. en ardoise

5. Les boubous qui se trouvent dans la case sont

    A. les erreurs fréquentes du maçon
    B. des potions magiques
    C. des légumes africains
    D. de longues tuniques amples

6. La peau de prière sert de

    A. tapis sur lequel le père peut s'asseoir pour prier
    B. plafond dans la case
    C. lotion dont le père s'enduit avant de prier
    D. châle protecteur qui repousse les maléfices

7. Le serpent qui représente le génie de la race est

    A. grand et vert
    B. petit et noir
    C. le totem de sa mère en particulier
    D. différent chaque fois qu'il se présente

8. *Etre le génie de quelqu'un* signifie

    A. être l'enfant préféré
    B. pouvoir protéger quelqu'un par un pouvoir magique
    C. pouvoir sortir d'une bouteille
    D. être l'enfant le plus intelligent

9. Quelle expression fait partie du vocabulaire de l'époque coloniale?

    A. le merveilleux
    B. le maléfice
    C. la concession
    D. le gris-gris

10. Le père du narrateur a plusieurs fils. Le narrateur est

    A. l'aîné
    B. le deuxième fils
    C. le puîné
    D. le cadet

11. Le père du narrateur est

    A. maçon
    B. menuisier
    C. forgeron
    D. griot

Questions

1. Quelles sont les différentes sortes de serpent qui figurent dans ce chapitre? Quelles sont les différentes connotations du serpent dans ce chapitre et en général?

2. A quel âge Laye commence-t-il à poser des questions à son père au sujet du serpent? Quelles sont les attitudes différentes du narrateur à cinq ans et à douze ans? Expliquez l'évolution de sa pensée.

3. Comment est la case du père du narrateur? Expliquez l'importance de cette description au début du livre.

4. Que fait le père du narrateur avant de s'endormir? Pourquoi le narrateur ne sait-il pas à quoi servent les différents gris-gris?

5. Comparez les descriptions du père et de la mère du narrateur dans ce chapitre.

6. Quand le père du narrateur dit « J'ai peur, j'ai bien peur, petit », de quoi a-t-il peur?

7. Vers la fin du chapitre, qu'est-ce qui jette le narrateur dans *une inexprimable confusion*? Pourquoi le narrateur a-t-il eu cette réaction?

8. Donnez quelques exemples du *mystérieux* et du *merveilleux* dans l'enfance du narrateur d'après ce chapitre.

9. Dessinez la case du père du narrateur en indiquant: la véranda; les briques en terre battue; le toit de chaume; la porte rectangulaire; une petite fenêtre; le lit avec une natte en osier tressé et un oreiller bourré de kapok; les caisses à outils; les boubous et les peaux de prière; une série de marmites contenant des extraits de plantes et d'écorces, les couvercles des marmites; et des chapelets de cauris contenant des gris-gris.

Chapitre 2

Choix multiple

1. Pour le père du narrateur travailler l'or était

    A. une tâche monotone
    B. ce qu'il y avait de plus ignoble dans la vie
    C. un moment de repos
    D. une fête

2. En général quand une femme apportait de l'or pour que le père du narrateur le transforme en bijou elle

    A. venait seule
    B. venait avec ses enfants
    C. était accompagnée d'un griot
    D. venait tout de suite après le Ramadan

3. A la forge le rôle du griot était de

    A. flatter l'orfèvre en racontant les glorieux exploits de ses ancêtres
    B. discuter comment l'or pouvait se transformer en bijou
    C. parler des rites du Ramadan et de la Tabaski
    D. s'occuper des enfants

4. Pour aider l'orfèvre à faire des bijoux en or, les apprentis

    A. devaient rester debout pendant de longues heures
    B. se servaient des soufflets
    C. recouvraient l'or avec du charbon
    D. posaient la marmite sur la flamme

5. Le narrateur croyait que les incantations de son père invoquaient

    A. le serpent
    B. les génies du feu et de l'or
    C. les génies du soleil et de la lune
    D. la sagesse du griot

6. Avant de commencer la partie la plus difficile de son travail, le père du narrateur

   A. demandait l'aide des apprentis
   B. caressait le serpent
   C. caressait son fils
   D. demandait à tout le monde de faire des incantations avec lui

7. Ceci *ne* fait *pas* partie du travail de l'orfèvre dans ce chapitre:

   A. Verser la poudre d'or dans la marmite en terre glaise et poser la marmite sur la flamme
   B. Malaxer l'or et le charbon avec un bout de bois
   C. Enseigner le secret des incantations aux apprentis
   D. Marteler et étirer l'or

8. En langue malinkée, « la douga » est

   A. un instrument de musique
   B. un chant et une danse
   C. un roman
   D. un poème épique

9. Le narrateur compare la cora (ou la kora) à

   A. la guitare classique
   B. la guitare à douze cordes
   C. la harpe
   D. la douga

10. La mère du narrateur dit qu'elle n'est pas contente que son mari travaille l'or parce qu'

   A. elle préfère l'argent
   B. elle trouve qu'il perd son temps à faire des bijoux
   C. elle a besoin d'aide à la maison
   D. elle trouve que cela nuit à sa santé

Métaphores et comparaisons

1. A quoi le narrateur compare-t-il les couplets du griot?
    A. A un livre qui a beaucoup de chapitres
    B. A un grand arbre généalogique
    C. A un bureau qui a six tiroirs
    D. Au refrain d'une chanson

2. Le narrateur utilise une métaphore pour parler de la flamme de la forge. A quoi la compare-t-il?
    A. A un génie vif et impitoyable
    B. A un serpent rouge et noir
    C. A la douga
    D. A l'or le plus pur

3. A qui le narrateur compare-t-il le griot au moment de la création du bijou?
    A. A l'artisan, au créateur lui-même
    B. A un homme quelconque
    C. A un chanteur épuisé
    D. Au jeteur de mauvais sorts

4. Quelle comparaison fait-on à la fin du chapitre avec le fait de souder l'or à l'aide d'autres métaux?
    A. Donner un œuf pour avoir un bœuf
    B. Préparer un grand repas quand les convives seraient absents
    C. Un feu de joie dont les flammes montent au ciel
    D. Porter du coton à tisser pour ne recevoir en retour qu'une pièce de cotonnade d'un poids réduit de moitié

Questions

1. Quel est le rôle du griot dans la tradition orale en Guinée?
2. Pourquoi les femmes qui venaient faire faire des bijoux à la forge avaient-elles besoin d'intermédiaire? Que fait le griot dans ce chapitre? Comment le griot est-il payé?

3. De quelle aide magique l'orfèvre a-t-il besoin? Pourquoi le père du narrateur ne peut-il pas confier le travail de la fusion à ses apprentis?

4. Le narrateur décrit le travail de l'or comme un spectacle. Quelles sont les scènes du spectacle?

5. Quels sont les moments de silence dans ce chapitre et quels sont les moments de musique, de danse et de joie?

6. Quels rites l'artisan doit-il respecter avant de travailler l'or? (pp. 39-40) Le père du narrateur respectait-il ces rites? A votre avis le narrateur semble-t-il idéaliser son père?

7. Quelle est l'attitude de la femme à qui le bijou est destiné? Reste-t-elle à la forge pendant tout le travail de la fabrication du bijou ou fait-elle un va-et-vient? Expliquez son comportement.

8. Pourquoi le serpent est-il toujours là quand le père du narrateur travaille l'or? Quel est le rôle du serpent? Le narrateur y croit-il?

9. A quoi servent les gris-gris quand le griot chante la douga? (p.41)

10. Comparez l'attitude du narrateur à celle de sa mère envers le travail de l'or. Comment expliquer la différence entre les deux points de vue?

Chapitre 3

Choix multiple

1. La grand-mère maternelle du narrateur habite
   A. Kouroussa
   B. Tindican
   C. Conakry
   D. Paris

2. Sa grand-mère semblait jeune parce qu'
   A. elle avait perdu son mari très tôt
   B. on lui offrait du repos
   C. elle raffolait des crèmes de beauté
   D. elle participait encore aux travaux de la ferme

3. La savane, c'est

   A. une forêt tropicale
   B. une prairie fréquentée par les animaux
   C. un désert comme le Sahara
   D. une oasis tranquille

4. En se rendant à Tindican en compagnie de son oncle, d'habitude le narrateur *ne* voyait *pas*

   A. de lièvres
   B. de sangliers
   C. d'écureuils
   D. de singes

5. Le kapokier et le néré sont

   A. des arbres
   B. des métiers
   C. des oiseaux
   D. des vêtements

6. Le narrateur avait peur

   A. des enfants qu'il ne connaissait pas
   B. des grandes bêtes cornues
   C. des sangliers féroces
   D. des veaux qui avaient une étoile au front

7. La grand-mère appelait le narrateur

   A. son petit chou
   B. son petit lapin
   C. son nounours
   D. son petit époux

8. Dans la concession de l'oncle du narrateur il *n*'y avait *pas* de greniers

   A. à maïs
   B. à riz et à mil
   C. à manioc et à arachides
   D. à gombo

9. Les jumeaux

   A. avaient le même caractère
   B. partageaient l'héritage de leur grand-père
   C. s'appelaient toujours Bô
   D. s'appelaient tous les deux Lansana

10. Pour faire la chasse aux oiseaux quand il gardait les champs dans un mirador, le narrateur avait apporté

    A. une fronde
    B. un piège
    C. une calebasse
    D. une échelle

Questions

1. Comparez Kouroussa et Tindican. Quelles sont les joies de la campagne pour le narrateur? Est-ce que sa description de Tindican vous semble idéalisée? Quels sont les avantages et les inconvénients de la vie à la campagne?

2. Décrivez la grand-mère du narrateur. Quels sont ses rapports avec son petit-fils? Le narrateur dit que son arrivée était une fête pour sa grand-mère. Quelles sont les caractéristiques de cette fête?

3. Quelles sont les traditions concernant les jumeaux — leur héritage, leur nom? Que se passe-t-il dans le cas de Lansana et son frère?

4. Le narrateur dit que les couronnes de maïs suspendues dans la case de sa grand-mère pouvaient servir de calendrier rustique. (p. 51) Expliquez cette comparaison.

5. Comparez les vêtements du narrateur avec ceux de ses camarades à la campagne. Pourquoi a-t-on des vêtements différents à la ville et à la campagne? Quelle est l'attitude du narrateur envers ses vêtements? Quelle est celle de sa grand-mère?

6. A chaque visite comment se terminait la première journée à Tindican?

Chapitre 4

Choix multiple

1. De quelle moisson s'agit-il?

    A. La moisson du riz
    B. La moisson du blé
    C. La moisson du maïs
    D. La moisson du mil

2. « La belle saison » à Tindican c'est le mois de

    A. mai
    B. juillet
    C. août
    D. décembre

3. La date de la moisson *ne* dépendait *pas*

    A. de l'ampleur des chants
    B. de la maturité du riz
    C. de la bonne volonté du ciel
    D. des génies du sol

4. Qu'est-ce qu'on *n'a pas* besoin de faire vis-à-vis des génies du sol pendant le festival de la moisson?

    A. Il faut les consulter
    B. Il faut leur demander un ciel serein
    C. Il faut demander leur bienveillance pour les moissonneurs exposés aux morsures des serpents
    D. Il faut demander leur bienveillance pour les moissonneurs exposés aux morsures des crocodiles

5. A l'aube, le jour de la fête de la moisson le chef de famille devait

    A. couper la première javelle
    B. rassembler sa famille
    C. jouer du tam-tam
    D. traverser le village à pied

6. Le signal que tout le monde pouvait commencer le travail:

    A. Les jeunes lançaient des faucilles en l'air

    B. Les anciens poussaient des cris

    C. Le tam-tam retentissait

    D. Les jongleurs dansaient le « fady fady »

7. Le travail s'interrompait à midi quand les femmes apportaient

    A. de la ratatouille

    B. du couscous

    C. du poulet avec du riz

    D. du coq au vin

8. Pendant la moisson tous goûtaient au plaisir

    A. de se vanter

    B. d'être les premiers

    C. d'accomplir une tâche commune

    D. de revenir se reposer chez soi à midi

9. Selon la tradition, pendant la durée de la moisson on ne doit

    A. ni passer sous une échelle ni caresser un chat noir

    B. ni chanter ni jouer du tam-tam

    C. ni siffler ni ramasser du bois mort

    D. ni croiser ses couverts ni briser une glace

10. Le deuxième oncle Bô est comme

    A. le serpent

    B. l'oiseau

    C. la fourmi

    D. le singe

Questions

1. La moisson est présentée comme une fête communale. Quel est l'aspect communautaire du travail de la moisson? Quelles sont les caractéristiques de cette fête?

2. Donnez des exemples de la qualité lyrique et poétique de ce chapitre.

3. Qui sont les *anciens* du village? (p. 57) Quel genre de question peut-on leur poser?

4. Quand son oncle lui dit que son travail n'est pas de faucher, le narrateur s'interroge sur sa propre vie. A-t-il des idées précises sur son avenir? Pourquoi ou pourquoi pas? Qu'est-ce que les autres membres de sa famille ont fait?

5. Les deux oncles Bô ont des modes de vie très différents. Lequel vous attire le plus? Pourquoi?

6. Le narrateur explore l'idée de la dignité des gens qui habitent la campagne et questionne l'idée de la rusticité de la campagne. Comment le narrateur s'explique-t-il le fait que les gens semblent plus polis à la campagne? Etes-vous d'accord que les habitants de la campagne se soucient plus de la liberté d'autrui que les citadins?

7. Comparez le rôle des femmes à celui des hommes dans ce chapitre.

8. A la fin de ce chapitre quels éléments contribuent au sentiment de bonheur?

Chapitre 5

Choix multiple

1. Où le narrateur dormait-il?
   A. Dans la case de ses parents
   B. Dans la même case que ses frères et sœurs
   C. Dans la case de sa grand-mère paternelle
   D. Dans la case de sa mère

2. Laquelle de ces épithètes *ne* s'applique *pas* à Sidafa?
   A. Il était assez gros et plutôt taciturne
   B. Il était un peu plus âgé que le narrateur
   C. Il avait beaucoup d'imagination
   D. Il était apprenti

3. Qu'est-ce qui *n*'arrivait *pas* à l'heure du repas?

    A. Les enfants restaient silencieux

    B. La mère présidait le repas

    C. Il y avait un plat pour les hommes et un autre pour les femmes

    D. On remerciait le père du repas

4. Qu'est-ce que le cheval refusait de faire?

    A. D'avancer

    B. De se lever

    C. De manger

    D. De se coucher

5. D'où viennent les pouvoirs mystérieux de la mère du narrateur?

    A. Elle est fille unique

    B. Elle est née après deux jumeaux

    C. Elle a deux frères cadets qui sont jumeaux

    D. Ses parents la préfèrent aux autres enfants

6. Si on est « sayon » on est

    A. jumeau, jumelle

    B. jongleur, jongleuse

    C. doué(e) du don de sorcellerie

    D. très doué(e) en musique

7. Quand la mère du narrateur se levait le matin pour menacer quelqu'un à voix forte, qui menaçait-elle? A qui parlait-elle?

    A. Au jeteur de mauvais sorts

    B. Au forgeron

    C. Au sayon

    D. Aux jongleurs

8. Les frères de la mère du narrateur qui habitaient Tindican étaient

    A. instituteurs

    B. jeteurs de mauvais sorts

    C. cultivateurs

    D. forgerons

9. Le totem de la mère était

    A. le serpent
    B. le singe
    C. le crocodile
    D. Elle n'avait pas de totem

10. Qu'est-ce que la mère du narrateur *n*'avait *pas* le pouvoir de faire?

    A. Puiser l'eau du fleuve près des crocodiles
    B. Détourner les malices du jeteur de mauvais sorts
    C. Faire qu'un cheval se lève ou avance
    D. Jeter de mauvais sorts

Questions

1. Quelle était la réputation du père du narrateur en tant que forgeron? Pourquoi avait-il des apprentis? Qu'est-ce qu'ils pouvaient apprendre?

2. Où vivaient les apprentis? Comparez l'attitude de la mère envers les apprentis avec son attitude envers ses propres enfants. Le narrateur est-il jaloux? Pourquoi ou pourquoi pas?

3. Quels sont les règles et les interdits concernant les repas? Quel est le rôle de la mère? Quel est le rôle du père? Comparez le repas à un repas chez vous.

4. Le narrateur dit qu'il hésite à parler des pouvoirs de sa mère parce qu'il sait « qu'on accueillera ce récit avec scepticisme. » Le narrateur dit qu'il est sceptique lui-même. Etes-vous sceptique? Comment le narrateur répond-il au scepticisme des autres et à son propre scepticisme? (p. 70)

5. Le « sayon » a une sagesse supérieure à celle des jumeaux. Qui est « sayon »? Quel rôle est-ce qu'on lui attribue dans la famille?

6. Quelle est la coutume concernant les jumeaux? (p. 71) Cette coutume ressemble-t-elle à celle de votre pays?

7. Pourquoi les gens n'avaient-ils pas peur de la mère du narrateur malgré ses dons de sorcellerie?

8. Discutez de l'incantation de la mère. (p. 71) Faites le portrait moral de la mère d'après ce chapitre. Comment aviez-vous imaginé le rôle de la femme en Afrique avant de lire ce livre? Comment le rôle de la femme africaine est-il présenté dans *L'enfant noir?* (pp. 69-70) Comparez la vie de *Dâman*, la mère du narrateur, à la vie d'une mère de famille que vous connaissez bien.

9. Le narrateur a-t-il un totem? Comment le narrateur indique-t-il sa solidarité avec sa mère dans ce chapitre?

Chapitre 6

Choix multiple

1. Que signifie le dialogue entre le narrateur et Fanta à la page 76?
   A. Le narrateur n'aimait pas Fanta
   B. Le narrateur commençait à s'intéresser à Fanta
   C. Fanta ne connaissait pas la sœur du narrateur
   D. Fanta aimait tirer les cheveux du narrateur

2. Pourquoi le narrateur compare-t-il le maître à du vif-argent?
   A. Le maître était riche et très généreux
   B. Le maître avait un cœur d'or
   C. Le maître voyageait beaucoup en Europe
   D. Le maître bougeait beaucoup. Il ne restait pas en place

3. Le narrateur compare le tableau noir à
   A. un lac profond
   B. un miroir sombre
   C. un trou de verdure
   D. un violon sonore

4. Ceci *n'*était *pas* une punition du maître:
   A. Les coups de bâton
   B. Les leçons supplémentaires
   C. Balayer la cour
   D. Nettoyer la piscine

5. Les goyaviers sont

    A. des arbres fruitiers qui donnent des goyaves
    B. des gens qui ramassent les feuilles mortes et les branches d'arbres
    C. des amateurs de Goya
    D. les murs de l'école qui sont en bois

6. Les vaches du troupeau de l'école étaient

    A. dociles
    B. celles dont les cultivateurs voulaient se débarrasser
    C. celles qui donnaient le plus de lait
    D. souvent faciles à garder

7. Le côté sombre de la vie d'écolier c'était surtout

    A. les rapports avec les maîtres
    B. la difficulté des études
    C. les rapports avec les autres élèves du même âge
    D. les rapports avec les élèves plus âgés

8. En général, le repas de midi *ne* contenait *pas*

    A. de galettes de maïs ou de blé
    B. de couscous à la viande
    C. de fromage
    D. de poisson

9. Les petits donnaient le repas de midi aux grands élèves

    A. pour faire un échange
    B. par gentillesse
    C. parce que les grands n'en avaient pas
    D. pour s'épargner des coups de fouet

10. Après avoir donné ses oranges à Kouyaté qui était en quarantaine, le narrateur a reçu des gifles et alors il a pris ses jambes à son cou. C'est-à-dire qu'il

    A. est parti en courant aussi vite que possible
    B. s'est protégé contre les coups
    C. a donné des coups de pied à ses bourreaux
    D. a souffert sans se plaindre

Questions

1. Comment sont les rapports entre les filles et les garçons à l'école française? Est-ce que ces rapports sont vraiment typiques des rapports entre les garçons et les filles partout? Pourquoi ou pourquoi pas?

2. Que savez-vous de Fanta? Comment la trouvez-vous?

3. A votre avis un maître a-t-il le droit de punir les élèves? Que pensez-vous de la punition corporelle? Faites le portrait moral du maître.

4. Donnez des exemples de la cruauté des grands élèves envers les petits. (p. 82) Ces rapports sont-ils typiques des rapports entre les grands et les petits partout?

5. Qui est Kouyaté et qu'est-ce qu'il a fait? (p. 83) Comment son père a-t-il réagi? Que pensez-vous de son père?

6. Qui est Himourana et comment est-il? (p. 84) Qu'est-ce qui est arrivé à Himourana? Qu'en pensez-vous?

7. Qu'est-ce qui est arrivé au narrateur? Comment son père a-t-il réagi? Comparez son comportement à celui du père de Kouyaté.

8. Etudiez les rapports entre le père du narrateur et le directeur. Montrez comment ce chapitre peut servir de métaphore pour les rapports colonialistes.

9. Comparez le portrait du père dans le chapitre 6 avec celui de la mère dans le chapitre 5.

Chapitre 7

Choix multiple

1. Pour entrer dans la société des non-initiés il fallait être

    A. circoncis

    B. incirconcis

    C. jumeau

    D. âgé d'au moins 15 ans

2. Selon la légende Kondén Diara veut dire

    A. le lion des enfants

    B. la lune du dixième jour

    C. le septième mois de l'année

    D. le jour où l'on marche au pas

3. Kondén Diara

    A. mugit

    B. hennit

    C. rugit

    D. miaule

4. Quel instrument *ne* fait *pas* partie des instruments de la troupe des non-initiés?

    A. le coro

    B. le tam-tam

    C. le tambour

    D. la flûte

5. Pour le narrateur le feu de bois était

    A. un havre dans la nuit

    B. une porte éclairée par des chandelles

    C. une fenêtre qui donnait sur son avenir

    D. un feu d'artifice

6. Le père du narrateur lui avait dit:

    A. « Il faut que tu sois courageux. »

    B. « Il faut se boucher les oreilles »

    C. « Kondén Diara se cache derrière la broussaille. Fais attention à ce qu'il ne t'enlève pas. »

    D. « Kondén Diara ne t'enlèvera pas. »

7. La nuit de Kondén Diara le narrateur était accompagné par

    A. Kouyaté

    B. Fanta

    C. Lansana

    D. Himourana

8. L'instruction a pris fin

    A. à minuit

    B. à huit heures du matin

    C. à l'aube

    D. 24 heures après

9. Autour des fromagers se trouvaient

    A. de longs fils blancs

    B. des lions

    C. des chiens de garde

    D. d'énormes javelles de blé

10. Selon la tradition Kondén Diara sert surtout de

    A. prière

    B. plaisanterie

    C. passe-temps

    D. préparation à la circoncision

Questions

1. Quelles traditions sont associées à la nuit de Kondén Diara?

2. Pourquoi Kondén Diara est-il situé derrière un feu de bois?

3. Pourquoi les garçons ont-ils si peur?

4. Que sait le narrateur à propos des fils blancs et qu'est-ce qu'il ne sait pas? (pp. 100-101)

5. Comparez la réaction des deux parents du narrateur après la nuit de Kondén Diara. Si vous aviez été à leur place, quelle aurait été votre attitude?

6. « Il va de soi que si le secret était éventé, la cérémonie perdrait beaucoup de prestige. » Si Kondén Diara doit rester mystérieux, pourquoi est-ce que le narrateur en parle? Quand est-ce qu'il en parle et où est-il?

7. Selon la tradition, quelle est l'efficacité de la nuit de Kondén Diara comme préparation à la circoncision?

8. Comparez Kondén Diara à un conte de fée tel que *La Belle et la bête* ou *Jacques et les tiges*. Quel rôle initiatique les contes de fée jouent-ils pour les enfants?

Chapitre 8

Choix multiple

1. Combien de temps prennent les préparatifs pour la circoncision?

     A. Une semaine
     B. Quinze jours
     C. A peu près un mois
     D. Plusieurs années

2. Combien de temps faut-il pour la convalescence?

     A. Une semaine
     B. Quinze jours
     C. A peu près un mois
     D. Plusieurs années

3. La danse est une partie importante du rite de la circoncision. Laquelle de ces danses *ne* fait *pas* partie de ce rite?

     A. Le soli
     B. Le coba
     C. Le fady fady
     D. La sardana

4. Quand ils dansent sur la grande place de Kouroussa avant la circoncision les garçons portent

     A. une chemise large
     B. une ceinture de soie rouge
     C. un boubou et un bonnet à pompon
     D. un boubou à couleurs vives

5. Que signifie le foulard porté par les garçons?

     A. C'est un cadeau de leurs parents
     B. C'est un cadeau de leur petite amie, leur amie en titre
     C. Il symbolise la mort de leur enfance
     D. Il fait partie de l'uniforme commun

6. Les incirconcis reçoivent des cadeaux des amis de la famille. Lequel *n'est pas* mentionné comme cadeau typique?

    A. Un œuf

    B. Un bœuf

    C. Un sac de riz

    D. Un sac de maïs

7. Que symbolise une houe comme cadeau?

    A. Le travail des champs. Le garçon va être cultivateur

    B. C'est un porte-bonheur. Le garçon va être guérisseur

    C. Le talisman de tous les incirconcis, la houe les aide à se frayer un chemin dans la vie

    D. En tant que cadeau, une houe indique le commencement de la moisson

8. Qui donne un stylo et un cahier au narrateur?

    A. Son père

    B. Sa mère

    C. La deuxième femme de son père

    D. Un ami de ses parents

9. Le « séma » c'est

    A. le rite de passage

    B. l'opérateur

    C. le garde-malade

    D. le guérisseur

10. Après la circoncision quel changement y a-t-il dans les circonstances d'un garçon?

    A. Il a sa propre case

    B. Il partage sa case avec d'autres hommes

    C. Il habite la case de son père

    D. Il fête ses fiançailles

Questions

1. Comparez le rite de la circoncision avec celui de Kondén Diara. Laquelle des deux épreuves est la plus dure à votre avis?

2. A l'époque de la circoncision comparez le rite public et le rite secret. Expliquez le rôle de la musique et de la danse dans la fête. Comment pourriez-vous caractériser le rite secret? Quelle émotion les garçons doivent-ils dompter? Quels détails montrent l'aspect pénible de la circoncision?

3. Quel est le rapport de parenté entre le narrateur et l'opérateur (le circonciseur)? Pourquoi l'opérateur est-il renommé?

4. Comparez le rôle et l'attitude du père et de la mère du narrateur pendant la convalescence qui suit la circoncision.

5. Quels sont les divers moyens de différencier entre un garçon et un homme, entre une jeune fille et une femme? A votre avis, que signifie « être un homme » et « être une femme » dans cette communauté?

6. Qu'est-ce que la polygamie? Quelle indication y a-t-il de la polygamie dans ce chapitre? Y a-t-il des indications de la polyandrie (une femme a plusieurs maris) dans cette histoire? Y a-t-il de la polyandrie en Guinée?

Chapitre 9

Choix multiple

1. La mère du narrateur a fait beaucoup de préparatifs pour le
   voyage de son fils à Conakry. Laquelle des activités suivantes
   n'a pas fait partie des préparatifs?
   A. Elle a consulté les marabouts
   B. Elle a fait des provisions, préparant pour le voyage des
      couscous, des viandes, des poissons, des ignames, du
      riz et des patates, ainsi qu'une bouteille d'eau destinée
      à développer l'intelligence
   C. Elle a fait immoler un bœuf à la mémoire de son père
   D. Elle a fait des incantations

2. L'eau magique qui développe le cerveau est composée
   A. du jus de calebasse
   B. de l'eau du lavage des textes du Coran à laquelle on a
      ajouté du miel
   C. du jus de kola avec du beurre de karité
   D. de l'eau de la première pluie du mois de novembre

3. Pour défendre son fils contre les mauvais esprits son père lui
   avait donné
   A. une corne de bouc
   B. des gris-gris
   C. un totem
   D. un cauri

4. Le jour du départ en continuant son chemin vers la gare, le
   narrateur *n'était pas* accompagné par
   A. ses parents
   B. Fanta
   C. Sidafa
   D. sa sœur aînée

5. Les griots qui venaient saluer le départ du narrateur *ne* lui disaient *pas*:

    A. « Déjà tu es aussi savant que les Blancs »

    B. « Tu es véritablement comme les Blancs »

    C. « A Conakry tu vas voir qu'au fond tu ne sais rien »

    D. « A Conakry tu t'assoieras parmi les plus illustres »

6. Les griots parlaient en

    A. hyperboles

    B. euphémismes

    C. devinettes

    D. litotes

7. En partant, le narrateur ressent surtout

    A. de la joie

    B. de la tristesse

    C. de la colère

    D. de la fatigue

8. Le train *ne* passe *pas* par

    A. Dabola

    B. Mamou

    C. Kindia

    D. Kérouané

9. A Conakry Laye était surtout étonné de voir

    A. la lune

    B. son oncle

    C. la mer

    D. la gare

10. Laye aurait préféré recevoir un enseignement général mais son oncle Mamadou trouvait que Laye avait intérêt à devenir

    A. forgeron

    B. cultivateur

    C. écrivain

    D. technicien

Questions

1. Quelle sorte de fête la mère de Laye prépare-t-elle pour le départ de son fils? Qui invite-t-elle? (pp. 127-128)

2. Qu'est-ce que le père de Laye lui dit sur son passé et quel conseil lui donne-t-il? (p. 131)

3. Que dit Laye de ses rapports avec ses frères? (p. 134)

4. Comparez la maison de l'oncle Mamadou aux cases que Laye avait connues jusqu'ici.

5. Quelles sont les indications que les femmes de Mamadou s'entendent bien? Pensez-vous pouvoir comprendre des points de vue différents sur la polygamie (en Guinée) et la polyandrie (au Tibet)? Quelles sont les raisons pratiques pour la polygamie et la polyandrie? Quels en sont les avantages et les inconvénients?

6. Quelles langues Laye parle-t-il? Quel dialecte parle-t-on autour de lui à Conakry? (p. 136)

7. A Conakry Laye a plusieurs problèmes au début. Qu'est-ce qui va mal et pourquoi est-il content de retrouver Kouroussa pour les vacances?

Chapitre 10

Choix multiple

1. A son retour à Conakry le narrateur a trouvé l'école méconnaissable à cause de tous les changements. Mais qu'est-ce qui *ne* figure *pas* parmi les changements?

   A. De nouvelles salles avaient été construites
   B. L'école était devenue une école coranique
   C. Un nouveau directeur avait été nommé
   D. Des professeurs sont venus de France

2. Qu'est-ce qui rendait le narrateur le plus heureux pendant les années à Conakry?

    A. Les bons conseils de son oncle Mamadou

    B. Les plaisanteries de la tante N'Gady

    C. La cuisine de sa tante Awa

    D. Son amitié avec Marie

3. Quand le narrateur disait « Bonjour madame Camara numéro 3 » à qui parlait-il?

    A. A Marie

    B. A sa tante Awa

    C. A sa tante N'Gady

    D. A la deuxième femme de son père

4. Contrairement au narrateur, Marie avait

    A. l'esprit d'escalier

    B. l'esprit de repartie

    C. l'esprit absent

    D. l'esprit d'analyse

5. Comme c'était la coutume en Afrique, quand Laye et Marie dansaient ensemble,

    A. ils s'enlaçaient

    B. ils s'embrassaient

    C. ils se touchaient

    D. ils dansaient face à face

6. Quand le narrateur et Marie étaient ensemble ils aimaient beaucoup

    A. écrire des lettres à leurs frères

    B. écouter le rossignol

    C. regarder la mer

    D. faire des promenades en bateau pour aller aux îlots

7. A la fin de sa troisième année à Conakry, Laye s'est présenté

    A. au baccalauréat

    B. au certificat d'aptitude au professorat de l'enseignement technique (C.A.P.E.T.)

    C. au certificat d'aptitude au professorat de l'enseignement secondaire (C.A.P.E.S.)

    D. au certificat d'aptitude professionnelle (C.A.P.)

8. Afin de réussir à l'examen, Laye avait écrit à sa mère pour qu'elle obtienne l'aide

    A. de son père

    B. des marabouts

    C. des meilleurs professeurs de la Guinée

    D. des griots

9. A l'époque Laye était

    A. superstitieux

    B. croyant

    C. incroyant

    D. indifférent aux traditions animistes

10. L'examen a duré trois jours. Après l'examen, en regardant dans le journal officiel de la Guinée les noms des candidats admis, Marie a pu voir

    A. que Laye avait été reçu premier

    B. que Laye était deuxième

    C. que Laye n'avait pas réussi

    D. que Laye était le dernier des sept candidats admis

Questions

1. Faites le portrait physique et moral de Marie. Quels sont ses rapports avec le narrateur? S'agit-il d'amitié ou d'amour à votre avis? Quelle est votre définition de l'amour? Y a-t-il plusieurs sortes d'amour et plusieurs définitions possibles?

2. Comment sont les tantes de Laye? Ont-elles de bons rapports avec Laye et Marie?

3. Quelle est l'attitude de Laye envers les études et les examens? Que se passe-t-il quand il aide Marie avec les maths? (p. 151)

4. Comparez le rôle du griot à celui du marabout en Guinée d'après ce livre.

5. Le narrateur fait une distinction entre les superstitions et les croyances. Quelle est cette distinction? Etes-vous superstitieux (-ieuse)? Consultez-vous votre horoscope? Est-ce que vous en tenez compte?

Chapitre 11

Choix multiple

1. Quand le narrateur revenait à Kouroussa chaque année il trouvait
   A. que rien n'avait changé
   B. que toutes les cases se ressemblaient à l'intérieur
   C. que sa case avait petit à petit revêtu un aspect européen
   D. que sa case avait besoin d'être repeinte à l'argile blanche

2. Laye et ses nombreux amis se retrouvaient chez lui pour
   A. jouer de la guitare et chanter
   B. jouer de la cora
   C. réciter des poèmes et jouer aux cartes
   D. prendre le déjeuner ensemble

3. Quand les amis venaient chez Laye le père de Laye
   A. trouvait ces réunions naturelles
   B. se fâchait
   C. interdisait à Laye de voir tant d'amis
   D. se retrouvait souvent parmi eux et il y restait toute la soirée

4. En ce qui concerne les jeunes filles, la mère de Laye

    A. aimait qu'elles viennent voir son fils dans sa case à condition de pouvoir les saluer

    B. frappait toujours avant d'entrer

    C. pouvait se réveiller en pleine nuit pour s'assurer que Laye était seul

    D. fermait la porte de Laye à clé

5. Quand Laye se plaignait du comportement de sa mère, Kouyaté et Check lui disaient

    A. qu'il avait en effet de quoi se plaindre

    B. d'en parler à son père

    C. qu'ils avaient les mêmes problèmes et qu'ils étaient encore moins libres que lui pour faire ce qu'ils voulaient

    D. que c'était le signe que sa mère l'aimait bien

6. Kouyaté et Check avaient été les condisciples de Laye à l'école primaire de Kouroussa mais leur grande amitié avait vraiment commencé à l'époque où Laye

    A. avait passé les vacances à Tindican

    B. avait chanté avec eux pour la première fois: Kouyaté à la guitare et Check au banjo

    C. était parti pour Conakry

    D. leur avait parlé de sa mère

7. Kouyaté et Check ont fait de brillantes études aussi mais Laye était plus fort qu'eux

    A. en maths

    B. en sciences naturelles

    C. en géographie

    D. en français

8. Quand Laye lui a demandé des nouvelles de sa santé Check a répondu:

    A. « Ça va »

    B « Je suis surmené »

    C. « J'ai une simple grippe »

    D. « Je suis malade »

9. Les guérisseurs ont ordonné

    A. des massages et des tisanes
    B. du repos
    C. des piqûres
    D. des remèdes qui se sont avérés remarquablement
       efficaces

10. Quand on avait mis le corps de Check au fond d'une fosse
    et posé le couvercle de planches, on avait d'abord posé sur les
    planches

    A. la terre lourde
    B. le grand amoncellement de feuilles
    C. l'argile très fine
    D. les fleurs des champs

Questions

1. Laye est parfois ému parfois étouffé par l'amour de sa mère.
   Donnez des exemples de cet amour. Comment Laye arrive-t-
   il à créer un portrait positif de sa mère tout en parlant de ses
   défauts?

2. Quelles activités de Laye révèlent un aspect de sa personnalité
   qu'on n'a pas vu dans les chapitres précédents? Comparez ses
   rapports avec Fanta et Marie avec son attitude envers les autres
   jeunes mentionnés dans ce chapitre. Comment expliquer ce
   contraste?

3. Comparez les soins des guérisseurs avec ceux des médecins
   français. Pourquoi l'attitude de Check, Kouyaté et Laye envers
   les guérisseurs est-elle plus nuancée que celle de leurs mères?
   Exprimez par une phrase équivalente: « Pourtant tous nos
   guérisseurs ne sont pas de simples charlatans. » (p. 164) Les
   médecins blancs peuvent-ils faire mieux? Ont-ils eu plus de
   succès auprès de Check?

4. Quels sont les contrastes entre le mode de vie guinéen et le
   mode de vie européen au début et aussi à la fin du chapitre?
   Montrez comment Laye se situe entre les deux cultures.

5. Comment la mort de Check a-t-elle changé l'attitude de Laye
   envers la vie et la mort? (p. 166)

Chapitre 12

Choix multiple

1. En regagnant Kouroussa, Laye n'avait pas trop bonne conscience vis-à-vis de sa mère parce qu'

    A. il avait permis à ses oncles de prendre une décision à sa place
    B. il avait accepté une bourse pour finir ses études en France sans demander l'avis de sa mère
    C. il avait décidé de poursuivre ses études à Dakar
    D. il ne lui avait pas écrit une seule fois de l'année

2. Quand Laye a parlé de sa bourse à sa mère, elle lui a dit:

    A. « Bravo! Félicitations! »
    B. « On va faire la fête. »
    C. « Nous aurons quand même trop de frais. »
    D. « Tu ne partiras pas! »

3. Avant que Laye ne puisse partir en France il fallait avoir le consentement officiel de

    A. ses deux parents
    B. son père
    C. sa mère
    D. Il ne fallait avoir le consentement officiel de personne

4. Laye a promis à son père

    A. de revenir un jour
    B. de ne partir qu'un an
    C. de ne partir que deux ans
    D. de ne jamais revenir

5. Après avoir écrit au directeur, Laye a pris le train pour aller à Kankan, une ville guinéenne qui est

    A. la ville sainte de la Haute-Guinée
    B. le port le plus important de la Guinée
    C. un haut lieu de la gastronomie
    D. une ville jumelée à Argenteuil

6. L'école française où Laye allait entrer se trouvait à Argenteuil

   A. dans le Midi
   B. en Bretagne
   C. près de Paris
   D. près de Lyon

7. La mère de Laye avait beaucoup de peine en apprenant le départ de son fils et elle a fait des accusations à son mari et à Laye. Qu'est-ce qui *ne* figure *pas* parmi ses accusations?

   A. L'idée que Laye cherche des prétextes pour fuir sa mère
   B. L'idée que Laye soit ingrat
   C. L'idée que son mari veuille la priver de son fils
   D. L'idée que son mari ne pense qu'à l'argent

8. Laye compare son départ en France à

   A. un vol d'oiseau migrateur
   B. une aventure mystérieuse vers la terre promise
   C. une des roues d'un engrenage
   D. un jeu dangereux

9. Marie a pu accompagner Laye

   A. jusqu'à Paris
   B. jusqu'à Argenteuil
   C. jusqu'à l'aéroport
   D. jusqu'à Dakar

10. La prochaine étape du destin de Laye est symbolisée par

    A. un plan du métro
    B. son billet d'avion
    C. une lettre de sa mère
    D. une lettre de recommandation

Questions

1. Pourquoi le père de Laye peut-il accepter que son fils aille en France pour continuer ses études? Pourquoi sa mère refuse-t-elle? Dans quel sens les parents savaient-ils déjà que Laye allait partir en France un jour? Les deux parents ont des idées différentes sur ce qui est pour le bien de leur fils. Montrez comment le narrateur souligne l'amour des deux parents tout en mettant en opposition leurs raisonnements.

2. Pendant ses accusations la mère dit souvent « ils » (p. 171). De qui parle-t-elle? A-t-elle raison de protester contre « ces gens-là »?

3. La mère de Laye dit, « Tu n'es plus mon fils » tout en pleurant et en serrant son fils étroitement contre elle. Expliquez la contradiction dans son attitude.

4. Pourquoi Laye ne comprend-il rien au plan du métro? (p. 173)

5. De quels vêtements Laye a-t-il besoin avant le voyage en France? Pourquoi?

6. Quand Marie demande à Laye s'il est content de partir, il répond, « Je ne sais pas. Je ne crois pas. » Qu'est-ce que cette réponse laisse entendre? Croyez-vous que Laye soit plus d'accord avec sa mère au fond?

Essais / Discussions

1. Quelles sont les cérémonies du repas dans *L'enfant noir*? (pp. 68-69) Expliquez la tradition du repas chez vous à quelqu'un pour qui cela serait très différent. Comparez les deux traditions.

2. Comparez les rôles des parents du narrateur.

3. « Les rites de passage constituent un prodigieux instrument de conservation religieuse et sociale. Ils assurent la domination des générations les plus anciennes sur les générations nouvelles. » (R. Girard) Commentez cette citation en basant votre réponse sur les rites de passage dans *L'enfant noir*.

4. « Pour que l'enfant grandisse il faut tout un village. » Commentez ce proverbe dans le contexte de *L'enfant noir*.

5. Commentez la citation suivante tirée de *L'enfant noir* (p. 121).

> « ... Ces leçons, les mêmes que celles qui furent données
> à tous ceux qui nous ont précédés, se résumaient à
> la ligne de conduite qu'un homme doit tenir dans la
> vie: être franc absolument, acquérir les vertus qui en
> toutes circonstances font l'honnête homme, remplir
> nos devoirs envers Dieu, envers nos parents, envers
> les notables, envers le prochain. Et cependant nous
> ne devions rien communiquer de ce qui nous était
> dit, ni aux femmes ni aux non-initiés; pas plus que
> nous ne devions rien dévoiler des rites secrets de la
> circoncision. La coutume est telle. Les femmes non
> plus ne répètent rien des rites de l'excision. »

Quelle est la valeur de ces leçons de conduite? Tracez le thème
de la dignité dans *L'enfant noir*.

6. La circoncision (masculine) et surtout l'excision (féminine) sont
très contestées aujourd'hui en tant que formes de mutilation
sexuelle. Dans quelle mesure la douleur peut-elle être atténuée
par les rites et les traditions à votre avis? Camara Laye a-t-il
raison de dévoiler les secrets dont il parle?

7. Le chapitre 6 traite le thème de l'injustice et de la violence.
Montrez comment l'injustice se perpétue à tous les niveaux
de la hiérarchie de l'école. Face à une injustice telle que celle
qui est présentée dans ce chapitre, comment faut-il réagir?
Comment les enfants et les parents réagissent-ils? Pourquoi les
enfants n'en parlent-ils pas à leurs parents au début?

8. Dans *L'enfant noir* la narration comporte deux optiques, celle
d'un enfant et celle d'un jeune homme de 25 ans qui essaie de se
souvenir des détails de son enfance et de sa jeunesse. Comparez
le monde de l'enfance tel qu'il est vécu par l'enfant et tel qu'il
reste en mémoire.

9. Etudiez les descriptions du rôle des gris-gris, des génies, des
totems, des guérisseurs, des marabouts, des sayons et des
jeteurs de mauvais sorts. Montrez comment le narrateur décrit
le surnaturel pour mettre en valeur la vie de l'esprit tout en
tenant compte du scepticisme de ses lecteurs.

10. Le narrateur interrompt ses souvenirs pour dire: « Pourquoi? Je ne sais pas », ou bien « j'ai quitté mon père trop tôt ». Qu'est-ce qu'il semble regretter? Tracez le thème de l'exil dans *L'enfant noir*.

11. Le père du narrateur veut que son fils aille en France mais aussi qu'il revienne. (« ... on aura besoin ici sous peu d'hommes comme toi. » p. 169). Quelles sont les qualités de Laye? Qu'est-ce qu'il pourrait faire pour la Guinée?

12. L'amour est un thème important de *L'enfant noir*, pas simplement l'amour de la famille et des amis, mais aussi l'amour de la nature. Le livre a un ton méditatif: les descriptions des êtres et des choses prennent une dimension spirituelle. Etudiez les différentes sortes d'amour dans *L'enfant noir* et commentez le pouvoir transformateur de l'amour dans le récit.

13. Quelquefois le chemin du narrateur est présenté comme un choix, quelquefois comme un destin et parfois comme un piège (les roues d'un engrenage), mais il s'agit toujours d'un dilemme. Expliquez le déchirement du narrateur.

14. *L'enfant noir* accorde-t-il une part à peu près égale à la joie et à la peine? Le livre est construit sur des oppositions comme celle de la tradition et de la modernité. Quelles sont les autres oppositions? Le narrateur arrive-t-il à les concilier?

Tremplins

1. Relisez la dédicace de *L'enfant noir* et comparez-la au poème « Femme noire » du poète sénégalais Léopold Sédar Senghor. Le poème « Femme noire » se trouve dans le recueil de Senghor, *Chants d'Ombres* (Paris: Seuil, 1945) et sur internet. Que représente la femme africaine dans les deux poèmes?

2. Ecoutez les CDs de Lamine Konte comme exemples de poèmes récités et chantés à la kora.

   Dans *La Kora du Sénégal*, vol. 1, Lamine Konte, qui est griot, chante les poèmes des poètes de « la Négritude », dont « Femme noire » de Léopold Senghor et « Le Hoquet » de Léon Damas. Quel est l'effet de la juxtaposition de deux langues? Quel est l'effet de la mise en musique d'un poème?

Dans *La Kora du Sénégal*, vol. 2, il s'agit de la musique traditionnelle des ancêtres et des rites. (ARN 64036; ARN 64070)

3. Comparez les remarques de Laye après la mort de son ami Check dans *L'enfant noir* (1953), à ce que dit Simone de Beauvoir après la mort de son amie Zaza à la fin des *Mémoires d'une jeune fille rangée* (1958).

L'enfant noir

« ... Et puis, la nuit, c'était malgré tout comme si je l'eusse appelé à voix haute: brusquement, il était devant moi! Et je me réveillais, le corps inondé de sueur; je prenais peur, Kouyaté prenait peur, car si nous aimions l'ombre de Check, si son ombre était tout ce qui nous demeurait, nous la redoutions presque autant que nous l'aimions, et nous n'osions plus dormir seuls, nous n'osions plus affronter nos rêves seuls...

« Quand je songe aujourd'hui à ces jours lointains, je ne sais plus très bien ce qui m'effrayait tant, mais c'est sans doute que je ne pense plus à la mort comme j'y pensais alors: je pense plus simplement. Je songe à ces jours, et très simplement je pense que Check nous a précédés sur le chemin de Dieu, et que nous prenons tous un jour ce chemin qui n'est pas plus effrayant que l'autre [...] L'autre?... L'autre, oui: le chemin de la vie, celui que nous abordons en naissant, et qui n'est jamais que le chemin momentané de notre exil... »

Mémoires d'une jeune fille rangée

« Les médecins parlèrent de méningite, d'encéphalite, on ne sut rien de précis. S'agissait-il d'une maladie contagieuse, d'un accident? Ou Zaza avait-elle succombé à un excès de fatigue et d'angoisse? Souvent la nuit elle m'est apparue, toute jaune sous une capeline rose, et elle me regardait avec reproche. Ensemble nous avons lutté contre le destin fangeux qui nous guettait et j'ai pensé longtemps que j'avais payé ma liberté de sa mort. »

Qu'est-ce que les deux passages ont en commun? Pourquoi sont-ils placés vers la fin du livre? Qu'est-ce qui est différent dans les deux cas?

4. Comparez *L'enfant noir* (1953) avec le livre de l'auteur camerounais Ferdinand Oyono, *Une vie de boy* (1956), un roman de formation qui met l'accent sur les méfaits du colonialisme. La critique de Camara Laye est implicite, celle d'Oyono plus explicite. Etudiez la façon dont les auteurs traitent l'affrontement des cultures africaines et françaises.

5. Comparez le roman *L'enfant noir* avec le film du même titre réalisé par Laurent Chevalier en 1995 (Les Films du Paradoxe, 92 min.).

> Laurent Chevalier: « En adaptant librement ce roman, j'ai voulu y intégrer la réalité d'un enfant dans l'Afrique d'aujourd'hui. En l'arrachant aux racines de son village traditionnel, je souhaitais capter ses émotions face à la découverte d'une grande métropole. Chose unique, la famille Camara, dont le livre avait décrit l'histoire un demi-siècle plus tôt, souhaitait la revivre devant une caméra. Je n'avais plus le choix! Je me devais de raconter la famille de *L'enfant noir*, cette opportunité avait en soi une dimension magique. »

Commentez cette adaptation en tenant compte des choix du cinéaste et en jugeant la qualité de l'adaptation. Quels sont les points communs entre le roman et le film? Quelles sont les différences? Comment est la Guinée de 1994 telle qu'on la voit dans le film?

6. Comparez la façon de traiter le thème de la circoncision (masculine) et de l'excision (féminine) dans *L'enfant noir* de Camara Laye (1953) et dans le film *Mouladé* (2004; Les Films du Paradoxe) de Sembène Ousmane.

7. Plusieurs danses sont mentionnées dans *L'enfant noir*: la coba, le fady fady, le soli et la douga. Etudiez le rôle de ces danses dans le livre. Si vous désirez apprendre des danses guinéennes et d'autres danses de l'Afrique de l'Ouest, vous pourrez vous servir des vidéos suivantes:

Joneeba African Dance Class. Djoniba Moufflet (Djoniba Productions; book: ISBN 0-99664500-2-7; video UPC#: 050444205555557778558).

Wongai I; *Wongai II.* Youssouf Kombassa (B-ravestudio, ASIN: B0007M6ORE; African Rhythm Traders).

Héritage; *Jubilee.* Les Ballets Africains de Guinée (African Rhythm Traders).

Réponses aux questions à choix multiple

Chapitre 1
> 1. D, 2. C, 3. B, 4. A, 5. D, 6. A, 7. B, 8. B. 9. C, 10. A, 11. C.

Chapitre 2
> 1. D, 2. C, 3. A, 4. B, 5. B, 6. B, 7. C, 8. B, 9. C, 10. D;
> Métaphores et comparaisons. 1. B, 2. A, 3. A, 4. D

Chapitre 3
> 1. B, 2. D, 3. B, 4. C, 5. A, 6. B, 7. D, 8. A, 9. C, 10. A

Chapitre 4
> 1. A, 2. D, 3. A, 4. D, 5. A, 6. C, 7. B, 8. C, 9. C, 10. B

Chapitre 5
> 1. D, 2. A, 3. B, 4. B, 5. B, 6. C, 7. A, 8. C, 9. C, 10. D

Chapitre 6
> 1. B, 2. D, 3. B, 4. D, 5. A, 6. B, 7. D, 8. C, 9. D, 10. A

Chapitre 7
> 1. B, 2. A, 3. C, 4. D, 5. A, 6. D, 7. A, 8. C, 9. A, 10. D

Chapitre 8
> 1. A, 2. C, 3. D, 4. C, 5. B, 6. A, 7. A, 8. C, 9. D, 10. A

Chapitre 9
> 1. D, 2. B, 3. A, 4. A, 5. C, 6. A, 7. B, 8. D, 9. C, 10. D

Chapitre 10
> 1. B, 2. D, 3. A, 4. B, 5. D, 6. C, 7. D, 8. B, 9. B, 10. A

Chapitre 11
> 1. C, 2. A , 3. A, 4. C, 5. D, 6. C, 7. D, 8. B, 9. A, 10. B

Chapitre 12
> 1. B, 2. D, 3. B, 4. A, 5. A, 6. C, 7. D, 8. C, 9. D, 10. A

Bibliographie

1. L'œuvre de Camara Laye

Romans et récits

L'enfant noir. Paris: Plon, 1953.
Le regard du roi. Paris: Plon, 1954.
« Les yeux de la statue ». *Présence africaine*, no. 13 (1957): 102-110.
Dramouss. Paris: Plon, 1966.
Le maître de la parole. Paris: Plon, 1978.

Interviews et essais choisis

« L'âme de l'Afrique dans sa partie guinéenne ». *Actes du Colloque sur la littérature africaine d'expression française. 26-29 mars 1963*. Dakar: Faculté des Lettres et Sciences humaines, *Langues et littératures*, 14 (1965): 121-134. Translated as: "The Writers Speak", "The Soul of Africa in Guinea". In *African Writers on African Writing*. G.D. Killam, Ed. Evanston, IL: Northwestern University Press, 1973.

"The Black Man and Art". *African Arts* (Los Angeles), vol. 4, no. 1 (Autumn 1970): 58-59.

Herbstein, Denis. "Camara Laye — Involuntary Exile". *Index on Censorship*, vol. 9, no. 3 (June 1980): 5-8.

Rubin, J. Steven. "The Writer and His World: Commitment to Timeless Values". *Africa Report*, vol. 17, no. 5 (May 1972): 20 ff.

"African Childhood". *UNESCO Courier*, no. 5-6 (May-June 1986): 40.

2. Une sélection de livres et d'articles sur Camara Laye et son œuvre

Abanime, E.P., "Childhood à la Camara Laye and Childhood à la Mongo Beti". In *Childhood in African Literature, African Literature Today*, no. 21 (1998): 82-89.

Afejuku, Tony E. "Aspects of Language in the African Literary Autobiography". *African Literature Today*, no. 21 (1998): 54-68.

Azodo, Ada Uzoamaka. *L'imaginaire dans les romans de Camara Laye*. New York: Peter Lang, 1993.

Bernard, Paul A. "Individuality and Collectivity: A Duality in Camara Laye's *L'enfant noir*". *French Review*, vol. 52, no. 2 (December 1978): 313-324.

Bourgeacq, Jacques. *L'enfant noir de Camara Laye: sous le signe de l'éternel retour*. Sherbrooke, Québec: Naaman, 1984.

Brench, A. C. "Camara Laye: Idealist and Mystic". *African Literature Today*, no. 2 (1969): 11-31.

Duffy, Patricia D. "To Paris and Back: Seeking a Balance". *Research in African Literatures*, vol. 31, no. 1 (Spring 2000): 12-31.

« Hommage à Camara Laye ». *Le Soleil: Arts et Lettres* (Dakar) (5 février 1982): 1-8. Textes de Jacques Chevrier, Sonia Lee, Roger Mercier, Cheikh Aliou Ndaw, Eric Sellin et Alphamoye Sonfo.

Johnson, Lemuel A. "Crescent and Consciousness: Islamic Orthodoxies and the West African Novel". In *Faces of Islam in African Literature*, Kenneth W. Harrow, Ed.: 239-260.

Kaba, Lansiné. "The Cultural Revolution, Artistic Creativity, and Freedom of Expression in Guinea". *Journal of Modern African Studies*, vol. 14, no. 2 (1976): 201-218.

King, Adèle. "Camara Laye". *A Celebration of Black and African Writing*. Zaria, Nigeria: Ahmadu Bello University Press; London: Oxford University Press, 1975: 112-123.

_____. *The Writings of Camara Laye*. London: Heinemann, 1980.

_____. *Rereading Camara Laye*. Lincoln, NB: University of Nebraska Press, 2002.

Lee, Sonia. *Camara Laye*. Boston: Twayne, 1984.

Marete, G. N. « Absence of Conflict in Maturation in *The African Child* ». *African Literature Today*, no. 21 (1998): 93-101.

Mercier, Roger, Monique Battestini, et Simon Battestini, Eds. *Camara Laye: Ecrivain guinéen*. *Littérature africaine*, no. 2. Paris: Fernand Nathan, 1964.

Sellin, Eric. « Camara Laye ». *African Literatures in the 20th Century: A Guide*. Leonard S. Klein, Ed. New York: The Ungar Publishing Company, 1986: 77-79.

_____. "Islamic Elements in Camara Laye's *L'enfant noir*". *Faces of Islam in African Literature*, Kenneth W. Harrow, Ed.: 227-236.

Weagel, Deborah. "The Power, Symbolism, and Extension of the Mother in *L'enfant noir*: A Feminine Portrait by a Masculine Author". *Rocky Mountain Review of Language and Literature*, no. 56 (2002): 55-71.

3. Une sélection d'ouvrages généraux

Blair, Dorothy. *African Literature in French.* Cambridge: Cambridge University Press, 1976.

Chevrier, Jacques. *Littérature africaine: Histoire et grands thèmes.* Paris: Hatier, 1990.

Harrow, Kenneth W. *Faces of Islam in African Literature.* Portsmouth NH: Heinemann; London: James Currey, 1991.

Jones, Eldred Durosimi, and Marjorie Jones, Eds. *Childhood in African Literature. African Literature Today,* no. 21; Trenton, NJ; Asmara, Eritrea: Africa World Press, 1998.

King, Bruce, and Kolawole Ogungbesan, Eds. *A Celebration of Black and African Writing.* Zaria, Nigeria: Ahmadu Bello University Press; London: Oxford University Press, 1975.

Klein, Leonard S., Ed. *African Literatures in the 20th Century: A Guide.* New York: The Ungar Publishing Company, 1986.

Larson, Charles. *The Emergence of African Literature.* Bloomington: Indiana University Press, 1972.

Melone, Thomas. *De la négritude dans la littérature.* Paris: Présence africaine, 1962.

_____. « Le thème de la négritude et ses problèmes littéraires: point de vue d'un Africain ». *Actes du colloque sur la littérature africaine d'expression française, Dakar, 26-29 mars 1963.* Dakar: *Langues et littératures,* no. 14, 1965: 103-119)

Miller, Christopher L. *Theories of Africans: Francophone Literature and Anthropology in Africa.* Chicago: University of Chicago Press, 1990.

Mortimer, Mildred. *Journeys through the African Novel.* London: Heinemann, 1990.

Nyatetu-Waigwa, Wangari wa. *The Liminal Novel: Studies in the Francophone-African Novel as* Bildungsroman. New York: Peter Lang, 1996.

Palmer, Eustace. *An Introduction to the African Novel.* London: Heinemann, 1972.

Senghor, Léopold Sédar. *Liberté I: Négritude et humanisme.* Paris: Seuil, 1964.

Wauthier, Claude. *The Literature and Thought of Modern Africa.* London: Heinemann, 1978.

4. Tremplins: Pour aller plus loin

Littérature

Achebe, Chinua. *Things Fall Apart*, 1958; New York: Anchor, 1994.

Bâ, Mariama. *Une si longue lettre*. Dakar: Les Nouvelles Editions africaines, 1980.

Césaire, Aimé. *Discours sur le colonialisme*. Paris: Présence africaine, 1955.

_____ *Cahiers d'un retour au pays natal*. Paris: Editions Bordas, 1947.

Flaubert, Gustave. *L'éducation sentimentale* (1869). Paris: Gallimard/Folio, 2005.

Fodéba, Keita. *Aube africaine*. Paris: Seghers, 1951 (1965).

Kane, Cheikh Hamidou. *L'aventure ambiguë*. Paris: Julliard, 1961.

Ousmane, Sembène. *Les bouts de bois de Dieu*. Paris: Le Livre contemporain, 1960 (1979).

Oyono, Ferdinand. *Une vie de boy*. Paris: Julliard, 1956.

Senghor, Léopold Sédar. *Chants d'ombre*. Paris: Seuil, 1945.

Zobel, Joseph. *Rue Cases-Nègres*. Paris: Présence africaine, 1955. Plusieurs réimpressions.

Cinéma

Films africains

Ballon d'or, Cheik Doukouré, Guinée, 1994.

Camp de Thiaroye, Sembène Ousmane et Therno F. Sow, Sénégal, 1988.

La Genèse, Cheick Oumar Sissoko, Mali, 1999.

Keita! L'Héritage du griot, Dani Kouyaté, Burkina Faso, 1995.

Mooladé, Sembène Ousmane, Sénégal, 2003.

TGV, Moussa Touré, Sénégal, 1997.

Yeelen, Souleymane Cissé, Mali, 1987.

Films antillais

Aimé Césaire, Une voix pour l'histoire, documentaire, Euzhan Palcy et Annick Thebia Melsan, Martinique, 1994.

Rue Cases-Nègres, d'après le roman de Joseph Zobel, Euzhan Palcy, Martinique, 1983.

Films français

L'Africain, Philippe de Broca, 1993.

Afrique, Je te plumerai, Jean-Marie Téno, 1992.

Chocolat, Claire Denis, 1988.

Coup de Torchon, Bertrand Tavernier, 1981,

L'Enfant noir, d'après le roman de Camara Laye, Laurent Chevallier, 1995.

Moi, un noir, Jean Rouch, 1958.

Musique

Chants d'Afrique, Keita Fodéba (Les Ballets africains).

DJ Abote, Doudou N'Diaye Rose, Sénégal, 2004.

La Kora du Sénégal, Lamine Konte, Sénégal, 1987.

Moffou, Salif Keita, Mali, 2002.

Mouslai, Touré Kunda, Ismaïla et Sixtu Tidiane, Sénégal, 1996.

Na, Ramata Diakité, Mali, 1998.

Sabou, Mory Kanté, Guinée, 2004.

Set (1990) et *Immigrés* (1988), Youssou N'Dour.

Soul Makossa, Manu Dibango, Cameroun, 1994.

Vocabulaire utile:
Pour parler d'un roman

L'œuvre et son auteur

une autobiographie
un chef-d'œuvre
un classique
un conte
un conte de fée
les écrits *m. pl.*
une fable
une histoire
une lecture
une légende
la littérature
un mythe
la narration
une nouvelle (= un roman très court)
l'œuvre (complet) *m.*
l'œuvre *f.*
l'ouvrage *m.* (= le texte)
un ouvrage de fiction
la prose
un récit (= une narration)
un recueil (= une anthologie)
un résumé
le roman
un roman à clés
le roman autobiographique
le roman d'amour
le roman d'aventures
le roman policier
une traduction
l'auteur *m.*
la célébrité
l'écrivain *m.*

Il est écrivain. / Elle est écrivain.
le lecteur / la lectrice
le narrateur / la narratrice
le nom de plume
le public
un romancier / une romancière
un traducteur / une traductrice
une analyse
un article
un compte rendu
le/la critique
la critique
l'éditeur— (= la maison d'édition)
un essai
la parution
une traduction

Les parties d'un livre

une anecdote
la bibliographie
le chapitre
une citation
la conclusion
le contenu
la dédicace
un dialogue
l'épigraphe *f.*
l'épilogue *m.*
l'épisode *m.*
une expression
un extrait
la fin
un monologue
une note en bas de page

un paragraphe
un passage
une phrase
le prologue
une référence
la suite
la table des matières

Parler du roman

l'action *f.*
une allégorie
l'ambiguïté *f.*
l'apparence *f.*
un aspect
une attitude
un but (= un objectif)
le cadre (= le contexte)
une caractéristique
une comparaison
un concept
le dénouement
un détail
le développement
l'écriture *f.*
un effet
l'ensemble *m.*
une épithète
un état d'âme
un euphémisme
un exemple
l'exposition *f.*
le fond
la forme
le héros / l'héroïne
l'hyperbole *f.* (= l'exagération)
une image
l'imaginaire *m.*
l'intrigue *f.*
l'ironie *f.*
le langage (= le style)
la langue (= le français, etc.)
un lieu commun
la litote (≠ l'hyperbole)
le lyrisme
une métaphore
un mot-clé
le niveau
une optique

une parodie
un pastiche
un personnage
la personnalité
la personnification
un phénomène
le portrait / l'autoportrait *m.*
un procédé (= une méthode)
un processus (= une évolution)
une qualité (≠ un défaut)
le rythme
la sensibilité
la signification
le style
un symbole
la technique
un thème
une théorie
la tragédie
un trait de caractère
la valeur, les valeurs
la voix

Quelques adjectifs

ambigu(ë)
autobiographique
célèbre (≠ inconnu[e])
contemporain(e)
contradictoire
fictif / fictive
harmonieux / harmonieuse
idéalisé(e)
implicite (≠ explicite)
ironique
littéraire
lyrique
moderne
narratif / narrative
naturaliste
précédent(e) (≠ suivant[e])
précis(e)
réaliste
romantique
satirique
stéréotypé(e)
tiré(e) de
tragique (≠ comique)
véritable

vraisemblable (≠ invraisemblable)

Verbes

s'adresser à
analyser
apprécier
avoir lieu
se caractériser
citer
commenter
comparer
composer
se composer de
se concevoir
concilier
confondre
se consacrer à
consister en
contraster avec
créer
critiquer
déceler (= découvrir)
déclarer
décrire
démontrer (= faire voir)
dénoncer
dépeindre
se dérouler
développer
se distinguer par
ennuyer (≠ intéresser)
je m'intéresse à
envisager de
éprouver une émotion
esquisser
être à l'origine de
être lié(e) à
évoquer
exercer une influence sur
expliquer
s'exprimer
faire appel à
faire part de (= informer)
faire partie de (= appartenir à)
faire un contraste avec
faire un rapprochement entre
faire voir (= montrer)
finir par

harmoniser
ignorer (≠ connaître)
illustrer
il me semble que + *indicatif*
il semble que + *subjonctif*
il s'agit de
s'imposer comme
s'inspirer de
jouer le rôle de
mettre en évidence
mettre en relief
mettre en valeur
paraître
se passer
personnifier
plaire à (≠ déplaire à)
précéder (≠ suivre)
prendre conscience de
prôner (= promouvoir)
se prononcer contre
proposer (de)
publier
raconter (= relater)
rédiger (= écrire)
se référer à (= faire référence à)
reprendre
représenter
se résumer
se retrouver
réussir à
se révéler
se produire (= arriver)
se servir de (= utiliser)
signaler
se situer
souligner
symboliser
témoigner de (= prouver)
tenir à
tirer une conclusion de
toucher
traduire
traiter
se trouver
valoriser (= dévaloriser)
vouloir dire (= signifier)

D'autres expressions

à ce moment-là
à cet égard
à cette époque
à la fois
à la première page / à la dernière page
à mon (son) avis
à partir de
à partir du moment où
à propos de
actuellement (= à présent)
à temps
à titre d'(exemple)
après une lecture réfléchie
au fond
au fur et à mesure que
au même titre que
au moins
au sens figuré / au sens propre
auparavant
autrefois
bon, meilleur (≠ mauvais, pire)
cependant
d'abord
d'ailleurs
dans le cadre de
d'après
de façon (manière) à
de nos jours
de toute façon
d'une part / d'autre part
dans une certaine mesure
de moins en moins (≠ de plus en plus)
de nouveau
de temps à autre
de temps en temps
du fait de/que
du moins
en ce moment
en ce sens que

en d'autres termes
en fait
en fin de compte
en même temps
en tant que
en réalité
en revanche
en tout cas
en (dans) un sens
encore une fois
ensuite
envers
une espèce de
une fois
une fois pour toutes
mieux (≠ moins bien)
le moyen de
néanmoins
par contre
par moments
par rapport à
parfois
le passage cité ci-dessus / ci-dessous
la plupart du temps
les plus (beaux) (≠ les moins [beaux])
pourtant
quelquefois
selon moi
tout à coup
tout à fait
tout au long de
tout au moins
tout au plus
tout compte fait
tout d'un coup
tout de même
tout de suite
un type de
y compris

Remerciements
Acknowledgments

The authors extend warm thanks to Focus Publishing: to Ron Pullins, for originating this project and for his vision and support; to Linda Diering, for her patience and technical skills; to David Horvath, in the field; and to Anne-Christine Rice, for verifying the manuscript and for being there.

Yolande Bayard, Marina Bourgain, Charles Clerc, and Annie Liberman did helpful and sensitive readings of the Introduction. We are also grateful to Yolande Bayard for sharing valuable recollections of the first years of Guinea's independence and of her acquaintance with Camara Laye and Camara Marie.

We thank Lynn Herbst who piloted the notes and activities with his students at Phillips Academy, Andover; Jean-Luc DeSalvo (San Jose State University) who presented a stimulating session (at just the right time) for the AATF of Northern California; the librarians at Stanford University and the Oliver Wendell Holmes Library who cheerfully found everything we needed; and Dominique Desanti, for first *notions* of the Francophone African novel.

Finally we are grateful to our families: to Leon Rochester and Mark Schorr, for all their support and patient IT help, and to our children, Simon, Aviva, and Johanna Rochester, and Sarah and Max Schorr for their kibitzing, and for continuing to inspire us with their global perspective.

Myrna Bell Rochester lives in Palo Alto, California. Her degrees are from the University of Chicago (Romance Languages) and the University of California, Los Angeles, where she received her Ph.D. in French. She studied at *L'Université de Genève* during a four-year stay. Dr. Rochester has taught at UCLA and at Stanford University. Author or co-author of college textbooks and numerous educational materials, including *Rendez-vous* and *Vis-à-vis*, she also lectures and publishes on topics in modern literature (*René Crevel: Le pays des miroirs absolus*, Stanford/Anma Libri).

Natalie Schorr teaches at Phillips Academy, Andover, Massachusetts, where she has served as head of the Division of World Languages. A graduate of McGill University (Honors French), she has an M.A. in International Relations from the University of Pennsylvania. She received a *diplôme d'études supérieures, mention bien (Le personnage dans l'œuvre de Robbe-Grillet)*, from *L'Université d'Aix-Marseille* and served as *lectrice* at *L'Ecole Normale Supérieure de Fontenay-aux-Roses*. She is the author of *En Revue: le français par le journalisme* and *Tune Up Your French: The Top Ten Ways to Improve Your Spoken French*.